종말을
준비하는
사람들

종말을
준비하는
사람들

불확실한 세상에서
우리는 무엇을 불안해하고
또 욕망하는가?

마크 오코널 지음

이한음 옮김

NOTES FROM AN APOCALYPSE

NOTES FROM AN APOCALYPSE
by MARK O'CONNELL

Copyright (C) 2020 by Mark O'Connell
Korean Translation Copyright (C) 2024 by The Open Books Co.
All rights reserved.

Korean translation rights arranged with ICM Partners through EYA (Eric Yang Agency).

일러두기
• 옮긴이 주는 각주로 표시하였습니다.

에이미Amy, 마이크Mike, 조지핀Josephine에게

어른들은 계속 말합니다. 〈우리는 젊은이들에게 희망을 안겨 줄 의무가 있습니다.〉하지만 나는 희망을 원치 않아요. 여러분이 희망을 갖기를 원치 않습니다. 공포에 질리기를 원합니다. 내가 매일 느끼는 두려움을 여러분도 느꼈으면 합니다. 그리고 행동하기를요. 위기에 처한 것처럼 행동하기를 원합니다. 집에 불이 났을 때처럼 행동하기를요. 실제로 그렇기 때문입니다.

— 그레타 툰베리Greta Thunberg

우리의 요즘 시대는 평범한 시대, 여느 시대와 다를 바 없는 삶의 한 조각이다. 이 말에 과연 누가 참을 수 있겠는가, 아니 누가 과연 그렇게 생각하겠는가?

— 애니 딜러드Annie Dillard

차 례

1 시련   11

2 대비   35

3 호화로운 생존   65

4 피신처   99

5 외계 정착촌   137

6 은밀하게   175

7 미래의 최종 안식처   237

8 지도의 빨간색   285

   감사의 말   325

   옮긴이의 말   327

1
시련

세상의 종말이 닥쳤을 때, 나는 아들과 함께 소파에 앉아서 만화 영화를 보고 있었다. 때는 늦은 오후였고, 아들은 내 무릎 위에 늘어져서 자그마한 러시아 시골 소녀가 온갖 말썽을 부리고 곰이 뒤치다꺼리하는 장면을 보고 있었다. 나는 아들의 머리 위쪽으로 휴대 전화를 든 채 트위터에 올라온 글을 죽 훑고 있었다. 곰과 소녀는 낚시를 하다가 온갖 소동을 벌였는데, 곰은 계속 우당탕탕 넘어지고 쓰러지곤 하는 중이었다. 아들은 그런 장면들을 보며 신나게 낄낄거리면서, 내가 텔레비전 화면에서 펼쳐지는 재미있는 순간들을 놓치고 있지 않은지 확인하려는 양 틈틈이 나를 올려다보곤 했다.

　휴대 전화를 보고 있는데, 누군가가 올린 유튜브 동영상이 눈에 띄었다. 〈영혼을 짓이기〉고 〈가슴을 쥐어짜는〉 영상이라는 홍보 문구가 붙어 있었기 때문이다. 나는 망설이지 않고 눌렀다.

아들이 만화 영화를 보는 가운데, 나는 아들의 시선이 닿지 않도록 휴대 전화를 든 채로 앙상하게 여윈 북극곰이 바위투성이 땅을 힘겹게 지나가는 모습을 지켜보았다. 곰은 털썩 쓰러졌다가 간신히 몸을 일으키면서 덥수룩한 사체나 다름없는 몸뚱이를 끌고 녹슬어 가는 금속 통들이 있는 곳으로 향했다. 통 안에는 쓰레기가 차 있었고, 곰은 쓰레기를 헤집은 끝에 살점이 거의 없는 작은 뼈처럼 보이는 것을 꺼냈다. 정말로 애처로운 모습이었다. 영양실조로 피폐해진 탓에, 북극곰이라기보다는 커다란 담비나 족제비처럼 보였다. 쓰레기통을 뒤적여 꺼낸 것을 곰은 천천히 씹었다. 퀭한 눈은 반쯤 감겨 있었고 피곤함에 절어 있는 몸뚱이는 금방이라도 쓰러질 듯했다. 입에서 하얀 거품이 이는 침이 흘러내리는 가운데 느리고 구슬프게 미끄러지는 첼로 소리와 함께 영상은 끝이 났다.

나는 아들의 주의를 끌어서 쉴 새 없이 질문을 받는 상황에 처하지 않으려고 휴대 전화의 소리를 줄였다. 당시 아들은 세 살이었고, 그 무렵에 우리 관계는 일종의 끝없는 심문을 주고받는 형태였다.

화면 아래쪽에 영상이 캐나다 북쪽 툰드라의 버려진 이누이트 마을 근처에서 찍은 것이라고 적혀 있었다. 기후 변화로 주된 먹이인 물범의 개체 수가 급감하자, 북극곰이 먹이를 찾아 그곳까지 왔다는 내용이었다.

내 영혼은 짓이겨지지 않았고 가슴도 꽉 쥐어짜지지 않은 상태로 남았다. 대신에 동영상 자체 — 애절한 음악과 장중해 보이려는 편집 — 에 대한 혐오감이 스멀스멀 올라오는 것을 느꼈다. 그것은 나 자신도 한몫을 하고 있는 생태적 파괴에 대해 고결한 슬픔과 더 나아가 속죄하는 심정을 갖도록 더욱 부추김으로써, 이 끔찍한 상황에 나도 책임이 있음을 인정하게끔 만들려는 의도처럼 보였다. 그러다가 문득 내가 느낀 혐오감이 일종의 도덕적 혼란에서, 이 바짝 마른 동물의 애처로운 마지막 시련을 지켜볼 수 있도록 한 기술 자체가 실은 애초에 그 동물이 그런 고초를 겪게 만든 원인이라는 사실에서 비롯되었다는 것을 깨달았다. 내가 명칭을 알게 되는 일이 결코 없을 휴대 전화 부품들을 만들기 위해 채굴되는 다양한 희토류 광물, 제조 과정, 세계 반대편으로 운송되는 과정, 매일같이 충전하는 과정에서 소비되는 연료 등 곰이 굶주리면서 울퉁불퉁한 땅으로 힘겹게 돌아다니게 된 것은 바로 이 모든 것 때문이었다.

아들이 텔레비전 화면으로 익살스러운 소동을 벌이고 있는 애니메이션 속의 곰을 보고 있는 와중에, 나는 아들의 머리 위에서 더 작은 화면으로 진짜 곰의 끔찍한 실제 상황을 보고 있었다. 양쪽 이미지의 불합리한 병치는 기이한 감정을 불러일으켰다. 아들이 어쩔 수 없이 살아가게 될 세상을 향한 부끄러움과 슬픔, 내가 그런 세상을 아들에게 물려주고 있다는 부끄러움과 슬픔이 북받쳐 올랐다.

마치 내가 불가능한 문제에 직면해 있는 양 느껴졌다. 이 두 화면의 이미지들을 조화시키는, 아니 적어도 조화가 불가능하다는 사실을 안고 살아가야 한다는 문제였다. 아들의 세계에 있는 곰은 언제나 아이들과 어울리고, 함께 모험을 하고, 아늑한 집에 살고, 우스꽝스러운 말썽을 견디고, 결국에는 좋은 결말을 맞았다. 그러나 내 세계에 있는 곰은 쓰레기통을 뒤적거릴 정도로 굶어 죽을 지경에 이르렀다. 나는 아들이 가능한 한 첫 번째 세계, 좋은 세계에 살기를 원했지만, 곧 그 세계를 떠나 미래의 세계에서 살아가야 한다는 것을 알고 있었다. 그리고 미래가 점점 빠르게 암울해지고 있는 상황에서 어떻게 아이를 키워야 할지, 과연 의미와 목적을 지닌 채 생활하고 일할 수 있을지 암담했다.

그 일을 겪은 지 얼마 뒤, 나는 세계의 최후를 향한 여정을 시작했다. 종말론에 혹하는 내 성향을 탐닉할 기회는 자주 있었다. 애니메이션, 입소문을 통해 인기를 얻는 동영상, 팟캐스트, 2월에 이처럼 따뜻한 날씨를 접한 적이 없다는 이웃들과의 어수선한 대화 등 수많은 것이 종말 이후의 세계를 그린 영화의 첫머리에 나오는 회고 장면처럼 느껴졌다. 마치 종말을 향한 일련의 사건들이 본격적으로 진행되기 직전의 시대를 살고 있는 듯했다. 물론 이런 사고방식이 인류 문명 자체만큼 오래되었으며, 종말을 상상하는 일이 옛날부터 급속한 변화와 불확실성의 시대에 으레 나오는 반응이라는 것을 잘 알고 있었다. 그랬음에도 여전히 종말은 내게 압도적이고 지극히 현실적으로 와닿았다.

아들과 아들의 미래를 생각할 때 내 기분이 어땠냐고? 조금 추상적이긴 하지만 모든 의욕을 꺾는 지독한 우울감을 경험했다. 아들을 사랑한다는 것이 해결 불가능한 도덕적 문제처럼 느껴졌다. 종말이 기필코 일어날 것처럼 여겨졌다. 하지만 부모로서 나는 그 미래를 회피하고 내가 잘못 생각한 것이라고 스스로를 속여야 한다는, 일종의 도덕적 의무가 있다는 생각이 들었다. 내가 살면서 품어 본 적이 없는 의무감이었다.

우리는 가장 암울한 시나리오의 시대를 살고 있다. 우리가 물려받은 세계는 거의 소진되어 절대적이고 최종적인 해체를 맞이할 운명에 처한 것처럼 보인다. 거리에서, 그리고 각국 정부에서 목소리를 높이는 파시스트들을 보라. 이상해지고 변덕스러워지고 악의적으로 변해 가는 날씨를 보라. 명목상의 민주주의 국가에서 부와 권력은 점점 더 몇몇 무도한 이들의 수중에 집중되고 있는 반면, 삶이 팍팍해지는 사람들은 점점 더 늘어나고 있다. 전후의 시혜 조치를 통해 맺어진 기존 동맹 관계는 최근에 심각한 위기 상황에 접어들었다. 세계 정치가 펼쳐지는 정교한 무대, 샹들리에가 빛나는 고급스러운 회의장은 해체되고, 좌익과 우익으로 갈라지고, 자본주의라는 조악한 기구를 노골적으로 드러내고 있다. 돈이라는 허구적인 개념만 마지막에 남아서 지고한 진리가 되고, 우리는 점점 더 높이 쌓이면서 썩어 가는 사실들이라는 슬러지에서 고개만 내밀고 있는 형국이다. 종말의 징후를 읽고 싶어 하는 이들에게든 그렇지 않은 이들에게든 간에, 종말의 징후는 은밀하지만 끈덕지게 어디에든 널려 있다.

브라우저의 창을 새로 열 때마다 또 다른 종말의 전조가 눈에 들어온다. 1백만 종(種)이 어떻게 멸종 위험에 놓여 있는지를 상세히 적은 UN 보고서, 녹고 있는 빙하의 까마득히 솟은 절벽 가장자리에서 물이 폭포처럼 쏟아지고 있는 극지방 사진, 항생제 내성 질병의 만연 등등. 그리고 이 모든 내용은 온라인에서 끊임없이 논의되면서 계속 퍼져 나간다.

한번 들어 보라. 전반적인 불협화음에 귀를 기울인다면 빙하가 갈라지는 소리, 해수면이 상승하는 소리, 가까운 미래의 불길한 속삭임이 들릴 것이다. 아이를 낳고, 아이가 살아가도록 하는 게 정말로 끔찍한 시대가 아닌가? 이 질문은 단순히 수사학적인 것이 아니다. 나는 이런저런 답을 도출했다가 내버리곤 하면서 스스로 어찌할 수 없이 강박적으로 그 질문에 집착해 왔다. 그리고 지금이 정말로 아이를 낳기에 끔찍한 시대라면, 우리는 전반적으로 볼 때 좋은 시대는 과연 언제였는지도 물어야 한다.

아이를 갖는 것은 세상에서 가장 자연스러운 일인 동시에 가장 도덕적인 의미를 함축하고 있는 일에 속한다. 내가 언급한 바로 그 시기에 나는 우리 앞에 놓여 있는 듯한 것을 생각할 때, 또 한 명의 아이를 세상에 내보내는 행동이 지독한 윤리적 실수가 아닐까 하는 질문을 붙들고 씨름하느라 기력을 소모했다. 헛되이 병적으로 말이다. 아무튼 인구가 늘어나는 것이야말로 세상에 가장 필요 없는 일이었고, 지금까지 존재하지 않은 사람에게 가장 필요 없는 일이야말로 세상에 나오는 것이었다. 물론 그 행위가 진정으로 잘 이루어진 뒤에야 비로소 이런 근본적인 질문들에 진지하게 주의를 기울이게 되었기에 좀 늦은 감이 있긴 했지만, 그런 질문들 자체에 확고히 초점을 맞추게 된 것은 바로 그 늦었다는 점 때문이었다.

부모가 된다는 것에 대해 가장 먼저 할 수 있는 말은 그 일이 스스로 선택해서 일어났든 우연히 일어났든 간에, 인생에서 완전히 되돌릴 수 없는 극소수의 사건이라는 것이다. 존재론적으로 말해서, 일단 태어나면 세상에 존재하게 된다. 따라서 진정한 질문, 유일한 질문 — 지금 세상이 어떻게 돌아가고, 미래가 얼마나 암울하고 불확실한지 염두에 둘 때 — 은 어떻게 나아갈 것인가다. 우리 종, 우리 문명이 이미 몰락할 운명에 처해 있을 가능성이 농후하다는 점을 생각할 때, 우리는 어떻게 살아가야 할까?

세상의 종말을 그냥 못 본 척해야 할까?

이 질문도 완전히 역설적인 것은 아니다. 나는 개인적인 차원에서는 그러한 반응 — 전혀 대응하지 않는 것 — 이 상황을 고려할 때 가장 분별 있는 것일 수 있다는 주장에 수긍한다. 분명 그것은 가장 쉬운 반응이고, 따라서 좀 떨어져서 보면 가장 혹할 법한 반응이다. 문제는, 문화 차원에서 볼 때의 문제는 — 여기서 저술가로서의 내 문제와도 산뜻하게 들어맞는다는 점을 인정하며, 독자의 문제와도 얼마간 들어맞을 것이다 — 지겹다는 것이다.

적어도 이 점에서는 솔직해지자. 종말론은 지독히도 따분하다는 것 말이다. 나 자신도 세계의 종말을 언급하는 이야기를 들으면 신물이 난다. 기후 변화가 어쩌고저쩌고하는 말이 특히 그렇다. 두려워하면서 동시에 지겨워하는 일이 가능할까? 다시 말해 공포에 싫증을 내는 일이 가능할까? 나 같은 특권을 누리는 이들이 거의 겪지 않는 실질적인 공포가 아니라면, 적어도 생태적 재앙이라는 주제 전체에서 최면 가스처럼 스며 나오는 추상적 공포라면 싫증을 낼 수 있지 않을까?

적어도 20세기의 상당 기간에 걸쳐 드리워져 있던 핵전쟁 위협은 우리의 정신을 집중시키게 하는 쪽으로는 뛰어났다. 상당한 문제점들이 있음에도, 핵전쟁이 적어도 우리의 관심을 집중시켰다는 점은 인정해야 한다. 핵전쟁 위협은 특정한 서사적 관습을 고수했다. 우리는 세계적인 공황 상태에 거의 근접해 있었다. 상호 확증 파괴, 게임 이론, 버섯구름, 전면적이면서 즉각적인 절멸이 회자되었다. 우리는 그 핵전쟁의 줄거리를 듣고 또 들었고, 거기에는 드라마가 있었다. 더 중요한 점은 거기에 등장인물들까지 있었다는 것이다. 주인공이 있고 적대자가 있었다. 누름단추에 손가락을 올린 채 누를지 말지를 선택하는 이들이었다. 그리고 거리에서 완전한 핵 군축을 요구하는 활동가들을 볼 때, 우리는 그들의 요구가 지극히 합리적이고 이룰 수 있는 것이라고 생각했다. 아주 오랫동안 계속해서 핵전쟁은 확실히 임박해 있는 듯 보였지만, 실제로 핵전쟁을 원하는 사람은 아무도 없었다. 암호를 눌러서 핵탄두를 발사하여 유례없는 규모로 전격적인 절멸을 일으킨다는 것은 미친 행동, 명백히 도덕적으로 기괴한 짓거리라는 사실을 모두가 이해했다.

그리고 이 맥락에서 중요한 점은 우리 자신이 주인공도

적대자도 아니었다는 것이다. 우리는 어느 쪽이든 간에 발사 암호를 누르지 않았을 것이다. 우리는 구경꾼이었고, 우리 역할은 공포에 질리고, 이따금 집회에 참석하고, 요청을 받아 여기저기 서명 운동에 참여하는 데 한정되어 있었다. 우리는 스스로 무덤에 들어가고 싶지 않았지만, 적어도 종말을 자초할 날이 온다면 다소 수동적으로, 다소 욕을 먹지 않으면서 그렇게 하리라는 것을 알고 있었다.

1970년대 말에 독일 저술가 한스 마그누스 엔첸스베르거Hans Magnus Enzensberger는 이렇게 썼다. 〈예전에는 종말을 우리가 이해할 수 없는 신의 복수라고 보았다면 …… 오늘날에는 체계적으로 계산된 우리 행동의 산물이라고 여긴다.〉 그는 종말이 〈예전에는 청천벽력처럼 예고도 없이 찾아오는 유례없는 사건〉이었다고 말하면서 이렇게 덧붙였다. 〈선각자와 예언자만이 예견할 수 있었을 상상도 할 수 없는 사건이었다. 그리고 물론 어느 누구도 그들의 경고와 예측에 귀 기울이려 하지 않았다. 반면에 우리 세계의 종말은 지붕 위의 참새까지도 노래하고 있다. 놀라움이라는 요소가 빠져 있다. 그저 시간문제일 뿐인 듯하다. 우리가 스스로에게 닥칠 것이라고 묘사하는 불행한 운명은 드러나지 않으면서 고문을 가하는 양 천천히 다가온다. 느리게 다가오는 종말이다.〉

이 느림은 역사적으로 새로운 것이다. 종교적인 것이든

세속적인 것이든 간에 종말은 언제나 신력(神力)이나 기술력의 갑작스러운 개입, 눈을 멀게 하는 압도적인 번쩍임이라는 형태로 나타났다. 신화에는 지금과 같은 돌연변이 형태의 종말을 이해하는 데 도움을 줄 만한 유형이 전혀 없다. 우리는 그런 종말을 어떻게 살펴보아야 할지, 어떻게 신화나 이야기의 형태를 부여하여 문화에 혈액병처럼 전이시키고 퍼뜨릴 수 있을지 알지 못한다. 엔첸스베르거가 간파한, 서서히 드러나지 않게 진행되는 종말은 가장 있을 법하지 않은 곳까지 스며들면서 다양한 형태를 취한다. 종말은 어떤 하나의 원인으로 일어나는 것도, 어느 한 지점에서 일어나는 것도 아니다. 온갖 전조들을 보이면서 꾸준히 일어나고 있다.

그리고 이 진리에는 더 깊은 의미가 있다. 내가 다른 방식의 삶을 살 생각은 아예 못 한다는 것이다. 나는 변기의 물을 내리고 싶다, 나는 스트리밍 음악을 듣고 싶다, 나는 내가 사고 싶은 것을 사고 내가 먹고 싶은 것을 먹고 내가 가고 싶은 곳을 가고 싶다, 나는 필요할 때나 가고 싶을 때면 언제든 북대서양의 내 작은 섬을 떠날 수 있기를 원한다. 그리고 북극곰이 서식지 파괴로 굶어 죽을 지경에 이른다면 그 모습을 찍은 몹시 가슴 아픈 유튜브를 볼 수 있기를 원한다.

우리 시대의 종말론 흐름을 다루는 이 책에는 막간극처럼 우크라이나와 캘리포니아, 사우스다코타에서 스코틀랜드 고지대와 뉴질랜드에 이르기까지 먼 지역을 여행하는 장면들이 많이 담겨 있으며, 내가 그런 곳들을 도보나 범선이나 열차로 가지 않았음을 독자들은 알아차릴 것이다. 그리고 내가 이 책을 쓰기 위해 취재 여행을 하는 동안 이전 책과 관련된 곳들도 많이 돌아다녔음을 기록한다. 내 발자국은 넓고 깊으며, 내게 지워지지 않을 죄책감으로 남아 있다.

　내 하루하루는 마지막 사건들, 열린 봉인들의 연속이다. 나 자신이 바로 내가 말하는 그 종말이다. 그것이 바로 이 책의 예언이다.

내가 이 주제에 집착하게 된 것은 아주 어릴 때 문명의 실상을 접한 일이 계기가 된 듯하다. 가장 어릴 때의 기억 중 하나도 세상의 종말과 관련이 있다. 장소는 할머니 집의 주방이었다. 할머니는 난로 앞에 있었고, 나는 삼촌과 함께 식탁에 앉아 있었다. 삼촌은 내게 미국과 러시아가 서로에게 핵무기를 쏘면 어떤 일이 벌어질지를 설명하고 있었다. 삼촌이 왜 그 이야기를 하고 있었는지는 모른다. 당시가 냉전의 싸늘한 기운이 아직 허공에 맴돌고 있던 1980년대 중반이었다는 점을 생각하면, 그럴 수 있었다. 그리고 아무튼 삼촌은 그런 이야기를 잔뜩 열을 내면서 하는 쪽이었다. 당시 나는 다섯 살이나 여섯 살이었을 것이다.

삼촌이 식탁 한가운데 놓인 과일 바구니에서 사과 세 개를 고른 뒤, 이어 작은 귤 두 개를 꺼냈다. 그는 사과들을 일정한 간격으로 식탁에 늘어놓고 나서 양쪽 사과 위에 귤을 조심스럽게 올려놓았다. 가운데 사과는 그대로였다. 그는 왼쪽 사과가 미국이고, 오른쪽 사과가 러시아라고 했다. 그리고 가운데 사과는 아일랜드, 즉 우리가 사는 곳이라고 했다. 그는 아일랜드가 미국과 소련의 거의 중간에 있다고 설명하면서, 두 강대국에 관해 알아야 할 중요한 점이 두 가지 있다고 알려 주었다. 미국과 소련은 어린이가 이해할 수 없는 아주 복잡한 이유들 때문에 서로를 싫어하고, 나라 전체를 순식간에 없애 버릴 수 있을 만치 강력한 핵미사일을 잔뜩 갖고 있다는 것이었다. 삼촌은 귤을 핵폭탄으로 상상하라고 말했다.

「러시아가 미국에 미사일을 쏘기로 했다고 해봐. 미사일을 쏘자마자 미국의 감시 시스템에 포착될 것이고, 미국도 즉시 보복으로 미사일을 발사할 거야.」삼촌은 초강대국 사과 위에 있던 귤들을 집어 식탁 위로 쉬이익 소리를 내며 미사일이 날아가는 흉내를 냈다. 그러면서 아일랜드가 정확히 러시아와 미국의 중간에 있으므로 미사일들이 우리 상공에서 충돌할 것이라고 말했다.

그리고 삼촌이 뭐라고 말했는지 뚜렷이 기억한다. 삼촌은 가운데 사과 위에서 두 개의 귤을 쾅 충돌시키고는 싸늘하게 끝났다는 표정을 지으면서 말했다.「잘 자, 마크!」

삼촌의 연극을 보고 내가 어떤 기분을 느꼈는지는 기억나지 않는다. 30여 년이 지난 지금, 내가 종말에 관한 책을 쓰고 있다는 맥락에서 말할 수 있는 것은 그 사건이 내 정신 깊숙이 자리를 잡았다는 것이다. 그런데 이상하게도 나는 그 뒤로도 여전히 거리낌 없이 귤을 즐겨 먹고 있다.

서기 5세기에 성 아우구스티누스는 자신보다 3세기 더 앞서 살았던 예수의 가장 초기 추종자들이 종말론적 열기에 취해 자신들이 창세의 〈마지막 나날〉을 살고 있다고 믿었다는 것을 알아차렸다.

〈당시가《마지막 나날》이었다면, 지금은 얼마나 더 그러하겠는가!〉

우리의 목적에 비춰 볼 때, 요점은 세상의 종말은 늘 있어 왔다는 것이다. 라그나뢰크와 계시록에서『로드』*에 이르기까지, 우리 문명 전체는 홍수와 불이라는 토대 위에 있다. 그러나 지금이 특히 세상의 종말이라면, 즉 숱한 세상의 종말들을 넘어서서 정말 현실적으로 최종적인 종말 — 또는 그와 비슷한 무엇 — 이라면 어떨까? 이렇게 말하면, 세상의 종말

* *The Road*. 대재앙 이후에 살아남은 아버지와 아들의 여정을 그린 코맥 매카시의 소설.

이라는 말이 과연 무슨 의미일까 하는 의문이 든다. 그 개념은 사실상 불합리한 것이 아닐까? 세상이 어떻게 그냥 끝장날 수 있단 말인가? 세상이 하룻밤 사이에 처분할 수 있는 재산이나 접을 수 있는 사업체도 아닌데?

이론상 세계 핵전쟁으로 지구의 모든 생명체가 절멸할 수도 있겠지만, 적어도 이 글을 쓰고 있는 지금 그럴 가능성은 낮아 보인다.

기후 변화는 그 가능성들이 보여 주는 스펙트럼의 가장 끝자락에서만 얼핏 완벽한 절멸을 엿볼 수 있을 것이다. 세상의 종말이 실제로 어떤 의미인지는 거의 이해되어 있지 않다. 언뜻 엿보이고 스쳐 지나가는 공포들의 측면을 보면 더욱 그렇다. 우리가 이야기하고 있는 것은 기존 세계가 작동하는 체계의 붕괴다. 서서히 망가지다가 한꺼번에 무너지는 것을 말한다.

지금 우리는 습관적으로 기후 변화의 어른거리고 있는 결과들, 어른거리고 있는 재앙을 이야기한다. 우리는 눈앞에 무언가가 어른거리는, 무언가가 임박하고 긴박해 보이는 시대를 살고 있다. 불안하게 어른거리는 현상들이 우리 문화를 지배하고 있다. 분명히 기후 재앙도 어른거리고 있지만, 우익 포퓰리즘도 어른거리고, 여러 경제 부문에 걸쳐 폭넓게 진행되는 자동화가 가져올 고용 위기라는 유령도 어른거리고 있다.

독자가 우리 시대의 전조와 상징, 징후를 받아들이는 쪽에 관심이 있다면 할 수 있는 일이 하나 있다. 구글의 엔그램Ngram을 살펴보는 것이다. 엔그램은 지금까지 구글이 세계에서 출간된 약 3천만 권의 책을 디지털화해서 특정한 단어나 어구가 특정 기간에 얼마나 자주 나타나는지 출현 빈도를 파악하여 그래프로 보여 준다. 따라서 〈어른거리는 위기looming crisis〉라는 어구를 직접 검색해 보면, 1800년에서 2008년 사이에 그 용어가 얼마나 쓰였는지가 파란 선으로 나타날 것이다. 선을 살펴보면 제1차 세계 대전과 제2차 세계 대전이 벌어지던 시기에 거의 알아차리기 어려울 만치 살짝 올라갔다가, 냉전 초기에 눈에 띨 만치 솟아오르기 시작하여 1980년대, 1990년대, 2000년대 내내 아찔한 속도로 계속해서 가파르게 증가하는 것이 보인다. 문화적 불안의 마터호른이 된다. 그래프 자체가 어른거리는 위기의 모습을 취하고 있다. 점점 커져 가는 공포를 보여 주는 선이다.

그러나 그것이 최종적으로 취할 의미가 무엇이든 간에, 우리는 이미 처음부터 그런 의미를 취한 것이 아니던가? 어른거림이 위기 자체에 양보하지 않은 채 계속 버티고 있지 않나?

위에서 한 이야기는 내게 문화적 관찰인 동시에 개인적인 반성으로 와닿는다. 이 어른거리는 위기라는 감각은 내가 이 책을 쓰는 내내 강하게 느낀 것이었다. 나는 지금 아주 오랫동안 매우 침울한 시간을 보냈다고 솔직하게 털어놓고 있는 중이다. 나는 그것이 종말의 징조라는 생각을 그냥 코웃음 치고 넘길 수가 없었다. 나는 미래에 집착했다. 너무 집착한 나머지 그 어떤 미래도 떠올릴 수 없을 지경이 되었다. 개인적, 직업적, 정치적 불안들이 하나로 뭉쳐져 파국이 임박했다는 걱정을 도저히 떨칠 수가 없었다. 내가 우울증에 빠졌다고 말할 수도 있지만 — 그리고 실제로 내 입으로 종종 그렇게 말하고 다녔지만 — 당시 나는 세상과 단절한 상태가 아니라 세상에 지나치게 개방되어 있는 상태였다. 일종의 되먹임 고리가 작동하고 있었다. 세상의 혼란은 나 자신의 주관적 상태에 반영되었고, 어느 한쪽을 인식하면 다른 쪽도 덩달아 심각해지는 양상을 띠었다. 중요한 모든 것이 전면적인 붕괴 직전에 와 있는 것처럼 보였다. 내 정신도, 내 삶도, 세계도.

애초에 허약한 구조물이었던 내 언론인으로서의 객관성이 심한 압박에 시달리고 있었다는 말이 이 상황을 더 투박하게 뭉뚱그려 표현하는 방법이 될 수도 있겠다.

이 시기에 나는 악몽에 시달리다가 새벽에 비참한 모습으로 깨곤 했다. 누군가가 우리 집 문을 다급하게 쾅쾅 두드리고, 창백한 손이 우편함을 통해 쑥 들어오고, 우리 작은 집에서 나와 식구들이 가쁜 숨을 몰아쉬고 있었다. 그 꿈에서 가장 꺼림칙했던 것은 나를 움켜쥐려고 애쓰던 손가락이 아니었다. 집 안에 사나운 커다란 개가 있는 양 착각하기를 바라면서 무릎을 바닥에 댄 채 귀에 거슬리게 으르렁거리고 짖어 대던 나 자신의 모습이었다.

　내 치료사는 뉴스를 계속 읽으면서 너무 많은 시간을 보내는 것이 안 좋으니 줄이라고 권했다. 그녀는 그렇게 집중해서 읽을 필요가 없다고 했다. 그저 제목만 훑어보는 것만으로도 충분하다고 했다. 기사 읽는 시간을 줄이라는 권유를 받아들이긴 했지만, 내 스트레스의 직접적인 원인은 뉴스 제목 자체였다.

　당시는 내 휴대 전화의 잠금 화면에 종말론 기사들이 쏟아지던 시기였다. 2016년 말, 그 비참했던 해의 겨울에 내 주머니에서는 일종의 외상 후 두근거림처럼 거의 한 시간마다 진동이 울렸고, 어떤 새로운 지옥이 펼쳐지는지 들여다볼 수밖에 없었다. 내게 휴대 전화는 종말론 수신기, 최후의 것들을 전하는 스트리밍 서비스 같았다. 세계는 폭발이나 흐느낌으로 끝나는 것이 아니라, 푸시 알림으로 끝나는 것이 분명했다. 윙윙거림을 느꼈는지조차 확실하지 않지만, 진짜인지 확인하기 위해서, 그리고 무엇을 예고하고 있는지 알아보기 위해서, 아무튼 들여다보는 편이 차라리 낫다는 것을 나는 이해했다.

불가해한 의지력과 실용적인 지혜를 겸비한 아내는 공황에 빠진 무기력 상태와 듣도 보도 못한 절망 상태를 본질적으로 너무나도 낯설게 여겼다. 그런 아내는 내게 종말론적 강박증을 집 안에 들여오지 말라고 했다. 바깥세상의 방송 전파와 일정표에 따라 울려 대는 알림이 몹시 안 좋으니 집 안으로 들이지 말라는 것이었다. 나는 파트모스의 요한이 아니었고, 여기는 유배 생활을 하는 섬의 동굴이 아니었다. 집, 사람들이 살아가려고 애쓰는 집이었다.

마찬가지로 현명한 실용주의자인 치료사도 내 뇌리에 쏙 들어오는 말을 했다. 그녀는 딱히 제안하는 것은 아니라고 단서를 붙였지만, 많은 이가 내가 겪고 있는 듯한 유형의 불안 증세를 겪을 때 일에 몰두하곤 한다고 지적했다.

그녀는 제안을 한 것이 아니었지만, 내가 제안으로 받아들였다고 주장할 수도 있다. 사실 이 책 자체가 그 뒤로 내가 몰두하게 된 일의 결과물이라고 주장할 수도 있다. 일에 매달리는 것이 곧 남들은 회피하려는 바로 그 불안과 강박을 더 깊이 파고드는 것을 의미한다는 사실은 저술가가 가진 특권이자 저주다. 나는 이 책을 일종의 치료 목적으로 시작했다고 말하려는 것이 아니지만, 그렇다고 이 책이 어떤 예리하고 합리적인 탐구 의도에서 시작된 것도 아니다. 실제로는 훨씬 더 기이하고 더 비뚤어진 동기에서 출발했다. 내가 우리 시대의 종말론적 추세를 걱정한 것은 사실이다. 그러나 한편으로 나는 거기에 흥미도 갖고 있었다. 당시가 암울한 시대였다는 것은 분명하지만, 흥미로운 시대이기도 했다. 대단히, 그리고 참을 수 없을 정도로 흥미로웠다. 나는 나를 두렵게 만드는 것에, 나 자신을 비롯한 모든 것을 파괴하겠다고 위협하는 것에 흥미를 느꼈다.

나는 이 비뚤어진 동기를 생각할 때면, 제임스 조이스 James Joyce의 단편 소설 「자매들The Sisters」의 화자가 떠오른다. 그 화자는 소년이었을 때 뇌졸중으로 마비되어 죽어 가는 늙은 사제에게 혐오감을 느끼는 동시에 흥미도 느꼈다는 것을 기억한다. 밤마다 그는 마비라는 단어를 속으로 계속 중얼거리곤 한다. 〈두려움이 가득 차올랐지만, 그럼에도 나는 그것에 더 가까이 다가가서 그 치명적인 활동을 살펴보기를 갈망했다.〉

나는 종말이라는 개념에 더 가까이 다가가서 그 치명적인 활동의 어떤 증거를 찾을 수 있는지 살펴보고 싶었다. 오늘날 우리에게 주로 제시되는 방식인 숫자나 발표 자료 형식이 아니라, 장소라는 형태로 말이다. 세상의 종말을 어렴풋이 엿볼 수 있는 실제 경관이나 가상의 풍경을 확인하고 싶었다. 따라서 이 책은 어떤 의미에서는 일련의 비뚤어진 순례 여행의 산물이다. 미래의 그림자가 현재에 가장 짙게 드리워진 장소들을 찾아갔기 때문이다.

맞다, 순례 여행이다. 나는 왜 이처럼 기이하게 종교적인, 심지어 허풍을 떠는 듯한 용어를 고집하는 것일까? 그런 곳들에서 무언가를 찾고 있었기 때문이다. 어떤 계몽이나 교화, 더 나아가 위안 같은 것들이다. 말할 필요도 없지만, 나는 그런 것들이 그저 일시적일 뿐임을 알아차렸다. 하지만 그 과정에서 깨달음을 얻을 수도 있다. 아니면 깨달음을 얻었다고 믿거나. 그리고 이 책을 쓰기 위해 1년쯤 여행하면서 들른 모든 곳은 내게 특별한 의미로 와닿았다. 그 기이하면서 초조한 시기, 히스테리적인 날들에 관한 중요한 무언가를 드러낼 잠재력을 지닌 듯했다. 그리고 내게 살아갈 의미를 부여했다.

그래서 결론은 이렇다. 순례자는 자기 믿음의 어떤 세속적인 표현물을 찾기 위해 여행하는 사람이라고. 그 시절에 내가 어떤 믿음을 지녔다고 말할 수 있다면, 불안이 바로 그것이었다. 즉 나는 미래가 불확실하고 어두운 것으로 믿고 있었다. 그리고 내가 찾아 나선 것은 그 불안의 표현물이었다. 나는 이 끔찍한 미래를 정면으로 보면서 그것으로부터 무엇을 배울 수 있는지, 현재의 삶을 위해 무엇을 얻을 수 있는지 알고 싶었다.

그렇다면 내가 몰두한 것이 무엇이었고, 내가 닿은 곳이 정확히 어디였을까? 그 정도는 쉽게 말할 수 있다. 나는 이 불안한 에너지가 유달리 충만해 보이는 장소, 개념, 현상을 찾아 나섰다. 첫 번째는 내 집이었다. 책상 앞에서, 소파에서, 침대에서 휴대 전화를 들여다볼 때, 나는 진행되고 있는 종말의 징후와 전조를 틈틈이 받고 있었다. 주관적으로 말해서, 종말은 집에서 시작된다. 이 책이 집에서 시작되는 이유도 바로 그 때문이다. 문명의 붕괴에 대비한다는 유튜브 동영상을 분별없이 탐욕스럽게 시청하고 있었으니까. 곧 종말에 맞서 자기 자신과 가족을 지키겠다고 계획을 세우는 이들에게 흥미가 돋아서 나는 멀리 떨어진 곳으로 향했다. 사우스다코타의 초원이었다. 그곳에서 나는 〈생존 대피소 공동체〉로 개조 중인 예전 군수품 보관 시설을 방문했다. 대격변 이후에 대피할 수 있는 자원을 가진 이들이 살아갈 벙커들이 그물처럼 연결된 넓은 공간이다. 나는 뉴질랜드에도 갔다. 다른 지역들과 동떨어져 있는 데다 안정되어 있어서 전면적인 붕괴를 예견한 억만장자들이 선호하는 피신처라는 평판을 얻은 나라다. 또 로스앤젤레스에서 열린, 화성 정착을 논의하는 대회에도 참석했다. 화성 정착은 지구가 파멸해도 우리 종이 살아남으려면 예비 행성이 필요하다는 확신에서 나온 개념이다. 더 심리적인 형태로 종말에 대비할 방안을 찾기 위해서, 나는 스코틀랜드 고지대 황야의 한 은거지로 향했다. 식민주의와 산업화라는 힘에 유린당한 곳이다. 나처럼 미래에 불안감을 가진 이들과 함께 갔다. 나는 세상의 종말, 아니 더 정확히 말해서 세계의 종말 중 하나가 어떤 모습일지 보고 싶었기에, 우크라이나로 가서 체르노빌 출입 금지 구역을 방문했다. 이 모든 곳에서 종말은 내게 서로 다른 모습으로 비쳤다. 문화적, 정치적, 과학적, 개인적인 형태로.

이 책은 종말이라는 개념을 다루지만, 불안이라는 현실도 다룬다. 그런 의미에서 이 책에 실린 모든 내용은 심리 상태의 비유이기도 하다. 모든 내용이 내밀한 위기와 그것을 해소하려는 노력을 반영한다. 나는 세상에 관심이 있어 세상으로 나갔지만, 그 세상에 관심을 가진 것은 내가 스스로에게 몰입해 있었기 때문이다.

마지막으로 한마디만 더 하자. 이 책은 미래를 이야기하는 것처럼 비칠 수 있지만, 진정으로 관심을 갖는 쪽은 현재다. 나는 미래가 어떤 모습일지는 조금도 제시하지 않는다. 그렇게 할 자격이 있다는 주장을 전혀 할 수 없기 때문이기도 하지만, 무엇보다 내가 미래에 관심을 갖는 주된 이유는 그저 그것이 우리 자신의 시대를 들여다보는 렌즈이기 때문이다. 이를 통해 우리 시대의 공포, 신경증, 기이한 열병을 들여다볼 수 있다. 우리가 지금 최후의 나날을 살고 있든 그렇지 않든 간에, 확실한 것, 그리고 흥미로운 것은 우리가 살아 있다는 사실이다.

2
대비

뉴스를 읽는 동안, 내 트위터에 올라온 글들이 밀려나 사라지는 동안, 나는 조이스의 「자매들」 속 화자에게 반쯤 무의식적으로 헌사를 바치는 말을 중얼거렸다. 붕괴라는 단어였다. 이 단어는 암울한 분위기를 풍겼고, 되풀이하며 중얼거리자 사악한 주문처럼 준엄하면서 드넓은 바다 같은 평온함이 느껴졌다. 나는 이 단어, 이 붕괴라는 개념을 아주 많이 생각했다. 그것이 어떤 모습을 취할지, 살아가면서 붕괴를 겪는다는 것이 어떤 의미인지를 생각했다. 내가 대체로 걱정이 많은 부류라는 전반적인 맥락을 고려한다 해도, 그런 단어를 아주 오랜 시간 곱씹는 것이 건강에 좋지 않으리라는 점은 나 자신도 알고 있었다.

거의 1년 동안 내 온라인 홈페이지에는 〈r/collapse〉라는 폴더가 있었다. 문명 붕괴 및 그것과 관련된 걱정거리들을 다룬 뉴스 링크와 글만 모아 놓은 곳이었다. 브라우저를 열면 곧바로 사람들의 관심을 끈 징후와 징조, 종말이 다가온다고 말하는 온갖 비밀스러운 이야기들이 눈앞에 떴다. 시베리아에 내리는 검은 눈, 새로운 항생제 내성균주, 남극 대륙에서 떨어져 나온 뉴욕시의 두 배만 한 빙산, 『비즈니스 인사이더*Business Insider*』가 꼽은 앞으로 80년 안에 거주 불가능해질 수 있는 주요 10대 도시 목록, 기타 등등, 기타 등등, 기타 등등.

링크를 누르지 않아도 — 제정신을 잃게 만들 지식을 알게 될까 봐 두려워서 누르지 않을 때도 많았다 — 온라인에 접속하기만 해도, 종말이 임박했다는 감각이 온몸을 휘감았다.

물론 미미하다고 해도 세상에 좋은 영향을 미치려고 시도하거나 어떤 긍정적인 목표를 향해 내 에너지를 쏟으려고 노력한다면 더 유용할 뿐 아니라 더 건강했겠지만, 내 성향이 본래 그렇지 않은 모양이었다. 그런 더 분별 있는 대안을 회피하면서, 나는 어둠 자체를 향해 출발했다.

여기서 〈출발했다〉는 딱 맞는 표현이 아닐 수도 있다. 마치 내가 배낭을 꾸려 현실에서 가장 멀리 떨어진 곳으로 모험을 떠나는 잭 케루악* 같은 부류의 인물인 양, 어떤 결의에 차 있다는 의미를 함축하고 있기 때문이다. 사실 어둠을 향해 방

---

* Jack Kerouac. 『길 위에서*On the Road*』를 쓴 미국 작가로, 기존 사회의 틀을 벗어난 자유로운 삶을 살아가라고 주장했다.

황한다거나 표류한다거나, 아니면 어떤 의도를 품고 그 가장
자리에서 뭉개고 있다는 말이 더 정확할 것이다. 마찬가지로
여기서 〈의도〉라는 말도 오해를 불러일으킬 가능성이 있다.
내가 말 그대로 의도를 지니고 있다는 인상을 불가피하게 심
어 주기 때문이다. 나는 결의에 차 있지 않았을 뿐 아니라 의
도도 전혀 지니고 있지 않았다. 그러니 아마 이동을 시사하는
비유를 아예 포기하고, 그냥 솔직하게 사실을 말하는 편이 최
선일 듯싶다. 한마디로 나는 인터넷에서 종말론을 이야기하
는 것들을 읽으면서 많은 시간을 보냈다.

처음엔 세계의 종말이라는 전반적인 맥락 내에서도 선
정적인 내용 쪽에 주로 시선이 갔다. 얼마 동안은 좀 느긋하
게 〈프레핑prepping〉이라는 다소 추상적인 관심사를 추구했
다. 내가 최대한 파악한 바에 따르면, 프레핑은 세계 전체가
전면적으로 파열되기 직전에 와 있다는 확신을 갖고 그런 상
황에서 살아갈 충분한 준비물(〈프렙〉)을 갖추는 일에 강박
적으로 투자하는, 거의 전적으로 미국 백인들로 구성된 하위
문화를 가리킨다. 그 기이한 소우주에는 모든 것이 갖추어져
있었다. 자유와 자급자족이라는 개척 정신, 그런 상황이 진
행되면서 점점 위축되고 있다는 공포를 완전히 숨기지 못한
채 잔뜩 긴장해서 전전긍긍하고 있는 남성의 모습, 소비재를
향한 물신 숭배적인 수준의 딱한 태도, 외부인에 대한 불신

과 증오가 그렇다. 그들이 올린 글을 읽고 이따금 그들이 하는 팟캐스트를 듣다 보니, 이 프레퍼 집단의 게시판, 블로그, 페이스북에 무엇이 숨겨져 있는지를 알아차리게 되었다. 그들의 운동 자체가 아메리카 자체의 히스테리 증상이라는 것이다.

나는 유튜브에서 브랜던이나 카일이나 브렌트라는 이름을 가진 이들이 자신의 〈생존 배낭bug-out bag〉에 무엇이 들어 있는지를 보여 주며 이야기하는 동영상을 시청하면서 아주 많은 시간을, 내게는 두 번 다시 돌아오지 않을 시간을 보냈다. 어떤 일이 닥치든 간에 야생으로 들어가 스스로를 지키는 데 꼭 필요하다고 생각한 물품들이 들어 있는 배낭이다.

그런 붕괴 시나리오 — 핵 공격, 대규모 사회 불안, 바이러스의 세계적 유행, 운석 충돌 등 — 는 일반적으로 최악의 영향이 도시 환경에 집중될 것이라고 상정하기에, 프레퍼들은 SHTFshit hits the fan(재난이 닥친) 상황에서 해야 할 일이 집을 버리고 〈달아나는bug out〉 것이라고, 즉 사람들로부터 벗어나서 비교적 안전한 야생으로 향하는 것이라고 본다. (반면에 비록 덜 흥분되기는 하지만 출입구를 단단히 닫아걸고 현재 위치를 고수하는 〈틀어박히기bugging in〉도 있다. 본질적으로 집 밖으로 나가지 않고 고도의 방어 수단을 갖춘 참호에 틀어박히는 것이다. 후자가 더 내 능력과 기질에 들어맞는 종말 대비책처럼 보였다.)

　나는 이런 생존 배낭 동영상이 유튜브에서 더 주류를 차지하는 〈하울haul〉 동영상, 즉 대개 젊은 여성이 최근 쇼핑한 물품들을 죽 보여 주면서 이야기하는 동영상과 강한 가족 유사성을 보인다는 생각이 들었다. 즉 생존 배낭 동영상은 이런 소비주의 획득물을 과시하는 행동의 종말론적인 판본이라고 할 수 있었다. 배낭에는 대개 사냥칼, 구급 용품, 헤드 랜턴, 여분의 배터리, 만능 도구, 쇠지레, 마스크, 나침반, 호루라기, 튼튼한 양말, 은박 보온 담요, 군용 밧줄, 휴대용 정수기, 장기 보관용 전투 식량, 물휴지, 보온병, 위장 무늬가 찍힌 포장 테이프, 양초, 약솜, 바셀린, 고급 선글라스 같은 것들이 들어 있었다.

　사실 프레퍼들과 그들의 소비 습관을 강박적으로 계속 지켜보면서 빠져들다 보니 나도 곁다리로 사소하게 집착하게 된 것이 하나 있는데, 바로 그들이 쓰는 특수한 양식의 선글라스다. 그들은 시야를 다 가리는 광각 선글라스를 유달리 선호하는 듯했다. 내가 파악한 바로는, 우파 집단 전체가 보편적으로 이런 선글라스를 선호했다. 대안 우파 집회 영상, 자유론자들의 트위터 프로필 사진, 트럼프 지지 집회에서 격분한 나머지 벌겋게 달아올라서 소리 지르는 사람들의 사진 등, 이 모든 문화적 인공물에서 과도할 만치 휘어져 있는 렌즈를 끼운 타원형 선글라스가 으레 보인다는 사실을 알아차렸다. 그러나 이 오클리Oakley 선글라스 착용과 극도로 반동적인 견해 — 국가가 사회를 구성하는 데 어떤 역할을 한다는 것에 완고하게 반대하고 개인의 자유가 곧 세금으로부터의 자유를 의미한다고 믿으며 백인 이성애자 남성이 사실상 사회적으로 용인하는 차별의 궁극적 희생자라고 확신하는 견해 — 사이에 어떤 본질적인 연관성이 있다면, 내가 아무리 노력한들 그것이 무엇으로 이루어져 있을지에 대해 진지한 이론이든 장난스러운 이론이든 간에 전혀 내놓을 수 없을 것이다.

이 무렵에 나는 세계의 종말을 어떻게 대비할지 자세히 알려 주는 생존 지침서도 몇 권 읽었다. 내가 왜 그런 책들을 읽었는지는 잘 모르겠다. 사회 문화적 현상으로 프레핑에 추상적인 관심을 갖고 있어서 읽은 것인지, 아니면 붕괴가 곧 들이닥칠지 그리고 막상 닥쳤을 때 어떻게 헤쳐 나갈지를 알려 주는 비밀 지식에 대한 진정한 욕구 때문이었는지 잘 모르겠다. 그런 책들과 맺고 있는 관계의 불확실성과 그런 책들에 담긴 공포가 점점 나를 짓누르고 있을 때, 우연히 나와 같은 이름을 가진 사람이 쓴 붕괴 이후 세계를 위한 생존 지침서가 눈에 띄었다.

그 책은 거의 히스테리 수준으로 검색 엔진에 최적화한 제목을 달고 있었다. 『DIY 생존 비법! 초보자용 생존 지침서: 쉬운 가정용 DIY 기술을 통해 재난에서 살아남는 법 *Survival Guide for Beginners: How to Survive a Disaster by Using Easy Household DIY Techniques*』이었다. 생존 지침서 장르의 꽤 관대한 기준으로 보아도 함량 미달의 책처럼 보였다. 종말 자체의 마감 시한이 어른거려 급하게 서둘러 쓴 것처럼 보였다. 그러나 저자가 나와 이름이 같다는 사실 때문에 나는 좀 으스스한 전율을 느꼈다. 마치 미래에서 온 경고를 받는 것처럼 느껴졌다. (그 마크 오코널이 징후와 상징을 해석하는 방법을 다룬 지침서들을 계속해서 썼다는 점은 거의 암호화되어 있지 않은 어떤 불길한 징조가 아마존 서점을 통해 내게 판매되고 있다는 느낌을 더욱 강화했다.) 그 책의 표지에 적힌 내 이름 — 잘 배치된 깡통, 토치, 구급상자, 무전기, 양초, 물병 사진과 함께 — 을 보고 있자니, 이 주제를 내 신경 말단과 분리하고 있던 아이러니라는 얇은 막에 작지만 수리할 수 없는 파열이 일어난 듯했다.

내게 프레퍼의 정신세계를 가장 명쾌하게 보여 준 책은 『세상의 종말에서 살아남는 법: 불확실한 시대를 살아가기 위한 생존 매뉴얼 *How to Survive the End of the World as We Know It: Tactics, Techniques, and Technologies for Uncertain Times*』이었다. 표지에는 〈세계

적인 베스트셀러〉라는 문구가 있었고, 저자는 전직 미 육군 정보 장교인 듯싶은데 제임스 웨슬리, 롤스James Wesley, Rawles 라는 별난 이름이었다. 그의 웹사이트에서 질의응답 게시판을 찾아보니, 가운데의 쉼표가 그 자신만의 것이라고 느끼는 기독교식 이름을 성(姓), 즉〈롤스 집안의 모든 사람과 그 아내들이 공유하는 공통의 자산〉과 구분하기 위해 찍은 것이라고 나와 있었다. (이 문장이 문법적으로 애매하기에, 나는 롤스가 아내들이 아니라 성이 공유되는 것이라는 뜻으로 한 말이라고 선의의 해석을 할 수밖에 없었다.) 롤스는 프레퍼 운동의 세계에서 꽤 눈에 띄는 인물이었다. 그는 인기 있는 생존 블로그를 운영했고, 종말 뒤의 생존을 다룬 장엄한 디스토피아 소설 시리즈도 썼으며 — 그리 놀랄 일도 아니겠지만 세계를 지배하는 칼리프에 맞서는 투쟁을 배경으로 한 작품도 있다 — 아메리칸 리다우트American Redoubt라는 운동도 창시했다. 같은 생각을 지닌 보수주의 기독교인들과 유대인들 (무슬림은 결코 포함되어 있지 않다)이 문명의 황혼을 대비하여 미국 북서부의 외진 지역으로 이주하자는 운동이다.

그의 책은 붕괴 직전에 와 있는 미국을 묘사하고 있었다. 인구의 대다수가 소수의 사람들과 점점 복잡해지는 유통망에 식량 공급을 의지하고 있는 상황이다. 롤스는 들이닥칠 주된 재난 — 감염병 대발생, 핵 공격, 경제 붕괴 — 이 무엇이든 간에 사람들은 아침에 출근하지 않겠다는 결심을 쉽사리 하게 될 것이며, 그러면 상점의 선반에 물건이 쌓이지 않게 되고 운송 트럭도 다니지 않게 될 것이라고 주장했다.

〈작물은 밭과 과수원에서 썩어 갈 것이다. 수확하거나 운송하거나 마법처럼 구워서 팝타르트를 만들거나 슈퍼마켓 선반에 쌓을 사람이 아무도 없기 때문이다. 빅 머신Big Machine은 망가질 것이다.〉

그는 어느 때든 간에 미국의 가정에 보관된 식량은 평균적으로 일주일 분량이 안 된다고 지적했다. 그는 식량 공급망이 붕괴하는 바람에 〈조 식스팩Joe Six-Pack〉 ── 교외 지역에 사는 준비되지 않은 가장들을 비난하는 롤스의 용어 ── 이 가족을 위해 식량을 비롯한 물품들을 찾아서 붕괴하는 세계로 갑작스럽게 우르르 몰려간다는 시나리오를 상상했다. 이 시나리오에 흥미로운 부분이 있다는 점을 외면하기가 어렵다. 조 식스팩들이 안전과 편안함이라는 기나긴 꿈에서 갑자기 깨어나서 우리가 아는 세계의 종말TEOTWAWKI, The End of the World as We Know It이 왔음을 깨닫는다는 부분이다. 〈전력망이 끊기고, 직장은 옛일이 되고, 변기 물은 내려가지 않고, 수도 꼭지에서는 더 이상 마법처럼 물이 쏟아지지 않는다. 아내와 아이들은 공황 상태에 빠져 있다. 슈퍼마켓 선반은 텅텅 비어 있다. 도시 곳곳에서 폭동이 시작된다. 동네 주유소에는 기

름이 아예 없다. 은행은 문을 닫았다. 그는 갑작스럽게 절망에 빠진다.〉

롤스는 이런 상황이 국가와 경제만이 아니라 문명 자체의 붕괴, 즉 세계의 진정한 본질에 관해 필수적인 대중 망상에 기반한 애초에 극도로 예민하기 그지없던 개인들 사이의 관계 체계의 붕괴를 가져온다고 본다. 약탈이 만연하고, 사람들은 이웃의 식량과 물건을 훔치고, 대규모 폭력, 법과 질서의 전면적인 붕괴 말이다. 이런 혼란은 처음에는 도시를 중심으로 일어날 것이다. 절실해진 도시민들이 식당과 상점을 표적으로 삼으면서다. 그러나 집 주변에 식량을 구할 곳이 점점 줄어들면서, 도시민들은 식구들을 먹여 살릴 식량을 구하기 위해 어쩔 수 없이 시골까지 진출할 것이다. 롤스는 이들 중 상당수가 무리를 지어서 무장한 채 훔친 기름으로 달리는 차를 타고 다닐 것이라고 예측했다. 이런 약탈자 무리는 결국 독감이나 납 중독으로 죽겠지만, 그 전에 이미 엄청난 파괴 행위를 저지를 것이라고 본다.

이 미래 예측은 애초에 사회라는 개념 자체를 결코 온전히 신뢰하지 못하는 사람만이 내놓을 수 있는 것이다. 내가 보기에, 이 예측에 내가 프레퍼에 관해 알아낸 것들, 그리고 롤스가 독자들에게 전하고자 하는 모든 것이 담겨 있는 듯했다. 이런 의미에서 보자면, 그가 제공한 것은 미래 예측이라기보다는 현재에 대한 깊이 있는 정치적 해석이었다. 특히 내가 보기에 그 운동의 이념적 극단을 드러내는 듯한 대목도 있었다. 롤스는 이렇게 썼다. 〈우리 사회는 문명이라는 얇은 합판이 덮고 있을 뿐이다. 그 아래 있는 것은 아름답지 않으며, 그 합판을 벗겨 내기란 그리 어렵지 않다. 평균적인 도시 사람이나 교외 지역 사람을 아주 춥고 습하게, 지치고 굶주리고 목마르게 하면서 텔레비전, 맥주, 마약 등 진정시키는 모든 것을 없앤다면, 곧 그 안에 든 야만을 보게 될 것이다.〉

이렇게 야만적인 상황을 제시함으로써 롤스는 사회 자체를 전혀 신뢰하지 않는다는 점을 드러냈을 뿐 아니라, 사실상 자신이 보여 주고자 의도했던 것보다 훨씬 더 많은 것을 드러낸 셈이었다. 내 눈에는 프레퍼라는 집단 자체가 상상 속의 아메리카 변경American frontier으로 돌아가고자 하는 현실 도피적 환상을 계속 유지하려고 애쓰는 것이 분명해 보였다. 억세고 독립심 강한 백인 남성이 적대적인 야생 환경에서 역경에 맞서면서 자신과 가족을 먹여 살린다는 이상 말이다. 그런데 내가 보기에 여기서 〈야만〉이라는 단어를 노골적으로 사용했다는 것은 이 반동적인 열의에 찬 꿈이 현재나 미래의 현실을 진정으로 이해함으로써 나온 것이 아니라, 아메리카의 기원이었던 종말의 역사적 트라우마에서 나온 것임을 말해 준다. 원주민과 그 문화를 비인간화하고 거의 전멸시킨 행위 말이다.

그리고 롤스 같은 프레퍼가 야만이라는 유령을 불러낼 때, 그들이 하고 있는 일은 자기 자신 — 문명의 불꽃을 운반하는 자이자 변경 개척자 정신의 계승자 — 과 자연 상태로 곧바로 돌아갈 이들, 즉 붕괴 이후 세계의 야만적인 원주민들을 가르는 벽을 설치하는 것이었다. 그리고 이렇게 편 가르기를 하면서 그들은 알든 모르든 간에 식민지 정복을 벌이던 시절의 인종 청소 폭력 행위로 돌아가는 데 필요한 조건을 조성하는 일까지 하고 있었다.

이 열정이 가장 터무니없는 수준으로 과잉 표출된 사례가 2017년 8월 〈실제 생존과 프레핑Reality Survival and Prepping〉 유튜브 채널에 올라온 〈붕괴 이후에 생겨날 10대 양치기 개 갱단Top 10 Sheep Dog Gangs That Will Form After the Collapse〉이라는 영상이었다. 이 영상은 프레퍼들이 강박적일 만치 집착하는 시나리오에 초점을 맞추었다. 그들이 〈무법WROL, Without Rule of Law〉이라고 부르는 세계를 상정한다. 30대 후반으로 보이는 J. J. 존슨이라는 남자가 커튼을 친 비좁은 방에서 방울뱀들이 서로를 감고 올라가는 그림에 〈나를 짓밟지 마〉라고 적힌 깃발을 배경으로 앉아서, 자신이 미국 사회를 보는 시각과 곧 닥칠 붕괴 직후에 펼쳐질 야만과 무법이 판치는 혼란스러운 세상에서 어떻게 사회의 특정 구성원들이 뭉쳐서 요새를 구축할지를 이야기한다.

　그는 현재 서로 분리된 채 타협할 수 없는 두 개의 아메리카가 있다고 본다. 인구가 밀집되어 있고 민주당이 〈지배하는〉 도시 아메리카와 교회에 다니면서 총기를 오락 삼아 열정적으로 사용하는 사람들이 사는 시골 아메리카다. 더 나아가 그는 〈좋은 사람들〉을 이야기하는데, 〈나쁜 사람들〉이라는 말을 꺼내지는 않지만, 아메리카를 둘로 나눈다는 점에서 볼 때 그가 〈좋은〉 아메리카와 〈나쁜〉 아메리카가 있다고 단정하는 것은 틀림없어 보인다. 그는 아메리카에 〈수많은 무법 행위〉를 참고 있지 않을 좋은 사람들 — 총을 든 좋은 사람들 — 이 많다고 말한다. (말이 나온 김에 덧붙이자면, 그는 이전의 한 동영상에서 SHTF 상황이 벌어지면 약탈자와 〈도적〉 무리를 먼저 죽이는 방법을 다루었으니 찾아보라고 말한다.)

　존슨의 전반적인 논지는 이내 명확히 드러나는데, 특정한 기존 사회 집단이 문명의 붕괴 때 실질적인 법 집행관으로 등장한다는 것이다. 신성한 사유 재산과 〈좋은〉 미국인 가정의 안전을 지키는 — 필요하다면 폭력을 써서 — 일을 하는 집단이다. 그는 이런 집단을 〈양치기 개 갱단sheep dog gang〉이라고 부른다. (그는 재빨리 의미를 명확히 밝힌다. 〈내가 말하는《갱단》은 그냥 사람 집단이라는 뜻이에요. 정말로 그게 전부예요. 도시 양식의 도시 갱단처럼 행동할 것이라는 뜻이 아닙니다.〉) 그는 종말 이후에 〈양치기 개 갱단〉— 그는 〈포스poss〉라고 부르기도 한다 — 을 형성하게 될 기존 집단을 예로 드는데, 남성 단체, 주택 소유자 협회, 재향 군인 단체, 로터리 클럽 지부 등이다.

로터리 클럽 회원들이 모여서 문명을 지킨다는 생각 자체가 터무니없게 여겨지는 한편으로, 나는 그 영상에서 크립토파시즘crypto-fascism이 숨어 있다는 것도 알았기에, 야생에서 마주칠 것들을 보여 주는 사례로서는 좋아 보였다. 도시 약탈자들의 습격이 판치고 전반적으로 무법천지가 된 세상에서 실업가 단체와 퇴역 군인 중에서 신앙심 깊은 이들이 모여 스스로를 방어한다는 이 전망은 미국 사회의 〈나쁜〉 구성원들을 폭력적으로 제거하는 일에 초점을 맞춘, 정화하겠다는 환상에 다름 아니다.

사실 크립토파시즘이라고 부르는 것조차 적절하지 않을 수 있다. 사실은 꽤 오래된 원래 형태의 구식 파시즘이었다. 그가 〈도시〉 대 〈시골〉 아메리카, 〈도시 양식〉 갱단 대 주택 소유자 협회 집단 같은 말을 할 때 굳이 깊게 생각하지 않아도 거기에 인종 차별주의가 배어 있음을 알아볼 수 있다. 이 J. J. 존슨이라는 사람에게는 종말 자체가 이런 백인 우월주의 환상을 펼칠 매력적인 핑곗거리로 쓰인 듯하다.

붕괴라는 개념은 일부 원초적인 수준에서는 반동적인 감수성을 가리킨다. 세계가 아담과 이브가 타락하기 이전의 완전 무결한 상태에서 추락해 왔기에, 언제나 필연적으로 고도의 타락 상태에 놓여 있다고 느끼는 것이다. (페미니즘, 정치적 공정성, 이슬람을 향한 좌파의 무기력한 태도 등. 반동적인 견해에서 보자면 서양 문명이라는 구조물은 계속 내부에서부터 곪아 가고 있다.)

프레핑은 모든 것을 집어삼키는 타락을 걱정하는 마음에 뿌리를 두고 있다. 사회는 아주 방대하고 복잡해져서 절망적으로 취약해진 유통과 관리 체계에 너무나 크게 의지하는 바람에 약해졌다. 도시는 이 타락의 근원이다. 프레퍼는 도시를, 즉 그 안에서 살아가는 사람들을 신뢰하지 않는다. 식량 생산과 동떨어진 채, 유통과 쓰레기 수거라는 방대하면서 허약한 체계에 전적으로 의지하여 살아가는 이들, 구제할 수 없을 만큼 많고 다양한 대규모 인간 군상이라 여긴다. 그리고 이 의구심은 현대성 자체에 대한 의구심에 상응한다.

내셔널 지오그래픽 채널에서 2011~2014년에 방영된 「둠스데이 프레퍼스Doomsday Preppers」라는 쇼를 생각해 보자. 이 시리즈는 표면적으로는 미국 남성들이 문명의 붕괴에 대비하여 다각도로 준비하는 모습을 담은 리얼리티 텔레비전 프로그램이었다. 요새, 벙커, 시골 오지에 은신처 짓기. 무기,

도구, 식품 등 종말 이후의 필수품 쌓아 놓기. 그러나 유튜브에서 군이 긴 시간을 들여 가며 그 시리즈를 여러 편 시청하지 않아도, 그 쇼가 사실상 위기의 남성성을 다루는 리얼리티 사이코드라마임을 금방 이해할 수 있다.

쇼의 출연자들은 대개 중산층 시골 백인 남성이었다. 아주 부유하지도 않고 교육 수준이 아주 높지도 않지만, 소득의 상당 비율을 문명의 대규모 파괴 이후 치열하게 자급자족 생활을 해나간다는 환상에 투자할 만큼 여유가 있는 이들이다. 그들은 하나같이 자기 삶에서 타인에게 의존하는 부분을 싹 도려내는 일에 집착한다. 그런 면에서 보자면, 이들의 현대성 비판은 개인이 그런 의존성 때문에 약해지고 타협해 왔다는 비판이다. 한 프레퍼의 말은 그 운동의 정치적 성격을 어느 정도 대변한다. 「나는 어느 누구에게도 의지하지 말라고 배웠어요. 정부에도 의지하지 말고, 이웃에게도 의지하지 말아요. 먼저 자기 자신에게 기대야 해요.」

이 쇼는 지겨울 만치 반복적이다. 중년의 미국 백인 남성이 개인주의와 자급자족이라는 자신의 정교한 환상을 추구하는 모습을 일단 한 편이라도 보면, 시리즈 전체를 거의 다 본 것이나 마찬가지다. 그러나 이들이 벌이는 온갖 구경거리와 그들이 〈현실 세계〉에서 살아간다는 것이 무엇인지를 나름 이해했다고 판단하여 그 개념을 주변 사람들에게 강요하는 모습은 한 편의 암담한 코미디이기도 하다. 거의가 남성인 그들은 자신이 삶과 미래를 실용적인 관점에서 보고 있다고 굳게 믿는다. 이들 프레퍼 주변에는 자급자족하려는 욕구에 덜 이끌리고, 종말이 도래한다고 광적일 수준의 확신을 갖고 있지 않은 이들, 따라서 프레퍼의 방식을 받아들이도록 이끌어야 하는 이들 — 대개 여성들 — 이 있을 때가 많다.

매사추세츠의 부동산 중개인이자 독실한 기독교인인 브라이언 머독이 나오는 편을 보자. 브라이언은 완성된 프레퍼다. 삶의 모든 측면이 문명의 붕괴를 대비한 전반적인 계획에 따르는 듯 보인다는 의미에서다. 브라이언이 상정하는 시나리오는 제3차 세계 대전이다. 미국이 이란에 핵 공격을 가하고, 그 반격으로 이란이 이스라엘에 핵 공격을 하면서 시작된다고 본다. 그는 레몬색 폴로셔츠 끝자락을 체크무늬 반바지의 허리띠 안으로 쑤셔 넣은 채 식민지풍 집의 나무 현관에 기댄 채 말한다. 「확실해요. 지구의 3분의 1은 사라질 겁니다.」 그는 자신의 생존에 힘쓰는 사람을 배우자로 맞으면 재앙에서 살아남을 기회가 대폭 증가한다는 것을 깨달은 뒤에 혼인하기로 결심했다고 말한다.

따라서 자신의 이기적인 생존주의라는 전제로부터 정상적인 인간관계를 역설계하고자, 그는 만남 사이트에 가입해 콜롬비아의 타티아나라는 젊은 여성을 만났다. 그녀를 알기 위해 콜롬비아를 두 번 다녀온 뒤, 그는 그녀와 약혼을 하고 미국으로 데려오기로 했다. 그는 콜롬비아 여성의 경우 생활 방식이 아주 단순하고 〈감사〉와 〈존경〉을 표하는 문화에 살기에 해외에서 신부를 구하려는 이들에게 인기가 많다는 사실에 특히 혹했다. 브라이언은 페미니즘을 언급하지 않았지만, 젊은 신부가 미국에서 첫 식사를 하자마자 그녀에게 식기세척기를 돌리게 하는 모습을 볼 때, 전통적인 성 역할이 그가 내다보는 종말 이후의 생존에서 중요한 부분을 차지한다는 것을 짐작할 수 있다.

그는 말한다. 「나는 혼인의 축복, 혼인 서약이 프레핑에 매우 중요하다고 믿습니다.」

타티아나는 미국에 온 뒤 브라이언이 핵전쟁에 대비하여 차로 일곱 시간이나 들어가는 외진 곳에 20만 제곱미터 넓이의 은신처를 마련했다는 말을 듣고 깜짝 놀란다. 그녀는 여행 가방을 풀기도 전에 생존 배낭을 꾸려야 했다. 그녀는 미국으로 오기 전까지 프레핑, 생존 배낭 꾸리기, 핵전쟁 대비 계획 같은 말을 한마디도 듣지 못했기에, 너무나 낯설고 혼란스러워하는 모습이다. 그녀는 말한다. 「브라이언이 프레퍼라고 했을 때, 이 사람이 미쳤나 하고 생각했어요. 콜롬비아에서는 그런 일을 하는 사람이 없거든요. 나빠질 때를 대비해서 식품을 아껴 둔다는 개념 자체가 없어요. 이미 늘 나쁘니까요.」 하지만 그녀는 남편이 현명하며, 자신도 노력해서 언젠가는 완벽한 프레퍼 아내가 될 것이라고 말한다.

이 쇼는 압도적인 수준으로 여성을 어리숙하고 프레핑 방식을 지도해야 할 대상으로 제시한다. 아내들은 회의적이고, 일상생활의 자잘한 일들에 신경을 쓰지만, 예외 없이 결국에는 규칙적인 훈련, 총기 훈련 등을 받는다. 딸들은 마음에는 분노와 눈에는 음욕이 가득한 굶주린 남성들, 즉 〈약탈자들〉을 두려워하라고 배운다. 가정은 세상의 위험을 막는 일종의 요새가 되며, 아버지는 폭력을 솜씨 있게 휘두르고, 적재적소에서 남자다운 힘을 쓰고, 창의력을 발휘하여 가족을 보호하는 봉건 시대의 가부장 같은 인물이 된다. 사회를 좀먹는 페미니즘 같은 세력들이 등장하기 이전의 사회가 어떠했는지를 상상하면서, 옛날 방식의 가정을 열정적으로 미화한다.

프레퍼는 두려움에 준비하고 있는 것이 아니다. 환상에 대비하고 있는 것이다. 문명의 붕괴는 우리 문화에 더 이상 유용하지 않은 남성성 중심의 생활 양식으로, 맨땅에서 화장실을 뚝딱 지을 수 있는 — 또는 석궁을 써서 아내와 자녀를 침입자로부터 보호하거나, 자기가 잡은 사슴을 그 자리에서 해체할 수 있는 — 남성이 곧바로 신흥 엘리트로 등극하는 세상으로 회귀하는 것을 의미한다. 어떤 형태를 취하든 간에, 종말은 대다수에게는 비참함과 죽음을 의미하겠지만, 준비된 이에게는 첫 번째 원칙, 남성이 남성인 세상으로 돌아감을 의미할 것이다. 그 남성이 백인이라면 더더욱 그렇다.

프레퍼의 불안과 환상에는 무시할 수 없는 수준으로 인종적 의미가 함축되어 있다. 도시와 도시민들을 향한 불신이 담겨 있다. 〈양치기 개 갱단〉과 〈도시 양식의 도시 갱단〉을 구분하는 그 유튜브 영상이 명확히 보여 준다. 그리고 약탈과 〈무법〉을 둘러싼 논의는 으레 흥분에 휩싸이기 때문에, 과도해지지 않게 억제하는 조치가 필요할 수도 있다. 프레퍼는 종종 〈시민 소요 사태〉를 이야기하는데 — 아무튼 세상이 혼란에 빠지면 으레 나타날 것이라고 예상되는 원초적인 방법 중 하나니까 — 그럴 때면 예외 없이 흑인과 전반적인 인종 차별주의와 폭력에 대한 그들의 반발을 언급하는 듯하다. 2015년에 프레디 그레이Freddie Gray가 유치장에 구금되어 있다가 사망했는데 대배심이 사망에 연루된 경찰관 여섯 명에게 불기소 처분을 내리자, 볼티모어에서 폭동이 벌어졌다. 많은 프레퍼가 이 폭동을 자신들이 대비하고 있던 바로 그 WROL 시나리오(피부색 측면에서도)가 실현되리라는 것을 알려 주는 전조라고 여겼다.

볼티모어의 시민 소요 사태가 벌어진 직후에 〈프레퍼

저널The Prepper Journal〉이라는 웹사이트에 〈WROL 세계는 어떤 모습일까?〉라는 짐짓 온건하게 꾸민 듯한 제목의 기사가 올라왔다. 글 위쪽에 배치한 사진이 자체적으로 내놓은 답이라고 볼 수 있다면, WROL 세계는 후드 티와 마스크로 얼굴을 가리고 경찰차 위에서 방방 뛰는 흑인 젊은이들 무리처럼 보일 것이다. 기사에는 볼티모어나 그레이나 〈흑인의 생명도 소중하다Black Lives Matter〉 운동이 전혀 언급되어 있지 않지만, 사진이 어디에서 찍은 것인지는 명백했다. (경찰차에 〈볼티모어 경찰〉이라고 적혀 있었으니까.) 화면을 아래로 죽 내리면 무법천지를 보여 주는 사진이 한 장 더 나오는데, 후드 티를 입은 흑인 남성이 무언가를 던지고 있고, 그 뒤로 불타고 있는 차가 보인다. 구글 이미지 검색을 했더니, 2011년 런던 폭동 때 찍은 사진이라는 내 짐작이 맞았다.

이 기사를 보자마자 두 가지 생각이 떠올랐고, 저자가 고른 사진들은 그 점을 잘 보여 주었다. 첫 번째는 무법천지를 다소 노골적으로 젊은 유색 인종 남성과 연관 짓고 있다는 것이었다. 여기서는 명백히 비백인, 명백히 도시인이 야만 집단 — 전면적인 붕괴가 일어날 때 곧바로 폭력과 혼란을 일으키는 타고난 성향을 지닌 사회 부문 — 으로 인식되고 있었다. 두 번째는 두 사진의 맥락이었다. 즉 2015년의 볼티모어와 2011년의 런던은 경찰에 구금된 상태에서 젊은 흑인 남성이 사망하여 슬픔과 분노로 들끓던 상황이었다. 다시 말해, 무법천지를 상징하는 것으로 제시되고 있던 이들은 국가의 보호를 받지 못하고 산다는 것이 어떤 의미인지를 피부로 가장 처절하게 이해한 사람들, 애초에 법에 자신들을 보호하려는 의도가 전혀 담기지 않았음을 알아차린 사람들이었다.

이 주제 전체에 따라붙는 지극히 극적인 아이러니의 길게 늘어진 그림자 — 즉 종말 이후의 세계에서 살아간다는 것이 어떤 의미인지를 진정으로 이해한 이들, 따라서 가장 철저히 준비된 이들이 바로 사회의 가장 주변부에 놓인 억압받는 이들이라는 사실 — 를 인정하지 못하는, 아니 인식조차 못 한다는 점이 내게는 총체적인 도덕 불감증을 보여 주는 듯했다.

나는 롤스의 책에서도 이와 같은 도덕 불감증을 엿볼 수 있었다. 그가 이라크에서 군 정보 장교로 일할 때의 일화에서 가장 뚜렷하게 드러났다. 당시 그는 사회 구조가 붕괴하는 상황 — 아마도 2003년 자기 정부가 불법으로 침략함으로써 일어난 이라크 사회의 붕괴 같은 — 에서 난민들이 가장 큰 고통을 겪는다는 것을 알았다. 그리고 이런 관찰로부터 그가 이끌어 낸 도덕적 교훈, 그가 귀국할 때 지니고 온 개념은 그가 기독교를 자기 정체성의 핵심을 이룬다고 주장한다 할지라도, 자신이 목격한 고통을 줄여야 한다는 어떤 의무 같은 것을 전혀 느끼지 못한 채 확고한 개인적 신념을 간직하자는 것이었다. 그는 이렇게 썼다. 〈나는 결코 난민이 되지 않겠다고 맹세했다.〉

그리고 내가 보기에 이 공감 능력 결핍은 프레퍼 운동에 결코 부수적으로 따라붙은 것이 아니라, 전체 계획의 본질적인 구성 요소인 듯했다. 즉 그 계획 자체가 도덕적 결핍을 중심으로 짜인 것이었다. 프레퍼가 된다는 것은 고통을 겪는 사람이 되지 않기 위해서 할 수 있는 모든 일을 하는 것이며, 남들의 고통을 줄이거나 예방하는 쪽으로는 아무런 기여도 하지 않는다는 것이다.

프레퍼가 유통망 붕괴와 그에 따른 자급자족과 자립의 필요성이라는 전망에 집착한다는 점을 생각할 때, 그들이 소비재에 맹목적일 만치 애착을 보인다는 사실이 내게는 몹시 아이러니로 비친다. 기본적으로는 이해가 가도 그렇다. 예를 들어, 그들의 게시판에는 SHTF 시나리오에서 어느 보온병이나 손전등이 가장 믿을 만한지를 놓고 끝없는 토론이 이어지고, 미국 남성들의 종말 이후 생존 판타지가 요구하는 다양한 도구들과 식료품 수요를 중심으로 소규모 경제가 형성되어 아주 번창하고 있다.

찾아보니 누만나NuManna라는 회사가 있었다. 구약 성서에서 이스라엘 민족이 이집트를 탈출하여 방황하고 있던 시기에 신이 선사한 음식인 만나에서 따온 이름이다. 이 회사는 유통 기한이 25년에 달하는 동결 건조 분말 식품들을 커다란 통으로 팔고 있었다. 오트밀, 영양가 있는 콩과 쇠고기, 체더 치즈 브로콜리 수프, 냉동 건조 닭고기를 섞은 파스타 프리마베라 등 아주 다양했다.

누만나 웹사이트를 훑는데 레이건 B라는 고객이 쓴 짧은 추천 글이 보였다. 내가 볼 때, 그는 자신도 모르게 종말 대비 계획의 불합리성을 요약하고 있었다. 〈이 제품은 놀랍다. 얼마 전 아내가 집을 나가는 바람에 나는 누만나를 먹었다. 해먹기 쉬웠고 내가 산 식품들은 모두 맛있었다. 예전에 모르몬교도로부터 식품을 한가득 구입할 당시에 누만나가 있었다면 얼마나 좋았을까. 그 모든 식품을 하나하나 다 사서 쟁여 놓기가 싫다. 누만나는 간단하면서 맛도 아주 좋다. 산더미처럼 쌓인 다른 식품들을 다 내다 버렸다.〉

처음 이 글을 읽었을 때 그가 어떤 인물인지를 상상하니 정말로 어찌할 수 없이 우스꽝스럽게 여겨졌다. 그는 핵전쟁이나 거대한 소행성 충돌로 일어날 문명 붕괴에 충분히 대비할 만큼 의지가 굳건했음에도, 요리해 줄 아내가 옆에 없으면 어쩔 수 없이 종말용 식품 창고를 뒤져 식품 통 뚜껑을 열어야 하는 부류였다. 내게는 도미노 피자를 시켜 먹는 것보다 더 안 좋아 보였다. (당혹스러운 동시에 마찬가지로 놀라운 점은, 그렇게 대량으로 식품을 구입해 놓고는 그 모든 식품을 모아서 요리하는 수고를 하고 싶지 않다고 결론 내렸다는 사실이다.)

그런데 좀 더 따져 보니, 코미디를 압도하는 더 어둡고 더 해로운 무언가가 모습을 드러냈다. 종말을 대비하는 데 집착하는 남성이 아내를 너무나 소외시키고 고통스럽게 만들어 결국 아내가 집을 나가게 했으며, 그럼으로써 이 무력하고 겁먹고 강박적인 사람이 진짜 세계의 종말을 대비하여 모은 조미된 단백질 슬러지를 먹으면서 버티는 일종의 개인적인 종말을 맞이했다는 생각이다.

게다가 이 남성은 내가 동일시한 사람이었다. 물론 나는 그와 나 자신을 동일시했다. 그를 거의 창안한 것이나 마찬가지였다. (나는 나 자신이 그의 위선적인 독자라고 생각했다. 나를 빼닮은 자, 나의 형제여!) 그는 나 자신의 불안과 메타 불안—내 지속적인 불안 상태가 일으킬지도 모를 피해에 대한 불안—의 괴팍한 아바타였다.

프레퍼가 지닌 문제점이 바로 그것이었기 때문이다. 그들은 조롱받기 쉬웠고, 그들의 동기는 노골적인 경멸을 자초하곤 했지만, 나는 본능적인 수준에서는 그들이 어디에서 나오는지를 이해한다고 느꼈다. 문명 붕괴에 대비하는 일에 광적으로 몰두하는 태도까지 함께하지는 않았을지라도, 나는 붕괴가 일어난다는 확신이 점점 강해질 때 온갖 방면에서 걱정이 쌓여 간다는 것을 알고 있었다. 나 역시 세계가 해체된다는 내 내밀한 상상, 내 비관주의 때문에 아내를 설령 절망까지는 아니라고 해도 무너져 가는 드넓은 준교외 지역 어딘가로 내몰았기 때문이다.

프레퍼를 향한 비난이 내가 상상하는 것만큼 나 자신이 그들과 다르지 않을 수도 있다는 의구심 때문에 심해지는 것이 아닐까 하는 생각을 나는 이따금 하지 않을 수 없었다. 그 운동의 동기 — 가난한 자, 피부가 검은 자, 여성 등을 향한 비굴한 두려움 — 는 내게 패씸했지만, 우리가 사는 체계가 궁극적으로 허약하다는 그들의 인식을 전적으로 망상이라고, 전적으로 비논리적이라고 내치기는 어려웠다.

나는 당시 문명 붕괴의 불안감을 주제로 꽤 많은 이와 대화를 나눈 터라, 친구들과 지인들 중에서 멀리서 흐릿하게 어른거리던 대재앙이 지평선에서 어느 정도 모습을 갖추어 가고 있다고 의심하던 이가 나만은 아니라는 사실이 곧 분명해졌다. 일종의 종말 시나리오에 대비해 물품을 비축할 생각을 한 적이 있다고 내게 말한 친구들도 꽤 있었다. 물론 그중 대부분은 그냥 한가로이 생각했을 뿐, 실행하기에 이른 적이 없었지만 말이다. 벙커를 지을 공간이 없어서든, 너무 게을

러서든 간에 그들은 문명이 실제로 붕괴한다면 어떤 대격변에 맞닥뜨리더라도 살아남으려고 애쓰기보다는 차라리 죽겠다고 결론지었기 때문이다. 제정신이 박힌 사람이라면 핵전쟁이나 소행성 충돌 사건이 일어났을 때 정말로 살아남고 싶을까? 이런 이유 때문에 굳이 대비하는 수고를 하지 않는 이들이 훨씬 더 많았다.

나로서는 〈냉동 건조 닭고기를 섞은 파스타 프리마베라〉라는 상품명을 읽는 것만으로도 그 문제에 대해 내 입장을 명확히 하는 데 큰 도움이 되었다. 냉동 건조 닭고기를 섞은 파스타 프리마베라를 먹으면서 생존하는 것과 종말의 첫 번째 죽음의 물결이 밀려들 때 휩쓸리는 것 중에서 선택을 하라고 한다면, 나는 기꺼이 후자 쪽을 택하련다.

당시에 나는 아주 많은 시간을 붕괴라는 미래 전망을 생각하고 프레퍼 유튜브 영상을 시청하며 보내고 있었기에, 대화할 때 으레 그 주제를 꺼내곤 했다. 사람들이 내게 무슨 일을 하는지 물을 때면 나는 세계의 종말을 준비하는 사람들에 관한 글을 쓸 생각이라고 답했고, 그러면 사람들 — 친구, 지인, 방금 만난 사람 — 은 자신도 그런 걱정을 하고 있다거나 그런 사람을 안다고 말하곤 했다.

아주 부유한 친구의 런던 대저택에서 방을 하나 빌려 지내고 있는 내 친구는 집주인 모친이 초창기 미국에서 재산을 모은 한 인물의 후손인데 약간 괴짜라고 말했다. 그녀는 종종 집에 전화를 걸어 내 친구에게 전면적인 붕괴가 임박한 게 거의 확실하다고 하면서 통조림을 대량으로 사놓으라고 말하곤 했다. 심지어 자신이 비용을 댈 테니 뒤뜰에 작은 벙커를 지으라는 말까지 했다. 19세기에 맨해튼을 건설하는 데 큰 기여를 하면서 모은 바로 그 재산을 물려받아 그 돈으로 종말 대피소를 짓고 싶어 한다는 것이 너무나 역설적이었지만, 아무튼 내 친구는 정중하게 그 제안을 거절했다.

한번은 출판업계에 있는 세라라는 친구와 점심을 먹었다. 나는 그녀도 어느 정도는 나와 비슷하게 종말에 집착하고 있다는 사실을 알았지만, 세계의 종말에 관한 그녀의 강박증이 얼마나 심각한지는 미처 모르고 있었다. 그녀는 그 순간이 닥쳤음을 알아차리자마자 꺼내 들고 뛰쳐나갈 수 있도록 침대 밑에 늘 커다란 배낭을 놓아둔다고 했다. 배낭에는 텐트, 작은 캠핑 버너, 다양한 칼, 물 정화용 염소 소독 알약이 들어 있었다. 나침반과 진짜 종이 지도도 들어 있었다. 무선 통신망이 붕괴된 뒤에도 계속 쓸 수 있을 터였다. 그녀는 혼자 야생으로 여행을 떠날 때 이 배낭을 메고 다녔다. 캠핑 여행과 비상 훈련의 중간쯤 해당하는 듯했다. 즉 세라는 진짜 프레퍼였다.

그녀는 남의 눈에 어떻게 비칠지 등을 생각하면 전반적

으로 좀 난처한 입장이라고 주장했다. 자부심도 약간 있는 것이 분명해 보였다. 그녀는 문명 전체의 붕괴라는 시나리오가 우리의 다재다능한 능력, 회복력, 자급자족 능력의 한계를 시험할 것이기에 꽤 관심이 간다고 했다. 그녀는 이렇게 물었다. 「어떤 사회 구조도 없는 상태라면, 자신이 어떤 인간인지 금방 깨닫게 되지 않을까요? 그런 미래가 닥칠 것이라고 생각하면, 뭔가 흥분되지 않나요?」

나는 나 자신이 어떤 인간인지 알아보는 데에는 전혀 관심이 없다고 대답했다. 최상급 재료로 만들어지지 않았을 테니까. 종말이 어떤 형태로 오든 간에, 나는 죽음의 첫 번째 물결에 휩쓸릴 것이 거의 확실하다. 우리는 웃음을 터뜨렸지만, 나는 내 말이 농담만은 아니라는 사실을 그녀가 알아차렸을 것이라고 생각한다.

나는 그녀의 사고방식이 전반적으로 프레퍼 운동과 같은 맥락에 있는 것처럼 들리지만, 두려움보다는 환상에 더 끌린다는 점에서 더 정직하다고 말했다. 그녀는 거기에 소망 충족 요소가 있는 것은 분명하지만, 프레퍼가 대부분 남성인 반면에 자신은 여성이라서 전혀 다른 것일 수도 있다고 했다. 그들은 문명 붕괴 이후에 재확립될 가부장적 규범으로, 페미니스트가 나오기 이전의 체제로 돌아간다는 환상을 품고 있다는 것이다. 그러나 여성은 이미 디스토피아로 절반쯤 와 있다고 했다. 한 예로 자신이 내일 성폭행을 당한다면, 경찰을 불러야 할지 결코 확신을 갖지 못할 것이라고 했다. 나는 문명이 애초에 상대적인 개념이며, 자신이 어디에 서 있는지에 따라서 문명 붕괴는 심하든 덜하든 간에 진행되고 있는 것처럼 보일 수 있다는 점을 지적했다.

그러자 그녀는 내가 프레퍼로부터 한 번도 들어 본 적이 없는 말을 했다. 자신에게는 끝을 알고 싶은 욕구가 있다는 것이었다. 우리 시대에 우리에게 이야기의 끝이 드러날 것이라고 생각해 보라.「그러면 조금의 위안이, 조금의 만족이 되지 않겠어요?」

나는 그 질문에 어떻게 답해야 할지 몰랐다. 나는 추상적인 의미에서, 문화적 의미에서는 그것이 종말론 심리의 일부임을 알고 있었다. 하지만 개인으로서, 부모로서는 나 이후에도 세계가 존속하기를 원했다. 어쨌거나 나 자신은 그렇게 가정했다고 말했다. 하지만 아마도 내가 세계의 종말에 관심을 가진 이유는 내가 기꺼이 인정하고자 하는 차원을 넘어서 훨씬 복잡한 것처럼 보였다. 내 불안과 욕망은 내가 알던 것보다 더욱 긴밀하게 연결되어 있을 수도 있었다.

3
호화로운 생존

내가 들이닥칠 시련 이후에 인류가 다시 탄생할 것이라고 하는 장소를 보기 위해 사우스다코타의 블랙힐스로 간 바로 그 주(週)에 우연히도 핵전쟁 이야기가 매체에 많이 오르내렸다. UN은 북한을 제재하겠노라 발표했고, 북한은 제재에 맞서 실력 행사를 할 것이라고 공언했으며, 그 시점에 자신의 이름을 붙인 호화로운 골프 리조트에서 휴가를 즐기고 있는 작자를 대통령으로 둔 미국은 북한이 손가락 하나만 까딱해도 〈세계가 본 적이 없는 불길과 분노〉에 직면할 것이라고 경고했다. 『월 스트리트 저널*The Wall Street Journal*』에 따르면, 분석가들은 미국과 북한이 전면적인 핵전쟁을 벌인다면 시장에 어떤 일이 일어날지를 추정하기 위해 노력 중이라고 했다. (답은 위험 회피 욕구 때문에 수익률 곡선이 조금 완만해질 가능성이 높지만, 금융의 관점에서 보자면 핵 재앙이 곧 세계의 종말은 아니라는 것인 듯했다.)

종말론은 추세가 되어 가고 있었다. 그 밈meme은 불길한 전조들을 수반하고 있었고, 조금 역설적이게도 진지한 말세론적 심란함과 뒤섞인 냉전 시대의 향수가 주된 분위기가 되어 있었다. 그러니 지금이야말로 차분히 앉아서 종말이 닥치는 광경을 지켜볼 장소를 방문하기에 딱 좋은 시기처럼 보였다. 프레퍼 동영상을 강박적으로 시청하다 보니 종말 대비라는 더 폭넓은 경관이 내 눈앞에 펼쳐졌고, 실제 종말이 닥쳐서 세상이 혼란에 빠질 때 은신할 곳을 원하는 이들에게 생존 수단을 제공한다는, 돈벌이가 꽤 잘되는 부동산 분야가 있다는 사실도 알게 되었다.

나는 로버트 비시노Robert Vicino라는 사람과 약속을 잡았다. 샌디에이고의 부동산업자인 그는 최근에 사우스다코타의 넓은 목장을 매입했다. 예전에 그곳에는 제2차 세계 대전 때 폭탄의 보관과 실험을 위해 지은 탄약고와 유지 관리 시설이 있었다. 0.5메가톤의 폭발에도 견딜 수 있도록 설계하여 강철 콘크리트로 지었다가 군사 시설에서 해제된 거대한 무기 저장 시설이 575동 있었다. 비시노는 이 시설을 정비해 온갖 종말 사건으로부터 자신과 가족을 지키려는 미국인들에게 2만 5천 달러에 분양할 생각이었다. 핵전쟁뿐 아니라 전자기 펄스 공격, 태양 플레어 대폭발, 소행성 충돌, 바이러스 대유행 등등. 그는 스터지스 모터사이클 경주가 열리는 주에 사우스다코타로 모터사이클을 몰고 오는 사람들 중에서 고객을 확보할 수 있기를 기대하며 블랙힐스에 분양 사무소를 설치했다.

비시노는 종말 대비 시설 조성 분야에서 가장 저명하면서 성공한 인물에 속한다. 종말 부동산업계의 거물이다. 그의 회사는 세상의 종말이 와도 그전에 하던 대로 안락하고 세련된 생활을 누릴 수 있는 부유한 이들을 위해 거대한 지하 대피소를 짓는 일을 전문으로 했다. 회사명은 비보스Vivos로, 살아간다는 뜻의 스페인어다. (죽은 자los muertos와 구별되는 산 자los vivos라는 형태로 쓰인다.) 비보스는 미국 전역에 몇 군데 시설을 운영하고 있다고 주장했다. 모두 핵무기의 표적, 단층선, 전염병이 재앙 수준으로 크게 발생할 가능성이 높은 대도시에서 멀리 떨어진 숨겨진 오지에 있다고 했다. 회사는 독일에도 〈엘리트 대피소〉가 있다고 광고했다. 튀링겐의 어느 산 지하 기반암층에 소련 시대에 지어진 드넓은 탄약고를 정비한 곳이라고 했다. 비보스 본사는 인디애나의 옥수수밭 지하에 있었다. 냉전 시대에 정부 대피소였던 곳으로 호화로운 식당, 홈 엔터테인먼트 극장, 수술과 심장 세동 제거 장비를 갖춘 의료 센터, 반려동물 전용 공간, 신선한 과일과 채소를 재배하는 소형 수경 재배 농장을 갖추고 있다고 했다. 또 그곳은 세계 유일의 민간 DNA 보관소 — 비시노는 〈인류의 차세대 방주〉라고 묘사했다 ─ 도 있다고 자랑했다. 회원들이 〈인류의 보전과 복원 가능성〉에 대비하여 자신의 유전 암호를 저장할 수 있다고 했다.

비보스는 새로 조성한 사우스다코타 대피소를 엑스포인트xPoint라고 명명했다. 약 46제곱킬로미터의 초원에 일정한 간격으로 지어진 각 벙커는 면적이 2백 제곱미터다. 우리 집(아주 크다고는 할 수 없는)보다 훨씬 더 넓다. 비보스는 이곳에 6천 명에서 1만 명이 거주할 것이고, 〈지구에서 가장 큰 생존 공동체〉가 될 것이라고 광고했다. 사치스러운 지하 대피소를 분양받을 만한 아주 부유한 고객들의 수와 남자다운 근성과 유튜브에서 얻은 노하우를 통해 대재앙에서 살아남을 계획을 짜는 프레퍼 수를 절충해서 계획한 인구수였다. 다시 말해, 종말 이후의 프티 부르주아를 위한 미래 공간이었다.

회사 웹사이트에는 그곳이 알려진 가장 가까운 군사용 핵무기 표적에서 160킬로미터 떨어진 해발 약 1천2백 미터에 있는 〈북아메리카에서 가장 안전한 전략적 중심지〉라고 적혀 있었다. 〈비보스 보안 팀은 5킬로미터 이내로 접근하는 자는 누구든 포착할 수 있다. 튼튼함, 안전, 보안, 고립, 사생활, 방어 가능, 독자적인 전력 생산 시설, 중심지 위치.〉(어떻게 고립되어 있으면서 중심지에 위치할 수 있다는 얘기인지 직관적으로 좀 와닿지 않긴 했지만, 가장 많이 떠돌아다니는 종말 이후 생존지 목록에서도 그 정도의 모순된 주장은 흔히 볼 수 있었으니까. 아무튼 세계의 다른 대다수 지역들이 사라진다면 — 핵 공격, 식인 행위, 온갖 야만적인 행위의 만연으로 — 남아 있는 인류 생존지들은 그곳이 중심지라고 정당하게 주장할 수 있을 테니까.)

비보스는 완성된 벙커만 제공하는 것이 아니었다. 즉 종말 해결책이라며 열쇠만 넘겨주고 끝내는 것이 아니었다. 국가 이후의 미래 전망도 제시하고 있었다. 그 계획을 받아들인다면, 자유 지상주의자인 파충류 뇌의 깊숙한 곳에서 열망하는 꿈의 세계로 들어갈 수 있었다. 부유하면서 서로 같은 이념을 지닌 이들이 모여 외부인 — 가난한 자, 굶주린 자, 절망에 빠진 자, 대비하지 않은 자 — 을 철저히 차단하는 요새에서 자치적으로 살면서, 문명이 아예 맨땅에서부터 새로 재구성되기를 기다린다는 개념이다. 그렇기에 그곳에서 제공하고 있던 것은 우익 골수분자들만 남은 국가였다. 계약을 통해 사유 재산을 보호하는 일에 전념하는 군사화한 방어 시설이었다.

종말 부동산업계는 점점 경쟁이 심해지고 있었다. 텍사스에서만도 규모가 큰 두 업체가 호화로운 종말 해결책을 제시해 주고 있었다. 최고급 맞춤 대피소와 벙커를 짓는 라이징 S Rising S와 댈러스 북부에 50만 달러에서 2백만 달러의 다

양한 호화 콘도를 짓겠다는 트라이던트 레이크스Trident Lakes
가 그렇다. 트라이던트 레이크스 웹사이트에는 핵, 화학적,
생물학적 비상 상황이 벌어지면 자동으로 에어 록과 방폭 문
이 닫히면서 시설이 봉쇄되고, 지하 터널망을 통해 건조식품
창고, DNA 보관소, 모든 운동 기구를 갖춘 체력 단련실, 온
실, 회의실을 갖춘 지하 공동생활 시설과 연결된다고 적혀 있
었다. 광고에는 소매점 거리, 승마장, 폴로 경기장, 18홀 골프
장, 골프 연습장 등도 갖출 계획이라고 적혀 있었다.

　　종말론적 상상의 세계에 새로운 요소가 추가된 것이다.
은행가들과 헤지 펀드 운용자들이 문명의 붕괴를 골프장에
서 느긋하게 햇볕을 쬐며 시간을 보낼 기회로 삼는다는 것이
다. 그들이 즐기는 동안 무장한 민간 경찰력은 외곽을 순찰하
면서 침입자가 있는지 살핀다. 이 모든 것이 외부인 출입 제
한 주택 단지의 논리적 확장판이었다. 자본주의의 논리적 확
장판이었다.

　　그리고 그 무렵에 널리 떠돌던 한 이미지를 떠올리게 했
다. 남자 세 명이 오리건 산불을 배경으로 골프에 몰두하고
있는 사진이었는데, 깔끔하게 관리된 잔디밭 위로 소나무 숲
이 거대한 벽처럼 활활 타오르면서 지옥 그 자체 같은 풍경이
펼쳐져 있었다. 조화시킬 수 없는 현실들을 초현실적으로 배
치한 마그리트의 그림 같았다. 트위터에서 그 사진을 처음 보

앗을 때, 나는 현기증이 날 정도의 도덕적 혐오감을 느꼈다. 너무나 끔찍하고, 너무나 기괴해서 받아들이기가 어려웠다. 그럼에도 나는 계속해서 그 사진을 접했고, 이윽고 이런 반응이 나올 지경에 이르렀다. 또야?

내 말의 요지는 내 나름의 방식으로 내가 그 골프 치는 일원이 되기까지 그리 오래 걸리지 않았다는 것이다.

만날 일정을 잡기 위해 비시노의 전화를 기다리는 동안, 나는 핫스프링스 주위를 돌아다니는 것 말고는 할 일이 없었다. 때는 일요일이었고, 도시는 거의 텅 비어 있었다. 모터사이클을 타고 제한 속도를 지키면서 메인 스트리트를 따라 스터지스로 향하는 가죽조끼 차림에 머리가 희끗한 이들을 제외하곤 말이다. 그들 중 상당수가 할리데이비슨 뒤쪽에 성조기를 꽂아 놓고 있었다. 바람에 끌려서 모터사이클이 뒤집히지 않을까 하는 불안감을 가질 만치 어울리지 않게 너무나 큰 국기였다. 도시 자체에도 같은 깃발이 어디에나 있었다. 자동차 범퍼에, 가게 유리창에, 온갖 의류에, 별 특징 없는 건물에 걸려 흔들리는 커다란 현수막에도 있었다. 나는 이 끈덕진 모티프에 묘하게 우울한 분위기가 담겨 있다고 느꼈다. 내 눈에는 마치 그 자체의 무의미함을 강박적으로 회피하려는 행동처럼 비쳤다.

나는 메인 스트리트의 한 카페에서 커피를 홀짝이며 공책에 이것저것 끼적거리다가 끈덕지게 되돌아오는 느슨한 파리 동맹군에게 밀려 밖으로 나왔다. 글을 쓰고 있는 내 팔에 교대로 내려앉곤 했기 때문이다. 나는 강둑을 걷다가 한 지점에서 노란 줄무늬가 있는 뱀이 길을 획 가로질러 비탈진 풀밭을 기어오르는 바람에 멀찍이 비켜섰다. 그런 뒤 폴리버 개척자 박물관을 가리키는 표지판이 보여 내키는 대로 그쪽으로 향했다.

들어가니 방문자는 나뿐이었고, 실내가 기이할 만치 침묵에 잠겨 있어서 살짝 위축되는 기분이었다. 19세기 의상을 입은 파이고 벗겨진 마네킹들이 서 있어서 더욱 그랬다. 긴 비단 장갑, 얇게 비치는 검은 베일과 보닛 차림이었다. 박물관 꼭대기의 크고 삐걱거리는 방은 농업 전시실이었다. 그 안에서 한 전시물을 보는 순간, 나는 심장이 덜컥 내려앉는 기분을 느꼈다. 프리지안 송아지 한 쌍이 서로의 어깨에 앞다리 발굽을 올린 채 기이하게 껴안은 자세로 박제되어 있었다. 앞에 붙은 코팅된 카드에는 〈가슴이 붙은 채〉 태어났다고 적혀 있었다. 박물관에 들어온 뒤로 쭉 느꼈던 막연한 불안감이 이 비현실적인 동물들을 보는 순간, 의식으로 부상했다. 나는 중세 시대에 몸이 붙은 동물의 탄생이 불행의 전조로 여겨졌고, 갈등과 혼란이 만연한 시기에 그런 동물이 출현하면 곧 종말이 닥칠 것이라고 믿었다는 점을 떠올렸다.

밖으로 나갈 때 접수대에 앉은 억세 보이는 노인이 내게 아주 빨리 돌아본 모양이라고 말을 건넸다. 내가 오해했을 수도 있겠지만, 그는 좀 화가 난 듯했다.

「주차장 뒤쪽에 있는 철폐(鐵肺)도 꼭 보세요.」그는 기계적으로 읊으면서도 그러기를 바라는 듯한 어투로 말했다. 나는 보겠다고 말했지만 가지 않았다.

언덕을 내려가는데, 주머니에서 휴대 전화가 진동했다. 비시노가 현장에 와 있으며, 내가 언제 올지를 묻는 전화였다.

18번 도로에서 목장으로 들어서서 여기저기 갈라진 도로를 따라 10분 정도 가면서 예전에 포트이글루라는 소도시였던 곳을 지나쳤다. 군수품 검사와 보관의 필요성이 커지면서 1942년에 지어진 블랙힐스 병기창에서 일하기 위해 들어온 인부 수백 명이 모여 살던 곳이었다. 학교, 병원, 상점, 주택, 교회, 소극장도 있었다. 지금은 모두 떠났고, 역사에 전혀 관심 없는 소들이 돌아다닌다. 포트이글루의 텅 빈 껍데기가 뒷거울에 비치면서 멀어지기 시작할 때에야 비로소 그 풍경이 지닌 기묘함의 진정한 깊이가 드러났다. 지하 시설의 둥근 천장이 보였기 때문이다. 처음에 눈에 띈 것은 서너 개였다. 수십 미터 간격으로 낮게 불룩 솟아서 풀로 덮여 있는 모습이었다. 그리고 땅에서 불쑥 튀어나온 모습의 육각형 콘크리트 입구가 보였다. 차를 몰고 목장 안으로 들어갈수록 이런 구조물들이 더 많이 보였고, 이윽고 사방으로 널려 있다는 것을 알아차렸다. 수백 개는 되는 듯했다. 어떤 버려진 신을 모시던 곳, 방대한 종교 공동체의 유적처럼 오래되었으면서 낯설게 느껴지는 초현실적인 풍경이었다.

나는 차를 세우고 나가 휴대 전화로 사진을 두 장 찍었다. 하지만 사진에서는 구조물이 거의 드러나지 않았다. 드넓게 펼쳐진 기묘한 풍경이 평범한 풍경처럼 변질되었다. 수평으로 드넓게 펼쳐진 풍경이 보여 주는, 다른 세계에 온 듯한 분위기는 맨눈으로 보아야만 제대로 느낄 수 있었다.

3킬로미터쯤 더 차를 몰고 들어가자 커다란 빈 헛간이 나왔다. 그 옆에는 작은 집만 한 흑갈색 컨테이너가 놓여 있었다. 한쪽에 〈엑스포인트: 준비된 사람만이 생존할 시점〉이라는 현수막이 걸려 있었다. 그 옆에는 내게 찾으라고 알려 준 은색 렉서스 SUV가 주차되어 있었다.

나는 컨테이너 안으로 들어가 작은 주방으로 향했다. 뒤쪽에 있는 방에서 60대 초반의 거구인 남자가 내게 다가오더니, 아플 만치 꽉 악수하는 바람에 나는 좀 당황했다. 비시노는 키가 203센티미터에, 가장 최근에 잰 바에 따르면 체중이 140킬로그램이었다. (그는 자신의 불룩한 배를 두드리면서 말했다. 「살진 돼지가 아니에요. 그냥 덩치가 큰 거죠.」) 커다란 붉은 코, 얽은 얼굴, 말끔하게 다듬은 회색 염소수염을 보니, 그가 말을 시작하기 전에도 — 그는 말을 빨리 했고 결코 쉬는 법이 없었다 — 메피스토펠레스형 인물임을 짐작했다.

잠시 뒤 우리는 렉서스를 타고 발전기용 디젤을 구하러 가장 가까운 소도시로 향했다. 비시노의 좌석은 터무니없을 만치 심한 각도로 뒤로 눕혀져 있었고, 그는 수납함에서 나무 빗을 꺼내 처음에는 수염, 이어 머리를 확고하면서 정확한 리듬으로 빗기 시작했다.

그가 말했다. 「좋은 차예요. 영국인도 렉서스를 탑니까?」

「어쨌든 간에 우리 아일랜드에서는 타지요. 나는 안 타지만, 타는 사람들이 있어요.」내 어투는 의도한 것보다 좀 더 날카로웠다.

「지금까지 탔던 차 중에 최고예요. 난 메르세데스도 탔지요. 롤스로이스도 탔고요.」

뒷좌석에는 진정기가 앉았다. 비시노가 인턴으로 고용한 23세의 공학 졸업생이었다. 진은 말이 별로 없었다. 중국인이었고 영어를 잘 못하기 때문이기도 했겠지만, 내 생각에는 그냥 말수가 적은 듯했다.

비시노가 말했다. 「난 진한테 말합니다. 내가 미국인 아빠나 다름없다고요. 맞지, 진? 대단한 아이예요. 정말 대단

해요.」

그들은 전날 밤 래피드시티의 중국 식당에서 식사를 했고, 비시노는 진이 여성 종업원과 약속을 잡을 수 있도록 도와주었다.

「내가 볼 때 적어도 8점이나 9점은 됐어요. 진은 중국에서는 기껏해야 3점으로 친대요. 맞지, 진?」

뒷좌석에서 진은 별일 아니라는 식의 몸짓을 했다. 중국인이 볼 때 소녀의 점수가 낮다는 것을 인정한다는 듯, 어깨를 으쓱하고 고개를 살짝 기울였다. 비시노는 그에게 전화기에 그녀의 페이스북을 띄워 보라고 한 뒤, 그의 전화기를 가져다가 그녀의 사진들을 죽 훑으며 내게 보여 주고는 동의를 얻고자 했다.

그는 내게 다른 사진을 보여 주면서 말했다. 「이 사진 봐요, 내 말이 맞죠? 3점이라니? 3점으로 보여요?」

차가 달리는 동안 창밖으로 포트이글루를, 아니 그 폐허를 바라보고 있는데, 문득 내가 과거와 미래를 동시에 걱정하고 있다는 생각이 들었다. 포트이글루를 지나칠 때 비시노는 예전에는 그곳에 수백 가구가 살았다고 말했다. 그는 뉴스 앵커 톰 브로코Tom Brokaw가 전후에 여기서 자랐다고 했다. 취재하는 내게 그 사실을 알려 준다는 것에 기뻐하는 기색이었다. 밭 한가운데에 금속 난간이 달린 콘크리트 계단이 하나 서 있었다. 한때 존재할 맥락을 제공했을 건물은 잔해도 없이 사라진 채 계단만 달랑 남아 있었다.

우리는 에지몬트라는 황량한 마을에 도착했다. 병기창이 폐쇄된 뒤 쇠락을 거듭한 곳이었다. 거리는 길고 좁았으며, 아무도 살지 않는 양 보였다. 주름 함석판으로 낮게 지은 빨래방이 보였다. 주유소 앞에는 온갖 애국적인 스티커와 기장을 다닥다닥 붙인 할리데이비슨들이 죽 늘어서 있고, 그 옆에 바이커들이 모여 있었다. 그들 모두 자신들의 이념과 잘 어울리는 광각 선글라스를 끼고 있는 모습이 눈에 들어왔다.

비시노가 렉서스를 천천히 주유소 앞마당으로 몰면서 말했다. 「이 친구들과 얘기를 좀 나눌 거예요. 진, 디젤 좀 확인해 줄래?」

그는 바이커들에게 다가갈 때 으레 써먹는 농담이 하나 있다고 내게 설명했다. 그러고는 그들에게 다가가더니 자기가 바이크를 발로 차서 거리로 내버린다면 어떻게 하겠냐고 아주 정중한 태도로 물었다. 가장 최근에 그는 캘리포니아에서 바이크를 타는 경찰 두 명에게 그 농담을 했다고 말했다. 그는 그들이 예외 없이 낄낄거렸다고 했다.

「한 명은 이렇게 대꾸했어요. 〈발이 부러질 텐데요.〉」

비시노는 무엇보다도 자신의 백인다움을 철저히 활용할 줄 아는 사람이었다. 그는 그 농담을 통해 바이커들과 대화를 트려 하고 있었다. 어쨌거나 그들은 인구 통계학적으로 그의 표적에 딱 들어맞았다. 그는 대체로 그들이 정부를 별로 좋아하지 않는 자족적인 부류에 속한다고 했다. 그리고 겉모습과 달리 돈이 넘치는 의사, 변호사, 전문 직업인, 은퇴자가 많았다. (바이커가 주로 노동 계층일 것이라는 내 선입관은 전날 래피드시티에서 오다가 러시모어산에 잠시 들렀을 때 이미 흔들렸다. 전망대에 서서 미국의 위대함을 보여 주는 터무니없지만 다소 감동적인 그 기념물을 바라보고 있을 때, 가죽 재킷을 입은 우락부락한 두 명의 바이커가 옆에 서 있었다. 그들은 각자의 법무 법인 비서가 어쩌고저쩌고하며 잡담을 하고 있었다.)

비시노는 내게 작년에 샌디에이고의 한 카페에 앉아 있을 때 사우스다코타에서 소를 기르는 농민에게서 전자 우편을 받았다고 말했다. 자신의 넓은 목장이 예전에 무기고가 있던 곳인데, 그의 사업에 딱 맞는 곳일 수 있다는 내용이었다. 비시노는 전자 우편을 읽자마자 계획이, 엑스포인트의 전체 구상이 떠올랐다고 했다. 그는 목장주에게 앞으로 무기고에서 나오는 수익의 50퍼센트를 주기로 하고, 목장 전체를 1달러에 매입하기로 했다. 무기고를 원하는 사람들에게 맞추어 조성한 뒤 3만 5천 달러에 분양하여 지구 최대의 생존 공동체를 조성한다는 계획이었다. 그의 다른 생존 공동체들보다 훨씬 더 호화롭게 조성할 계획이었다. 더 부유한 고객을 위한 종말 해결책이었다. 이미 분양받은 사람이 50명쯤 되었다.

　「벙커 하나에는 찌찌 바도 만들 생각이에요. 레즈비언들이 진흙 레슬링도 하고요.」

　이것도 그가 으레 써먹는 농담이었다. 사람들이 자신의 계획에 관해 너무 많은 질문을 할 때 써먹곤 했다. 인디애나에서 그와 직원들이 계속 드나들면서 페인트를 엄청나게 많이 사는 것을 본 페인트 가게 안주인이 호기심이 동해 대체 뭘 짓고 있는지 물었을 때에도 그랬다.

　「진흙 레슬링을 하는 찌찌 바를 짓고 있다고 말했죠. 입을 다물더군요.」

문이 닫힐 때 내가 한 번도 들어 본 적이 없는 듯한 소리가 들렸다. 압도적일 만치 크고 깊게 울리는 소리, 다른 소리가 들릴 가능성을 아예 지워 버리는 전면적이고 절대적인 소리, 그래서 일종의 침묵 같아지는 소리였다. 텅 빈 대피소 안에 마치 3~4분 동안 계속 울려 퍼지는 느낌이었다. 어둠을 완전히 장악하는 듯했다. 종말의 소리였고, 나는 불안하면서도 흥분되기도 했다. 어둠도 절대적이었다. 빛이라는 개념 자체를 소멸시키는 듯했다. 메아리가 울려 퍼지는 텅 빈 공간에 서 있으니, 어둠의 두려움이 주변에서 보이지 않은 채 움직이는 무언가가 있을지 모른다는 두려움이 아니라, 사실은 아무것도 없을지 모른다는, 보이지 않는 세계 자체가 아예 사라지고 없는 것일 수 있다는 유아론적이고 아이 같은 공포라는 생각이 떠올랐다.

내가 컴컴한 대피소에서 인간 심리에 관한 냉철하고 추상적인 깨달음을 얻었다고 말하는 것처럼 들릴 수도 있지만, 내 주된 감정이 두려움이었다는 점을 다시 언급해 두자. 사실 나는 일시적으로 이성을 잃은 상태였고, 이곳에서 결코 나가지 못할지도 모른다는 공황 상태에 빠졌다. 문밖에 빗장이 채워져 있다는 확신이 들었다. 비시노가 사실 미친 사람이라면, 에드거 앨런 포의 공포 소설에 나오는 악당처럼 나를 이곳에 감금하기로 마음먹은 광기 어린 살인자라면? 내가 그를 배신하고 내 책에 그를 멍청이나 사기꾼이나 폐쇄된 무기고에 적수를 가둠으로써 살인을 저지르는 포 소설 속의 광인 같은 인물처럼 묘사함으로써 그의 사업 구상에 손해를 끼칠 가능성이 높다고 판단하여, 수 킬로미터 이내에 아무도 없어서 내가 도와 달라고 비명을 질러도 아무도 듣지 못할 사우스다코타의 외진 블랙힐스 어딘가에 나를 산 채로 감금하는 것이 유일한 대책이라고 생각했다면? 아니면 — 나는 이쪽이 더 가능성이 높다는 생각이 들었는데 — 그가 육중한 철문을 닫으려고 힘쓰다가 갑자기 심장 마비를 일으켜 지금 바닥에 고개를 박고 쓰러져 있다면? 그는 몸집이 아주 크고 무거우며, 그런 사람은 심장 마비로 일찍 사망할 가능성이 높았다. 게다가 온종일 세계의 종말을 생각하면서, 소행성 충돌과 정부의 은폐와 대륙붕 붕괴와 전면적인 핵전쟁을 끊임없이 떠올리면서 시간을 보내느라 아마 상당히 스트레스를 받았을 것이다. 나는 얼마나 지난 뒤에야 발견될까? 첫 번째 시나리오로 보면 진이 내 옆에 서 있다는 사실이 그나마 위안이 되었지만, 두 번째 시나리오라면 전혀 그렇지 않았다.

그러다가 갑자기 햇빛이 들어왔다. 밝은 빛에 눈이 좀 적응하니 문에 서 있는 비시노의 거대한 윤곽이 들어왔다.

그가 즐거워하는 어투로 물었다. 「어땠어요? 뭔가 있어 보이지 않나요?」 나는 그렇다고 동의했다. 텅 빈 공간에 내 말이 빠르게 울려 퍼지면서 내 목소리에 담긴 미미한 떨림을 집어삼켰다.

나중에 비시노는 1980년대에 자신이 광고업계에서 돈을 벌던 이야기를 해주었다. 그는 〈공기 주입식 대형 풍선 광고물〉 분야를 사실상 자신이 개척했다고 했다. 1983년 영화 「킹콩 King Kong」 개봉 50주년 기념행사 때 엠파이어 스테이트 빌딩 옆에 공기로 부풀린 거대한 고릴라 인형을 설치했을 때가 자신의 전성기라고 했다. 그 인형은 『뉴욕 타임스 *The New York*

Times』 전면에 실렸다. 그 신문이 광고를 전면에 실은 것은 그때가 처음이었다.

「당신도 영화 〈에어플레인Airplane〉에서 보았을지 몰라요! 아마 당신보다 더 이전에 나왔겠지만 유명한 영화니까요. 레슬리 닐슨이 출연했는데요, 기장과 부기장이 식중독에 걸려 정신을 잃었을 때 스튜어디스가 자동 항법 장치를 켜요. 그러자 조종사 인형이 공기에 부풀면서 딱 나오지요. 바로 내가 만든 거예요. 〈에어플레인〉에 나오는 자동 항법 장치용 조종사 인형을 내가 만들었어요!」

나는 광고업자인 그가 어떻게 이 두 전형적인 재앙 기반 사업 분야에 뛰어들었는지 의아했다. 파국으로 더 치닫기 전에 현실 세계에 재앙을 투영하는 분야에 진출하게 되었는지 말이다.

나는 말했다. 「어느 면에서는 지금도 광고업을 하는 거네요.」

그가 나를 흘깃 보면서 말했다. 「아니, 전혀요.」

나는 더 나아가 그가 하는 일이 보험 판매에 더 가깝지 않냐고 물었지만, 그는 이번에도 아니라고 했다. 그는 자신이 하고 있는 일은 사람들을 어디론가 보내는 것이라고 했다. 이곳과 인디애나와 콜로라도, 독일에 있는 벙커로 말이다. 그러나 그가 사람들에게 실제로 제공하는 것은 벙커가 아니라고 했다.

「당신은 비행기를 타고 여기로 왔어요, 그렇죠? 이렇게 한번 생각해 봐요. 그 비행기가 당신의 여행 목적지였나요? 아니죠. 오는 동안 당신은 조금 불편하고 아마 지루했을 거예요. 기내식도 그저 그랬고요. 오래 타기도 했고요. 하지만 당신은 견뎌 냈어요. 비행기가 여기로 데려다주었으니까요. 비보스가 하는 일도 그런 겁니다. 비보스는 그 비행이에요. 하지만 중요한 것은 비행이 아니라 목적지지요.」

비시노는 나름의 다양한 종말 시나리오들을 갖고 있었다. 온갖 심미적 취향과 이념적 선호에 들어맞는 종말 시나리오들이다. 목장으로 돌아와서 그는 진과 나를 태우고 울퉁불퉁한 도로를 따라 예전 병기창의 더 깊숙한 곳으로 차를 몰면서, 그런 시나리오 중 몇 가지를 짧게 들려주었다. 〈북한에 있는 미친 꼬맹이〉가 핵전쟁을 시작하는 것도 있었고, 정치적 목적이나 그저 사악한 동기로 해커들이 국가 전력망 시스템에 바이러스를 풀어 사회의 기술적 토대 전체를 무력화한다는 시나리오도 있었다. 거대한 태양 플레어는 주기적으로 생기기 때문에, 굳이 사람이 무슨 짓을 하지 않아도 쉽게 종말을 일으킬 수 있다는 시나리오도 있었다. 그는 이른바 캐링턴 사건Carrington Event을 자주 언급했다. 19세기에 태양 표면에서 대규모 분출이 일어난 사건으로서, 전 세계의 전력망에 피해를 입혔다. 물론 당시에는 그렇게 큰일이 아니었다. 당시의 전력망이라는 것이 아직 미미한 수준이었다는 단순한 이유에서다. 하지만 전력망이 붕괴할 때 우리 세계를 떠받치는 복잡한 구조가 붕괴할 것이 거의 확실한 지금이라면 얼마나 큰 피해를 입을까?

「그리고 알지도 모르겠지만, 이미 그런 일이 일어나야 하는 시기가 한참 지났어요. 한참요.」

비시노가 쓰는 분양 전략의 주된 요소 중 하나는 정부가 몇몇 대재앙 사건이 일어나기 직전임을 알고 있지만, 대규모 공황 사태가 벌어지는 것을 피하기 위해 은폐하고 있다는 개념이다. 그는 세계를 지배하는 이들이 자신들을 지킬 조치를 취하고 있으며, 그런 조치들과 재앙 자체를 우리에게 숨기는 것이 확실하다고 주장했다.

그는 별난 믿음도 좀 지니고 있었는데, 자신의 종말 예측을 보완하는 성격의 것들이었다. 그는 지구의 자전축이 갑자기 옮겨져서 대규모 지진과 지진 해일을 일으킨다고 믿었다. 또 니부루라는 목성만 한 떠돌이 행성이 존재한다고 믿었는데, 그 행성이 어떤 항성계에도 얽매이지 않고 떠돌다가 우리 세계와 충돌하는 경로에 들어섰으며, 정부가 그 사실을 알면서도 우리에게 숨기고 있다고 믿었다. 또 북한의 도발에서 브렉시트에 이르기까지 세상에서 일어나는 모든 일이 우리를 단일한 세계 정부로 통합시키려는 의도로 획책되는 것이라고 믿었다.

그는 이런 믿음들을 널리 퍼뜨리는 일에는 별 관심이 없다. 기본적으로 종말과 관련된 사항들을 많이 알수록 좋다는 생각으로 그냥 모으고 있을 뿐이다. 당신이 어떤 무시무시한 디스토피아 시나리오를 마뜩잖게 여기는 기색을 보이면, 그는 당신의 마음에 들 만한 다른 시나리오를 꺼낼 것이다. 하지만 그의 사업 모형의 핵심을 이루는 요소는 음모론 — 비밀 지식과 숨겨진 사실 — 이었다. 그리고 적당한 시점에 으레 그렇듯 초음모론이 점점 모습을 드러내기 시작했을 때 나는 놀라지 않았다. 다시 말해 그는 유대인에 관한, 조금은 기이하지만 익숙한 개념들을 가지고 있었다. 예를 들어, 그는 민주당이 본질적으로 유대인 산하 기관이라는 열띤 주장을 펼쳤다. 역대 민주당 지도자 중에서 유대인의 비율이 유달리 높았다는 것은 오래전부터 잘 알려진 사실이라고 주장했다. 권력을 유지할 만큼 유대인 유권자가 미국에 많지 않았기에, 소수파들에게 지원을 약속함으로써 지지를 받을 필요가 있다고 판단했다는 역사 이론을 믿었다.

나는 그 말이 민주당이 본질적으로 잘 속는 소수파를 이용하여 권력을 차지하려는 유대인 음모 집단이라는 뜻인지 재확인하고자 했다.

그러자 그는 갑자기 경계하는 태도로 말했다. 「이봐요, 난 털끝만큼도 반유대주의자가 아닙니다. 잘나갈 때 유대인 여자들도 꽤 많이 사귀었어요. 내 아내도 유대인이에요. 아들은 반은 유대인이고요. 그러니 유대인이 아주 영리하다는 말을 할 때 반유대주의자로 말하는 게 결코 아니에요. 그들은 어떤 식으로든 자손을 늘려요. 아주 영리하지요.」

그러고는 두툼한 커다란 손을 들어 세어 가는 염소수염을 과장된 손짓으로 힘차게 쓰다듬었다. 나는 눈에 확 띄는 그의 독특한 외모에 잠시 시선을 두었다. 유달리 굵은 금반지, 베이지색 카고 반바지와 갈색 가죽 신발, 기이하게 가냘픈 핼쑥한 발목. 이 모든 것이 어떤 험악한 분위기를 풍기고 있었다. 그리고 내가 묘사한 그의 모습이 풍자에 가까운 것처럼, 더 나아가 노골적으로 기괴하게 보인다면, 그것은 그가 실제로 그런 모습을 보여 주었기 때문이다.

별 이유 없이 30분쯤 더 차를 타고 돌아다니다가 — 내 생각에는 그저 자기 땅이 아주 넓다는 것을 보여 주고 싶었던 듯싶다 — 비시노는 다른 대피소가 있는 곳에 차를 멈추었다. 초원의 바람에 구조물 위에 있던 겉흙과 풀이 일부 쓸려 나가 구조물에 칠한 역청이 드러나 있었다. 나는 나갈 준비를 하고 차 문을 열었다.

그는 내게 일이 벌어졌을 때, 즉 어떤 종말이 찾아오든 간에 실제로 무슨 일이 일어났을 때 내가 어느 집단에 속하고 싶은지를 자문해 볼 필요가 있다고 했다. 소행성이 충돌할 때, 전력망이 붕괴할 때, 경제가 완전히 붕괴할 때, 폭탄이 떨어지기 시작할 때, 바닷물이 도시로 밀려들기 시작할 때, 식수에 쓴맛이 날 때, EMP 폭탄*이 터질 때……. 어떤 이유로든 어떤 방식으로든 그런 일이 일어날 때 모든 체제가 돌이킬 수 없이 붕괴한다는 데에는 의문의 여지가 없을 것이다. 나는 바깥에 있으면서 저곳에 들어가려고 애를 쓸까? 내가 이 대피소 외곽에 주둔할 비보스 무장 경비대를 통과할 수 있을 것이라고 생각한다면, 행운을 빌어 주기를. 내가 바깥에 있다면, 누구와 함께 있을까? 다른 모든 사람과 함께 식량이 부족한 채로 말이다. 그리고 식량 없이 21일째가 지나면 사람들이 인육을 먹기 시작한다는 것도 역사적으로 알려진 사실이었다. 여기서 그는 도너 집단**을 선례로 삼는 듯했다. 그의 이야기가 내게는 기원 신화이자 예언처럼 들렸다. 야만 상태에서 세워진 뒤, 스스로를 먹어 치울 운명에 놓인 나라의 이야기처럼.

* Electro Magnetic Pulse bomb. 자기 펄스 형태의 충격파를 일으켜 모든 전자 기기를 망가뜨리는 폭탄.
** Donner Party. 19세기 중반에 서부로 이주하다가 눈보라에 갇히는 바람에 살아남기 위해서 식인 행위를 했던 개척자 무리.

그가 말했다. 「여기저기 갱단들이 돌아다니겠지요. 인육을 먹는 이들도 득실댈 거고요. 강간도, 약탈도요. 못 가진 자들은 뭐든 얻으려고 가진 자들을 뒤쫓겠지요. 여기서 내가 던지는 질문은 이겁니다. 당신의 딸들이 그런 아수라장 속에서 살아가기를 바라나요?」

당시 내게는 딸이 없었지만, 나는 그 점을 지적한다는 것이 사소한 사실을 물고 늘어지는 양 느껴졌다. 어느 시점부터 그가 내게 말하고 있지 않다는 사실을 깨달았기 때문이다. 남은 시간이 거의 없다고 주장한 DIY 프레퍼처럼, 그도 이상화한 남성다움이라는 환상을, 그리고 그 환상에 대해 말하고 있었다. 제공하는 남자, 보호하는 남자, 국가의 붕괴, 문명 자체의 붕괴가 일어날 때에야 비로소 가장 진정한 이상적인 모습이 드러나는 남자다. 그는 사회 전체에서 선한 백인 기독교인인 자기 딸들을 뒤쫓는 약탈자 식인종 무리가 늘 있던 시대의 남자를 이야기하고 있었다. 이런 의미에서 볼 때, 종말은 그런 삶에서 실제로 어떤 일이 벌어질지를 드러내고 있었다. 사람들이 어떠한지, 사회는 어떠한지, 이 모든 상황에서 남자는 어떤 자세를 취할 것인지를. 아무튼 종말은 이 한 가지만을 의미한다. 계시, 즉 진실의 폭로다.

내가 볼 때 비시노가 개괄한 시나리오, 즉 가진 자들이 못 가진 자들이 다가오지 못하게 해치를 쾅 닫는다는 이 시나리오는 몇 가지 기본적인 의미에서 세상이 본질적으로 그러하다고, 사실은 더 나쁘다고 말하고 있는 듯했다. 그리고 비록 나는 그 정도까지 확신을 갖고 있지는 않았지만, 그런 세계에서 가진 자에 속하고 싶지 않다는 마음은 분명했다. 나는 여기에 얼마간 위선적인 태도도 섞여 있다는 것을 알고 있었다. 아무튼 세계가 이미 그런 상태라면, 내가 가진 자가 아닐 때 아무것도 아닌 존재일 테니까. 어떤 대재앙 사건이 벌어진 뒤에 나 자신이 이미 겪고 있는 고통보다 남들의 고통에 더 무심해지지 않을 것이라고 — 사실상 무심해져야 할 필요가 없을 것이라고 — 어떻게 장담할 수 있겠는가. 더블린에서 나는 사실상 매일같이 말 그대로 극빈자, 중독자, 매춘부의 시신을 넘어 다녔다. 나는 정부가 그런 이들을 위해 아무것도 하지 않는다고, 그들의 고통을 조장하는 전면적인 부정과 불법을 개선할 생각이 전혀 없다고 분통을 터뜨렸지만, 받는 이의 고통이 줄어드는 만큼 나 자신의 죄책감도 줄이고자 이따금 동전을 던져 주는 것 말고는 나 스스로는 본질적으로 그들을 돕는 일에 나선 적이 전혀 없었다. 그러나 결국 비시노가 내게 팔고자 하는 것, 아니 나를 통해 팔고자 하는 것에 내가 느끼는 것이 공포 외에는 없다는 점도 단연코 사실이었다. 비보스 같은 업체를 수용할 수 있는 문명은 어떤 의미에서는 이미 붕괴한 문명이었다.

냉전 시대에 방사능 낙진 대피소는 미국인의 정신에 깊이 뿌리내렸다. 집단과 개인 차원에서, 정치와 팝 문화가 뒤얽힌 언어 속에서, 전면적인 핵전쟁으로 전멸할 것이라는 미래 전망은 늘 현존하는 가능성으로서, 더 나아가 명백히 들이닥칠 사건으로서 미국의 모든 담론에 깊이 배어들었다. 히로시마가 파괴된 지 몇 주 뒤에 버트런드 러셀Bertrand Russell은 머지않아 인류와 그 업적이 철저히 말살될 가능성을 언급했다. 〈미국과 소련이 전쟁을 벌일 것이라고 예상해야 한다. 그 전쟁은 런던의 철저한 파괴로 시작될 것이다. 나는 전쟁이 30년은 지속될 것이고, 결국 문명인이라고는 찾아볼 수 없는 세계가 남을 것으로 내다본다. 모든 것을 처음부터 새로 건설해야 할 것이고, 그 과정은 (아마) 5백 년은 걸릴 것이다.〉 24년 뒤『플레이보이The playboy』와의 인터뷰에서 그는 그사이 세상을 더 낙관적으로 볼 만한 증거를 별로 접하지 못했다고 말했다. 〈나는 여전히 금세기가 끝나기 전에 아마 인류가 멸종할 것이라고 느낍니다. 수학자로서 말하자면, 생존할 확률이 약 3분의 1이라고 말해야겠네요.〉

케네스 D. 로스Kenneth D. Rose는『지하 국가One Nation Underground』에서 냉전 시대에 주요 신문과 잡지가 핵 전멸의 상세한 시나리오들을 어떻게 퍼뜨렸는지를 적고 있다.

다른 장르들에서와 마찬가지로 전문가들은 전문 분야의 출판물에 실린 것이든 주류 출판물에 실린 것이든 간에 핵 종말 시나리오들에 으레 등장하는 요소들이 있음을 간파했다. …… 방사선 노출 질환, 시력 상실, 끔찍한 화상, 뭉텅 파인 상처, 떨어져 나간 팔다리를 묘사하는 대목이 넘쳐 나고, 저자들은 집, 직장, 인도에 시신들이 널려 있는 끔찍한 장면을 떠올린다. 핵 종말론은 마침내 폭탄 투하가 멎으면, 일상이 끔찍한 생존 경쟁인 열악한 원시 상태로 돌아갔음을 강조할 것이다. 질병, 치매, 무법천지, 굶주림이 만연할 것이다. 많은 핵 종말 시나리오에서는 이따금 과거의 유물이 발견되면서 자신들이 무엇을 잃어버렸는지 생존자들에게 상기시킬 것이다. 마지막으로, 저자가 핵전쟁을 어떻게 보느냐에 따라, 생존자들은 재에서 태어나는 불사조처럼 새로운 미래를 건설하거나, 희망을 버리고 끝없는 어둠과 야만의 시대에 스스로를 내맡길 것이다.

1961년 7월 니키타 흐루쇼프Nikita Khrushchyov는 새 평화 협상에 나서라고 동독을 압박했다. 베를린을 〈중립〉 도시로 선포하고 미군을 철수시키라는 것이었다. 그러자 존 F. 케네디 John F. Kennedy는 전국으로 중계되는 텔레비전 방송을 통해 미국 대중의 핵전쟁 공포를 배가시키는 연설을 했다. 「우리는 싸우고 싶지 않습니다. 하지만 우리는 전에도 싸워 왔습니다. [소련이 공격했을 때,] 핵 폭풍과 불길이 닿지 않은 곳에 사는 가족들은 목숨을 구할 수 있을 겁니다. 대피소로 피신하라는 경보를 받을 수 있고, 대피소가 있다면요…… . 지금 바로 시작해야 합니다. 앞으로 몇 달 안에 모든 시민은 공격이 일어날 때 가족을 지키기 위해 지체 없이 어떤 조치를 취할 수 있는지를 알게 될 것입니다. 준비가 덜 된 상태로 있기를 바랄 분은 없을 겁니다.」 연설 이후에 의회는 전국의 국유지와 사유지에 낙진 대피소를 짓고 물품을 비치할 예산 1억 6천 9백만 달러를 승인했다.

실제 대피소를 짓는 일에 나선 가구 수는 적었지만, 당시의 문화 비평가들은 그 추세가 두려움에 외부인의 침입을 차단하려고 애쓰는 신흥 교외 중산층의 태도를 드러내는 것으로 보았다. 인류학자 마거릿 미드Margaret Mead는 1961년 『뉴욕 타임스』에 쓴 글에서, 미국 중산층이 핵전쟁과 도시 범죄를 우려하여 교외 지역으로 대규모 이주를 하게 되었고, 그곳에서 세계와 그 어두운 미래로부터 몸을 숨기고 있다고 주장했다. 〈무장된 개인 대피소는 다른 사람들에 대한 신뢰와 책임을 저버린 은둔의 논리적 결말이다.〉

나는 벙커 건설자들, 냉동 건조식품 비축자들에게 어느

정도 공감한다. 그 두려움과 누그러뜨리고 싶은 욕망을 이해한다. 그러나 내 두려움을 누그러뜨리고 싶은 욕구보다도 더 큰 것이 있다. 나는 구멍 안으로 기어 들어가고 싶은, 병든 세계로부터 숨고 싶은, 나와 가족이 들어가자마자 문의 빗장을 잠그고 싶은 충동에 저항하고 싶다. 비시노의 사업 계획, 그의 건축물을 생각할 때 내 머릿속에 떠오르는 것은 바로 대피소 안에 안전하게 들어가 있다는 것이 어떤 의미인지를 간파한 미드의 식견이다. 그것은 우리 운명이 공동체적이라는 것, 우리가 홀로 생존하는 것이 아니라 함께 살아가는 존재라는 것이라고 말하는 그 모든 개념을 버리는 행위다.

고객들이 구매하여 꾸미는 각각의 벙커는 아메리카 드림의 악몽판이다. 세계가 붕괴한 가운데 개인과 그 가족의 생존을 지켜 주는 철근 강화 콘크리트로 된 작은 왕국, 사치스러운 상품과 마음에 드는 것들로 가득한 지하 공간이다.

비시노는 내게 말했다. 「모래에 머리를 묻는다고 해서 튀어나온 엉덩이를 보호하지는 못해요.」 물론 그 말은 에인 랜드Ayn Rand가 한 것이다. 나는 그가 자기 시설을 구입하지 않는 것이 세계의 현실을 직시하지 않으려는 태도와 다름없음을 지적하기 위해 그 말을 했다고 생각했다. 그러나 그 자신이 무엇을 주장하고 있는지를 고려하면 좀 기이한 이미지, 맞지 않는 비유처럼 여겨졌다. 내가 이해한 바에 따르면, 그는 이런 주장을 하고 있었기 때문이다. 〈엉덩이까지 함께 파묻지 않는다면, 모레에 머리를 묻는 것은 아무 소용이 없다.〉

다음 날 나는 엑스포인트로 돌아갔다. 비시노도 진도 안 보였고, 렉서스도 없었다. 주름 철판 컨테이너 바깥에 〈폭스 뉴스〉 지역 방송국 광고 문구가 그려진 빨간 지프가 서 있는데, 사람은 보이지 않았다. 나는 비시노가 리포터와 함께 초원을 돌아다니고 있을 것이라고 추론했다. 사우스다코타의 보수적인 케이블 뉴스를 보는 시청자층의 불안감에 호소해서 분양률을 높일 생각인 듯했다. 나는 지프 옆에 차를 댄 뒤 주변을 살펴보러 나섰다. 하지만 곧 너무 넓어서 발로 돌아다닌다는 것 자체가 불가능하다는 사실을 깨닫고 차로 돌아왔다. 나는 이따금 멈춰 서서 소를 막는 문을 열고 닫고 하면서 40분쯤 차를 몰았다. 한두 번 내려서 풀로 덮여 있는 둥근 지붕과 육각형 입구가 끝없이 늘어서서 착란을 일으킬 것 같은 경관을 바라보았다. 인간의 물리적 차원보다 정신적 차원에 더 들어맞는 건축물이었다. 나는 얼마나 넓게 펼쳐져 있는지 더 높은 곳에서 보기 위해 한 곳을 기어 올라갔다. 어제는 진과 함께 다른 벙커 위에 서 있었는데, 진이 최근에 벙커 한 곳의 지붕에서 똥을 밟았다고 진지하게 말하면서 〈아마 여기에는 없을 거예요〉라고 말하는 바람에 군산 복합체의 장관을 감상할 분위기를 살짝 망쳤다.

나는 지붕의 성긴 풀 위에 앉아서 대피소 지붕이 불쑥불쑥 초현실적으로 솟아 있는 끝없이 펼쳐진 초원을 둘러보았다. 이곳이 예전에 다코타 준주의 남쪽 부분이었으며, 로라 잉걸스 와일더Laura Ingalls Wilder가 어린 시절의 대부분을 보냈고 소설 『초원의 집Little House』의 배경이기도 했다는 생각이 떠올랐다. 즉 내가 바라보고 있는 것은 그냥 초원이 아니라 바로 그 초원이었다. 모험심 많은 개척자들, 야생의 땅에 정착한 이들의 나라라는 아메리카의 꿈을 빚어낸 비옥한 원천이었다. 나는 야만 행위와 대량 학살에서 탄생한 나라, 정복당한 원주민 문명의 폐허 위에서 건설된 나라를 보고 있었고, 벙커들은 억눌렸던 종말이 돌아오고 있는 모습처럼 보였다. 마치 땅 자체가 어떤 고대의 항원에 면역 반응을 일으키듯이 벙커를 밀어내고 있는 듯했다. 사방이 너무나 고요해서 머리 위 송전선의 나직하게 윙윙거리는 소리까지 들을 수 있었다. 기술 문명 자체의 허약한 한 장면이자 잡음이었다. 미국이 과거의 개척자와 미래의 종말 양쪽에 강박증을 갖고 있으며, 이 두 가지가 개척자 박물관에서 본 야누스 얼굴의 새끼 소처럼 불길하게 융합되어 있다는 생각이 들었다. 아무튼 비시노가 여기서 제공하는 것은 옛 개척자의 삶의 복귀, 종말 이후의 새로운 시작이 아니겠는가? 가능한 한 많은 소비재를 잔뜩 지닌 채 말이다.

멀리 지평선에서 먼지기둥이 일어나는 것이 보였다. 비시노의 렉서스가 오는 모양이었다. 컨테이너가 있는 곳으로 돌아가니, 노란 칵테일 드레스 차림의 젊은 여성이 마이크를 들고 빈 헛간 옆에 설치한 카메라를 향해 혼잣말을 하고 있었다.

그녀는 이렇게 읊조렸다. 「종말이 찾아온다면, 당신은 준비되어 있습니까?」

나는 비시노에게 다가갔다. 그는 내게 고개를 끄덕이더니 성적 매력이라는 관점에서 리포터에게 10점 만점에 몇 점을 주겠냐고 물었다. 대화를 트는 수단이었다. 내가 말하고 싶지 않다고 하자, 그는 어깨를 으쓱하고는 개인적으로 그녀가 종말 폐쇄 시나리오에 포함될 자격이 있어 보인다고 했다. 그 말에는 그렇지 않다면 결코 그의 취향이 아니라는 의미가 담겨 있었다.

나는 그 말이 그 나름의 의도적인 도발, 즉 으레 하는 상투적인 농담인지 궁금했고, 나중에 다양한 여성의 육체적 매력을 점수로 매겨 보라고 끈덕지게 요구함으로써 이 좌익 유럽 저술가의 섬세한 감수성을 얼마나 모욕했는지를 그가 자랑하고 다니는 것은 아닐까 하는 상상도 했다.

초원을 가로질러 동쪽으로 차를 몰면서 나는 비시노를 설령 구원자까지는 아니어도 구원을 제공할 위치에 있는 사람으로 생각한다는 것이 어떤 의미가 있을지를 곱씹었다. 우리는 신이 사악한 자를 없애고 선한 자를 구할 것이라는 개념에 익숙하다. 그런데 지금은 그 문제가 시장의 손에 달려 있었다. 지출할 여유가 있다면, 그리고 지하 대피소로 가야 한다는 선견지명을 가졌다면 구원받을 기회가 있다. 그 일 자체가 사업이 되었다. 사업이야말로 처음이자 마지막, 알파이자 오메가였다.

나는 저녁 무렵에 핫스프링스로 돌아왔고, 지는 태양이 서쪽 하늘을 황금빛으로 물들이고 있었다. 피자헛 말고 먹을 만한 것이 있는지 알아보기 위해 차를 몰고 잠시 돌았다. 메인 스트리트는 거의 텅 비어 있었다. 멋지게 퇴락하고 있는 오래된 영화관 건너편 강가의 텅 빈 주차장에 홀로 멍하니 서 있는 젊은 남자만 빼고. 그는 야구 모자를 뒤로 돌려 쓰고 검은 조끼를 입었는데, 부드러운 금발을 어깨까지 늘어뜨리고 있었다. 안색은 창백했고 키는 작았으며, 눈은 감겨 있었다. 다리는 헤비메탈 가수의 반항적인 자세로 벌리고 있었다. 헤드폰에서 어떤 음악이 흐르고 있든 간에 박자에 맞추어 머리를 흔들며 손가락은 자신만만하고 확실하게 이리저리 프렛을 옮겨 다니면서 보이지 않는 기타를 치고 있었다.

나는 누가 보든 상관없다는 듯 무아지경에 빠진 모습을 옆 창으로 노골적으로 보면서 천천히 그 옆을 지나쳤다. 그

공연은 한편으로는 좀 기겁하게 만들면서도 긍정적인 분위기를 풍기고 있었다. 사실 거의 공연이라 할 수도 없었다. 오로지 공연자 자신의 즐거움을 표현하고 있었으니까. 나는 차를 좀 더 몰고 가서 어느 주차장으로 들어갔다. 잠시 차에 앉아 내가 방금 본 장면을 이해하고자, 어떤 의미 있는 틀에 끼워 맞추고자 시도했다. 나는 걸어서 그가 있던 곳으로 돌아갔다. 거리 반대편에서 그의 모습이 보였을 때, 나는 그가 기타를 포기하고 발성으로 옮겨 갔다는 것을 알았다.

　　나는 문 닫은 군용품점 창유리에 기대어 잠시 그를 지켜보았다. 그는 마치 보이지 않는 마이크에 대고 기도를 하는 양 몸을 구부리고 선 채, 들리지 않는 음악의 강약에 따라 소리 없이 입을 벙긋거리다가 무아지경에 빠진 듯 제멋대로 춤을 추기 시작했다. 리듬 있게 격렬하게 발을 구르는 모습이 럼펠스틸트스킨을 떠올리게 했다. 거기에는 진정한 폭력, 진정한 혼돈과 격노가 있었다. 차 한 대가 모퉁이를 돌아 그 옆을 지나쳤다. 차에는 중년의 남녀가 타고 있었는데, 그에게 전혀 관심을 기울이지 않는 듯했다. 두 사람은 그를 알고, 순수한 에너지의, 야생의, 이해하기 어려운 삶의 처절한 표현 행위를 자주 접한 모양이었다. 나는 두 사람이 그 행위로부터 어떤 상징이나 의미를 이끌어 낼 필요성을 이미 오래전에 분명히 버렸을 것이라고 생각했다.

4
피신처

오클랜드에 온 지 한 시간이 채 지나기도 전에, 나는 너무 피곤해서 손가락 하나 까딱할 수 없는 상태와 다를 바 없이 기진맥진한 채 화산의 쩍 벌린 구덩이를 내려다보고 있었다. 내 옆에는 미술 평론가 앤서니 버트Anthony Byrt가 서 있었다. 그는 공항에서 나를 태워 여기로 안내했고, 내가 뉴질랜드인의 핵심 특징이라고 받아들이게 될 몸짓으로 나를 화산 가장자리 바로 앞까지 끌고 왔다. 에덴산이라는 이 화산은 꽤 친숙하게 받아들여진 편에 속한다. 오클랜드의 꽤 부유한 교외 지역 중 한 곳이 그 옆에 자리하고 있다.

　나는 헉헉거리면서 비탈을 기어오른 상태였다. 게다가 11월의 더블린에서 남반구로 도착하자마자 초여름 아침의 상대적으로 더운 날씨에 땀을 바가지로 쏟아 낸 뒤였다. 또 거의 정신병적 수준의 시차도 겪고 있는 상태였다. 이런 상황이 닥치리라고 조금은 짐작했을 것이다. 앤서니가 너무 일찍 화산 카드를 썼다고 신나 하면서 사과했으니까.

그는 킬킬거렸다. 「잠시 쉴 시간을 줘야 했는데요. 하지만 아침 먹기 전에 도시를 한번 내려다보는 것도 좋을 거라고 생각했어요.」

앤서니는 30대 후반으로 머리는 박박 밀었고 턱수염을 깔끔하게 다듬어서 기르고 있었다. 그는 수다스러운 한편으로 격식을 차리려는 기색도 언뜻언뜻 비쳤다.

오클랜드와 그 주변 섬들의 풍경은 정말로 황홀했다. 나는 그 뒤로도 열흘 동안 계속해서 그에 못지않게 황홀한 풍경들을 무수히 접하지만 말이다. 잘 알다시피, 바로 그것이 뉴질랜드를 요약하는 말이다. 풍경을 접하면서 황홀한 기분에 빠지는 것을 좋아하지 않는다면, 그곳에 갈 필요가 없다. 뉴질랜드에 간다는 것은 앞뒤 좌우 어디를 보든 미적 황홀경에 빠지겠다고 암묵적으로 동의하는 것이다.

「이 나라에 온 지 얼마 되지도 않았는데, 이미 문명의 허약함을 담을 완벽한 시각적 비유를 얻었네요.」 산뜻하게 깎은 풀밭 위에 나 있는 화산 분화구라는 상쾌한 초현실주의적 장관을 가리키며 내가 말했다.

앤서니는 뉴질랜드가 태평양 불의 고리 위에 있다고 지적했다. 아메리카 서쪽 가장자리를 따라 위로 쭉 올라갔다가 러시아와 일본의 동해안을 따라서 쭉 내려와 남태평양까지 뻗어 있는 말굽 모양의 단층선을 말한다. 뉴질랜드는 화산의 나라였다.

나는 이렇게 지진 활동이 활발함에도, 실리콘 밸리 첨단 기업의 초갑부들이 이곳 땅을 사두면 종말에서 살아남을 것으로 여긴다는 점이 기이해 보인다고 말했다.

앤서니는 고개를 끄덕였다. 「그렇죠. 하지만 개중에는 내륙 한가운데의 농장과 양 목장을 사는 이들도 있어요. 지진 해일이 거기까지는 밀려오지 않겠죠. 그리고 그들이 염두에 두는 것은 공간과 깨끗한 물이에요. 여기는 둘 다 아주 풍부하지요.」

바로 이 현상, 즉 첨단 기술 기업의 억만장자들이 문명 붕괴를 예견하면서 뉴질랜드에 땅을 사고 있는 현상은 우리의 종말 강박증 일부를 이룬다. 내가 이곳에 온 이유도 바로 그 때문이다. 이 종말 피신처들을 둘러보고, 뉴질랜드인들이 자기 나라를 이렇게 인식하는 태도를 어떻게 받아들이는지 알아보고 싶었다.

불안을 일으킨 역사적 순간, 부패와 붕괴의 우려를 불러일으킨 역사적 사례를 이야기할 때면, 으레 뉴질랜드가 언급된다. 뉴질랜드는 국가 수준의 방주, 점점 솟아오르는 종말론적 걱정의 물결에서 벗어나 있는 섬 대피소다. 기후 변화에 심각한 영향을 받을 가능성이 낮으면서 부유하고 정치적으로 안정된 나라,* 인적 없는 땅, 맑은 공기, 맑은 물이 드넓게 펼쳐진 황홀하고 멋진 자연 경관을 자랑하는 곳이다. 여유 있는 사람들에게, 뉴질랜드는 비시노의 벙커가 약속하는 유형의 안도감을 국가 수준에서 제공했다.

뉴질랜드 내무부는 2016년 선거가 이루어진 뒤 이틀 동안 웹사이트에 방문하여 시민권을 얻는 절차를 문의한 미국인이 전달의 같은 날짜에 비해 14배나 늘었다고 했다. 바로 그 주에 『뉴요커 *The New Yorker*』에는 문명 대붕괴에 대비하는 초갑부들을 다룬 기사가 실렸다. 링크드인 창업자 리드 호프먼 Reid Hoffman은 뉴질랜드를 〈대격변에 대비한 선호되는 피신처〉라고 하면서, 《《뉴질랜드에 집을 산다》는 말은 눈을 찡긋 찡긋하고서, 아무 말도 하지 않는 것과 같다〉고 주장했다.

또 페이팔을 공동 창업하고 페이스북의 초기 투자자였던 억만장자 벤처 투자자 피터 틸Peter Thiel도 있었다. 최근에 틸이 뉴질랜드 와나카호(湖) 연안에 넓은 땅을 매입했다는 사실이 드러났는데, 미국이 경제적 혼란, 사회 불안, 다른 어떤 종말 사건으로 살 수 없는 곳이 되었을 때 피신할 장소로 삼으려는 의도가 명백했다. (실리콘 밸리에서 가장 영향력 있는 사업가 중 한 명인 샘 올트먼Sam Altman은 한 인터뷰에서 자

---

* 하지만 2023년 초에 온난화에 따른 기상 변화로 오클랜드에 엄청난 폭우가 쏟아져 침수 사태가 일어났다.

신이 친구인 틸과 약속했음을 드러냈다. 어떤 전면적인 붕괴 시나리오가 실현된다면 — 합성 바이러스 유출, AI의 폭주, 핵 무장 국가들 사이의 자원 전쟁 등 — 함께 자가용 비행기로 뉴질랜드의 그곳으로 날아가기로 했다는 것이다. 그들이 문명의 붕괴가 끝난 뒤에 다시 나와서 곤충 기반 단백질 슬러지 시장 같은 분야에 투자할 계획도 세워 놓았을 것이라고 가정해야 할 듯하다.)

올트먼이 뉴질랜드 종말 대비 계획을 누설한 직후에 『뉴질랜드 헤럴드*The New Zealand Herald*』의 기자 맷 니퍼트Matt Nippert는 틸이 어떻게 남섬에 있는 이 193만 제곱미터의 양 목장 부지를 매입하게 되었는지를 조사했다. 남섬은 북섬보다 더 크면서 인구 밀도는 더 낮다. 뉴질랜드에서 넓은 땅을 매입하려는 외국인은 대개 정부의 엄격한 심사 과정을 통과해야 하는데, 니퍼트는 틸이 그런 과정을 거칠 필요가 없었다는 것을 알았다. 그가 밝혀낸 바에 따르면, 틸이 사실상 뉴질랜드 시민이었기 때문이다. 그때까지 뉴질랜드에 머물렀던 기간이 겨우 12일에 불과하고 2011년 이래로 한 번도 온 적이 없음에도 말이다. 틸은 시민권을 따기 위해 굳이 뉴질랜드에 올 필요조차 없었다. 틸의 편의를 위해서 미국 샌타모니카의 영사관에서 비공개로 수여식을 했기 때문이다.

요즘은 자본주의의 종말보다 세계의 종말을 상상하기

가 더 쉬운 시대라는 말이 어디에서나 들린다. 모두가 늘 그렇게 말하고 다니는데, 내가 볼 때 명백한 사실이기 때문인 듯했다. 과대망상이든 그렇지 않든 간에 억만장자들이 다가올 붕괴에 대비하고 있다는 사실은 이 공리를 곧이곧대로 표명한 양 비쳤다. 결국에는 비싼 값에 구원을 살 수 있는 이들만 살아남을 것이라고. 그리고 이 이야기에서 뉴질랜드는 일종의 임시 아라라트산이 되었다. 다가올 홍수로부터 피신할 곳이었다.

나는 이 모든 이야기를 개인적인 차원에서 받아들일 수밖에 없었다. 우리 같은 나머지 사람들이 불길에 휩싸이는 동안 자신과 자신의 돈을 지키려는 억만장자들과 그들의 계획을 다룬 기사들을 읽으면서 나는 그들에게 그리고 그들에게 그토록 불공정하게 많은 부와 권력을 제공한 체제에 거의 본능적인 반감이 일었다. 비시노의 벙커처럼, 이 사례도 이미 우리 문명을 내몰고 있는 기계 장치가 급발진하고 있음을 보여 주는 것처럼 느껴졌다.

이런 의미에서 보니, 틸의 사례가 유달리 두드러지게 다가왔다. 그는 자신의 데이터 분석 기업 팔란티어를 통해 감시 자본주의라는 점점 더 억압적인 환경을 조성하는 데 — 거의 눈에 띄지 않은 채 — 앞장서고 있었다. 그는 극단적인 자유

지상주의적 견해를 지닌 것으로 알려져 있었다. 이렇게 쓰기도 했다. 〈나는 자유와 민주주의가 양립할 수 있다는 것을 더 이상 믿지 않는다.〉 그의 자유 개념은 실존적 자유, 즉 번영하는 공동체 속에서의 의미 있는 인간적 삶보다는 자원을 공유할 필요가 없다는 주장과 더 관련이 있었다. 부자가 세금을 내지 않을 자유, 사회에 물질적으로 기여할 모든 의무로부터의 자유다. 또 그는 다양한 생명 연장 요법과 기술에 투자함으로써, 말 그대로 영원히 살겠다는 생각을 품고 있다고 알려져 있었다. (자본주의의 가장 흡혈귀적인 속성을 드러내는 가장 아둔한 비유를 열광적으로 추구하는 양, 그는 노화 과정을 되돌리는 방안으로서 젊은이의 피를 정기적으로 수혈하는 요법에도 공개적인 관심을 피력했다.)

어느 면에서 보면 그는 만화에 등장하는 거대한 악당 같은 인물이었다. 그러나 더 깊은 의미에서 보면, 그는 순수한 상징이었다. 진짜 사람이라기보다는 미래에 대한 온갖 불안을 자산으로 모아 놓은 페이퍼 컴퍼니, 시장의 중심에 놓인 도덕적 소용돌이가 인간의 모습으로 구현된 상징이었다. 내가 틸에게 흥미와 함께 혐오감을 느낀 것은 바로 이 두 번째 의미에서였다. 내게는 틸이 점점 더 내 아들이 어쩔 수 없이 살아갈 가능성이 높은 세계를 보여 주는 듯 비쳤다.

앤서니가 내게 처음 연락한 것은 뉴질랜드와 틸과 문명

붕괴라는 주제들을 향한 내 관심이 하나의 강박증으로 수렴되기 시작할 바로 그 무렵인 2017년 초여름이었다. 그는 그해에 나온 실리콘 밸리의 트랜스휴머니스트들과 기술적 수단을 통해서 불멸을 이루고자 하는 그들의 강박증을 다룬 내 책을 읽었고, 내가 쓴 틸에 관한 내용이 자신이 틸에게 개인적으로 흥미를 느끼는 이유와 같다는 사실을 알아차렸다.

우리는 길고 복잡한 내용의 전자 우편을 주고받기 시작했는데, 대체로 틸과 그가 뉴질랜드에 끌린 이유를 다룬 내용이 중심이었다. 그는 이 끌림의 밑바탕에 놓인 극단적인 이념을 이해하고 싶다면, 『주권적 개인: 복지 국가가 붕괴할 때 생존하고 성공하는 법 *The Sovereign Individual: How to Survive and Thrive During the Collapse of the Welfare State*』이라는 잘 알려지지 않은 자유 지상주의 선언서를 읽어야 한다고 말했다. 1997년에 나온 책인데, 최근 들어 첨단 기술 세계에서 그 책을 중심으로 일종의 소규모 종파가 형성되어 왔다. 틸이 자신에게 가장 큰 영향을 준 책이라고 언급했기 때문이다. 넷스케이프 창업자이자 벤처 투자자인 마크 앤드리슨Marc Andreessen과, 실리콘 밸리가 미국과 완전히 결별하고 자체 기업 도시 국가로 독립할 것을 주장하는 인물로 널리 알려진 기업가 발라지 스리니바산Balaji Srinivasan도 그 책에 열광했다. 『주권적 개인』은 부자들에게 경제 붕괴로부터 수익 얻는 법을 자문해 주는 개인 투자자 제임스 데일 데이비드슨James Dale Davidson과 『더 타임스 *The Times*』 편집자로 오래 일했고 영국의 브렉시트를 옹호하는 반동적인 우파로부터 열띤 지지를 받는 보수당 하원 의원 제이컵 리스모그의 부친인 고 윌리엄 리스모그William Rees-Mogg가 공동 저술했다.

나는 앤서니가 그 책을 뉴질랜드와 실리콘 밸리 기술-자유 지상주의자들 사이의 관계를 밝혀 줄 마스터키로 묘사했다는 점에 흥미를 느꼈다. 데이비드슨이나 리스모그의 자산을 불리는 데 기여하고 싶지 않았기에 나는 온라인으로 헌책을 샀다. 코 후비기 좋아하는 자유 지상주의자가 덕지덕지 발라 놓은 코딱지가 말라붙은 자국이 여기저기 있는 곰팡내 나는 책이 왔다. 책은 민주주의 이후의 황량한 미래를 내다보고 있었다. 중세 봉건 권력 구조의 붕괴에서 유추한 내용이 가득한 가운데, 온라인 경제와 암호 화폐의 등장을 인상적일 만치 정확히 예측하기도 했다. 비트코인의 발명을 10년 앞서 예측한 셈이었다. 4백여 쪽에 걸쳐서 거의 히스테리를 부리듯 열변을 토해 놓은 이 책의 내용은 대강 다음의 명제들로 요약할 수 있다.

1) 민주주의 국민 국가는 기본적으로 범죄 카르텔처럼 운영된다. 도로와 병원과 학교 같은 것들을 지을 테니, 너희가

지닌 부의 상당 비율을 내놓으라고 정직한 시민들에게 강요함으로써다.

2) 인터넷의 등장, 암호 화폐의 출현으로 정부가 사적인 거래에 개입하고 소득에 세금을 매기는 것이 불가능해짐으로써, 개인은 민주주의의 정치적 보호라는 공갈로부터 해방된다.

3) 따라서 정치적 실체로서의 국가는 폐물이 될 것이다.

4) 그 폐허로부터 새로운 세계 체제가 출현할 것이다. 그 체제에서는 〈훨씬 더 많은 자원을 차지한〉 주권적 개인들의 계급으로서의 〈인지적 엘리트〉가 더 이상 국민 국가의 권력에 굴복하지 않고 자신의 목적에 맞게 정부를 재설계함으로써, 권력과 영향력을 가질 것이다.

『주권적 개인』은 가장 글자 그대로의 의미에서 종말론 문서다. 데이비드슨과 리스모그는 노골적으로 천년 왕국설 같은 미래 전망을 제시한다. 기존 질서가 붕괴하고, 새로운 세계가 열린다는 것이다. 자유 민주주의는 사라지고 기업 도시 국가들의 느슨한 연합체로 대체될 것이다. 그들은 현행 서구 문명이 새천년에 들어서면서 끝장날 것이라고 주장한다. 〈새로운 주권적 개인은 평범한 피지배 시민과 동일한 물질 환경에 있지만, 정치적으로는 별개의 세상에서 신화 속의 신처럼 운영할 것이다.) 이 책이 내다본 미래가 지극히 어둡고 극단적이라는 사실은 아무리 강조해도 지나치지 않았다. 이 책은 누군가에게는 불면증에 시달릴 때 떠오를 가장 암울한 장면들로 가득한 디스토피아를 새로운 유토피아의 출현을 알리는 꿈으로 여기는 이들이 거의 언제나 있다는 점을 읽는 동안 끊임없이 상기시킨다.

데이비드슨과 리스모그는 뉴질랜드를 이 새로운 주권적 개인들의 계급이 모여 살 이상적인 장소라고 보았다. 그 야말로 〈정보 시대에 부를 쌓기 좋은 곳〉이다. 앤서니는 내게 이 대목에 주목하라면서, 더 나아가 1990년대 중반에 북섬의 남쪽 끝에 있는 넓은 양 목장을 데이비드슨과 리스모그를 포함한 이들이 주요 주주로 있는 한 기업이 매입했다는 증거도 제시했다. 그 계약에는 뉴질랜드의 전직 재무 장관 로저 더글러스Roger Douglas도 관여했다. 1980년대에 신자유 지상주의 입장에서 뉴질랜드 경제를 급진적으로 재편하는 일을 주도한 인물이었다. (앤서니는 이 〈로저노믹스〉 시기에 국유재산 매각, 복지 혜택 감축, 금융 시장 규제 완화 같은 조치들이 이루어지면서 뉴질랜드가 부유한 미국인에게 매력적으로 보이는 정치적 조건이 조성되었다고 말했다.)

틸은 J. R. R. 톨킨John Ronald Reuel Tolkien의 작품에 푹 빠진 것으로 알려져 있었고, 피터 잭슨Peter Jackson이 『반지의 제

왕*The Lord of the Rings*』을 영화로 만들 때 뉴질랜드에서 촬영했다는 사실도 그가 뉴질랜드에 관심을 갖게 된 일과 무관하지 않았다. 그는 자기 기업 중 적어도 다섯 곳에 중간계와 연관 있는 이름을 붙였고, 10대 때 그 책을 놓고 토론할 수 있는 로봇과 체스를 둔다는 상상에 빠졌던 인물이었다. 또 뉴질랜드에 맑은 물이 풍부하고 캘리포니아에서 야간 비행을 통해 충분히 날아올 수 있다는 점도 중요했다. 그러나 그의 견해는 특정한 종말론적 자유론 학파와도 불가분의 관계에 있었다. 『주권적 개인』을 읽다 보면 이 이념이 노골적으로 드러나 있음을 알 수 있다. 이런 이들, 자칭 〈인지적 엘리트〉는 종말이 와도 부를 쌓을 수 있는 한 세계가 돌아가는 모습을 보면서 흡족해한다는 것이다.

　나는 자기 나라를 이 기이한 종말론 렌즈를 통해 왜곡해서 본다는 사실에 뉴질랜드인들이 매우 불편함과 이상한 기분을 느낄 것이라는 생각이 들었다. 내가 세상의 종말에 관심이 있다면, 자국(自國)과 실리콘 밸리 기술 엘리트의 관계를 이해해야 한다는 것이 앤서니의 주장이었다. 또 그는 이해하고 싶다면 뉴질랜드로 와서 보아야 한다고도 말했다. 그래서 전자 우편이 오가는 와중에 일정이 짜이기 시작했다. 나는 뉴질랜드로 가기로 했고, 우리는 와나카호 연안에 있는 틸의 종말 피신처를 둘러보기로 했다.

에덴산에서 내려온 뒤, 앤서니는 나를 호텔 앞에 내려 주었다. 나는 짐을 풀고 나서 오클랜드 도심을 잠시 돌아다녔다. 그때쯤 시차는 몽롱한 상태로 진행되었다. 나는 인간의 가장 원초적인 기능만 작동하는, 실존주의적 공장이나 다름없는 상태에서 움직이고 있었다. 약 12시간 동안 아무것도 먹지 않았고 아무것이나 닥치는 대로 입에 쑤셔 넣고 싶은 상태임을 깨달은 뒤에, 익숙한 〈난도스〉의 간판이 보이자마자 내 발은 저절로 그쪽으로 향했다. 주문을 하고 자리에 앉았다. 그러자 더블린의 내 집에서 10분만 걸으면 나오는, 굳이 거기서 먹겠다고 10분 동안 걸어갈 생각을 전혀 하지 않을 식당인 난도스와 어느 모로 보나 똑같은 매장에 앉기 위해서 머나먼 태평양의 남서쪽에 있는 이 제도까지 26시간을 날아왔다니, 너무나 어처구니없다는 생각이 들었다.

　나는 직화구이 닭 다리와 볶음밥이 나오기를 기다리면서, 세계화가 장악과 동화라는 구시대 식민주의 정책을 계속 추구하고 있는 것이 아닐까 하는 좀 모호한 깨달음을 곱씹어 보려고 애썼다. 그때 맞은편 의자 등받이에 작은 새가 앉아 있는 것이 보였다. 처음에는 환영을 보는 것이라고, 즉 시차로 생긴 몽롱한 상태가 심해져서 이제는 아예 눈앞에 환영까지 보인다고 생각했는데, 개똥지빠귀나 참새일 듯한 작은 새가 날아올라 저쪽으로 갈 때 근처에 앉아 있던 젊은 여성이 살짝 몸을 피하는 것이 보였다. 내 감각이 아직은 제대로 작동하고 있다는 증거 같았다. 곧 다른 새가 거리에서 날아와 빈 탁자에 놓인 냅킨 통 위에 잠깐 앉았다가 날아올라서 식당 안을 빙 돌고는 동료의 뒤를 따라갔다. 이 새들이 난도스 실내를 일종의 새장으로 삼고 있다는 사실에 아무도 관심을 보이지 않는 듯했다. 그때 뉴질랜드가 세계에서 인류가 가장 마지막으로 들어온 곳이라는 생각이 떠올랐다. 13세기에 마오리족이 들어올 때까지 이 땅에는 포유동물이 사실상 아예 존재하지 않았고, 대형 포식자가 없었기에 본질적으로 이 땅 전역이 하나의 거대한 새의 성역이었다.

나는 오클랜드에서 이런 사례를 여러 번 목격했다. 식당이나 카페에 앉아 있으면 새가 그냥 주위를 날거나, 사람들이 앉아 있는 의자 등받이에 슬쩍 내려앉거나, 탁자 밑에서 음식 부스러기를 쪼아 먹거나 했는데, 사람들은 전혀 신경도 쓰지 않는 듯했다. 이상하면서, 신기하기도 했다. 어느 날 저녁 나는 앤서니와 키라 부부의 집에서 저녁을 먹다가 새들이 식당과 카페를 자기 집인 양 드나드는 것이 신기하다고 했다. 그러자 그들은 멍한 표정을 지었다. 그다지 관심을 기울인 적이 없었던, 즉 뉴질랜드 특유의 현상이라는 생각을 해본 적이 없었던 듯했고, 나는 여기에서 말로 표현할 수 없는 감동을 받았다. 나는 뉴질랜드가 자연 경관이 유달리 빼어난 곳일 뿐 아니라, 원래의 순수함을 어느 정도 간직한 곳이라는 인식과 관련이 있었다고 생각한다. (돌이켜 보니, 그곳에 대한 내 인식이 식민주의적 세계관에 오염되어 있었던 듯하다.) 새들이 사실상 그곳을 소유하고 있던 시절이 그리 오래전 일이 아니었고, 그들은 아직도 새로운 체제에 완전히 적응하지 못한 양 비쳤다. 나는 이미 뉴질랜드가 막 도착한 여행자에게 앵글로폰 웨스트 같은 풍경과 어떤 종말 직전의 모습이 공존하는 곳에 와 있다는 느낌을 불러일으킨다는 것을 알아차렸다. 작은 새들이 아무 거리낌 없이 식탁 위에 내려앉곤 하는 가운데 난도스에서 식사를 할 수 있는 곳이다.

다음 날 나는 화가 사이먼 데니Simon Denny의 새 작품을 보기 위해서 오클랜드 중심가의 화랑에 갔다. 앤서니와 나는 이 전시회에 관해 많은 대화를 나누었다. 우리 공통의 관심사 중 많은 부분을 다루고 있는 데다, 앤서니 자신이 구상 단계부터 전시 계획에 관여했기 때문이다. (앤서니가 사이먼의 작품에 열정적으로 평론을 쓴 뒤에 두 사람은 편지를 주고받기 시작했고 일종의 공동 작업을 구상하기에 이르렀다. 앤서니는 이 전시 계획에서 자신이 맡은 역할을 연구자, 기자, 〈개념과 이념의 자취를 추적하는 탐정 같은 철학자〉의 융합체라고 정의했다.) 전시회 제목은 〈창설자 역설The Founder's Paradox〉이었다.

틸의 2014년 책『제로 투 원Zero to One: Notes on Startups, or How to Build the Future』의 장 제목을 딴 것이었다. 도록에 실린 앤서니의 길고도 아주 상세한 해설을 곁들인 전시회는 틸 같은 실리콘 밸리 기술-자유 지상주의자들이 건설하고자 하는 미래가 무엇이고, 그 미래에서 뉴질랜드가 어떤 역할을 하는지를 보여주고 있었다. 『주권적 개인』도 그 전시회의 핵심 구성 요소였다.

화랑 안에서는 앤서니가 내게 〈천재 부류〉이자 〈인터넷 이후 미술의 대변자〉로 묘사한 사이먼이 전시회 개최를 위해 마무리 작업을 하고 있었다. 그는 30대 중반의 말끔하고 익살스러운 사람이었고, 오클랜드 토박이로 베를린에서 다년간 생활하며 국제 미술계에서 꽤 주목을 받았다. 그는 어떤 개념 틀에 맞추어 전시회를 구상했는지 말했다. 뉴질랜드의 미래에 관한 두 가지 정치적 전망을 표현한 게임들 — 이론상으로는 할 수 있지만 실제론 조각 형태로 구현된 — 이라는 형태로 구성했다. 환하고 널찍한 1층 공간이 젠가, 오퍼레이션, 트위스터를 토대로 한 입체 게임 조각품으로 가득 채워져 있었다. 함께 모여서 자발적으로 놀이를 한다는 생각을 담은 이 작품들은 맥스 해리스Max Harris라는 젊은 좌익 사상가의 최근 저서 『뉴질랜드 계획The New Zealand Project』에서 영감을 얻었다. 해리스는 마오리족의 사회 관념에 영향을 받아 인도

적이고 공동체적인 정치 체제를 탐구했다.

천장이 낮고 던전 같은 지하실로 내려가니, 게임을 전혀 다른 관점에서, 더 규칙에 얽매인 지적인 활동이라는 관점에서 만든 조각품들이 전시되어 있었다. 실리콘 밸리 기술자들이 무척 좋아하는 롤플레잉 전략 게임을 토대로 만든 이 조각품들은 틸 같은 이들의 미래 전망을 표현하고 있었다. 전시회의 공간적 배치는 즉각적으로 심리적 효과를 일으켰다. 위층에서는 편하게 맑은 정신으로 전시물들을 둘러볼 수 있는 반면, 아래층으로 내려오는 순간 낮은 천장과 자연조명이 없는 상태에서 사이먼의 정교한 조각품들이 담아낸 종말론적인 어둠에 짓눌리는 느낌을 받았다.

사이먼 자신은 이 세계를 아주 잘 알고 있었다. 그의 미술에서 가장 낯설고 가장 불편한 부분은 그가 이 세계를 바깥에서 들여다보도록 하는 것이 아니라 안에서 밖을 내다보는 형태로 볼 수 있게 허용한다는 느낌을 받는다는 것이었다. 여기에는 어느 정도 친밀감이 필요했다. 그가 혐오스럽다고 여기는 정치 성향을 지닌 이들에게까지도. (이런 의미에서 보자면, 설령 작품 자체는 그렇지 않더라도 사이먼이 자기 작품에 접근하는 방식은 취재 기자의 성격도 지니고 있었다.) 전날 밤 앤서니의 주방에서 함께 맥주를 마실 때, 사이먼은 지난해 샌프란시스코에서 알고 지내는 첨단 기술업계 종사자의 집에서 열린 디너파티에 참석한 적이 있다고 말했다. 실리콘 밸리 신흥 갑부들, 〈블록체인 사업가들〉이 많이 있었다고 했다. 트럼프를 지지하는 MAGA 모자를 쓴 이들도 있었고, 트럼프와 그가 대변하는 듯한 대분열에 흥분하는 분위기도 느껴졌다. 이들은 해커 출신들이었고, 그들의 세계관은 기본적으로 룰즈*의 정신에서 나왔다. 마치 새 대통령이 자유 지상주의 진영에서 우두머리 트롤을 끌어낸 것 같은 분위기였다. 저녁 식사 때 사이먼 옆에는 커티스 야빈Curtis Yarvin이 앉았는데, 틸의 투자를 받아서 어빗이라는 컴퓨팅 플랫폼을 만든 사람이었다. 온라인 극우 인사들의 괴팍한 정신세계에 건강하지 못한 관심을 지닌 이들이라면 누구나 알고 있듯이, 야빈은 멘시우스 몰드버그Mencius Moldbug라는 블로거로 더 널리 알려져 있었다. 몰드버그는 신반동주의neoreaction의 지적 창설자였다. 일종의 백인 민족주의적 과두 독재적 신봉건주의 — 자칭 인지적 엘리트가 자신들을 위해 통치하는 — 를 주창하는 반민주주의 운동으로, 실리콘 밸리에 소수이지만 영향력 있는 인물들의 지지를 얻고 있었다.

〈창설자 역설〉은 세계 건설의 온갖 복잡하면서 상세한 모습을 통해 실리콘 밸리의 기술-자유 지상주의자들이 상상하는 유토피아 미래에 불편한 흥미를 갖도록 자극함으로

---

* lulz. 재미있는 것을 찾아서 신나게 즐기자는 태도.

써 긴장을 불러일으키고 있었다. 중심을 이루는 전시물은 파운더스Founders라는 전략 보드게임이었다. 카탄의 개척자The Settlers of Catan라는 꽤 인기 있는 다인용 전략 보드게임의 심미적 특징에 ─ 또 노골적인 식민주의적 언어와 목표에도 ─ 깊이 의존하는 게임이었다. 작품에 딸린 설명과 으스스한 일러스트레이션이 잘 보여 주듯이, 파운더스의 목표는 단지 종말을 회피하는 것이 아니라, 종말로부터 번영하는 것이었다. 이를 위해서는 먼저 뉴질랜드에 땅을 사야 했다. 나머지 세계를 휩쓰는 혼란과 생태적 붕괴로부터 멀리 떨어진 풍부한 자원과 맑은 공기를 지닌 땅이다. 다음은 시스테딩(인공 섬 건설)으로 나아가야 했다. 공해상에 인공 섬을 짓는다는 자유지상주의자의 이상을 나타낸다. 이런 떠 있는 유토피아 소국에서 부유한 기술 혁신가들은 민주주의 정부의 간섭을 받지 않고 자유롭게 사업을 해나갈 것이다. (틸은 인공 섬 건설 운동의 초기 투자자이자 지지자였지만, 최근 들어 열기가 식은 모양이다.) 그다음엔 달로 가서 광물 같은 자원을 캔 뒤에 화성을 개척하러 가야 했다. 게임의 마지막 단계는 현재 선호되는 미래주의적 환상을 반영했다. 화성 개척을 주장하는 가장 유명한 인물은 틸과 함께 페이팔을 창업했던 일론 머스크Elon Musk다. 그는 죽어 가는 행성인 지구를 떠나 화성에 개척한 개인 소유의 정착지로 피신한다는 꿈을 꾼다.

전시회는 모든 곳에서 『주권적 개인』의 영향을 받았음을 드러내고 있었다. 매우 정교한 형태의 온갖 야만성을 보여줌으로써 가능한 미래의 모습을 상세히 그려 냈다. 세상에 악몽이 펼쳐질 때 출현할 것이라고 꿈꾸는 유토피아를 아주 상세하고도 구체적으로 표현했다. 나는 지하실 중앙에 홀로 서서 파운더스 보드게임이 펼쳐진 유리 상자를 들여다보고, 그림으로 묘사된 다양한 공간을 하나하나 살펴보다가 낯익은 이미지를 발견했다. 풀밭에서 튀어나온 육각형 콘크리트 구조물이었다. 사우스다코타의 엑스포인트에서 본 바로 그 벙커였다. 마치 미래에 대한 나 자신의 불안, 내게 당혹스러울 만치 복잡하면서 색다르게 여겨지곤 하면서 자본주의의 잔혹함과 파괴성을 향한 혐오감과 떼려야 뗄 수 없이 뒤얽힌 불안의 표현물을 보고 있는 듯했다. 게임은 종말론적 진보 논리를 표현했다. 국민 국가로부터, 민주주의로부터, 최종적으로 황폐해진 지구 자체로부터 벗어나려는 운동이었다. 내가 세계의 종말을 생각할 때 떠올렸던 모든 것을 표현하고 있었다. 종말을 상상했을 때 내가 느꼈던 불안들을 묘사한 섬뜩한 디오라마가 눈앞에 펼쳐져 있는 것 같았다. 기분 나쁘면서 무섭고 기이할 만치 완벽했다.

그 주에 항구에서 몇 블록 떨어진 한 술집에서 나는 퇴근한 니퍼트와 맥주를 마셨다. 그해에 시민권 기사를 터뜨린 『뉴질랜드 헤럴드』 기자였다. 그는 틸이 종말 대비용으로 남섬의 그 땅을 샀다고 확신한다고 말했다. 틸은 시민권을 신청할 때 〈뉴질랜드의 국민과 기업에 상당한 시간과 자원〉을 투자할 것이라고 맹세했다. 그러나 니퍼트는 그 약속이 어느 것 하나 지켜지지 않았으며, 그저 하는 척만 했을 뿐이라고 확신했다.

나는 고가 부동산업계의 몇몇 사람들과 이야기를 나누었는데, 놀라운 일도 아니지만 그들은 그런 식으로 생각하지 않았다. 그들은 뉴질랜드를 일종의 유토피아 성지처럼 묘사하기 위해 열심이었지만, 그 나라를 국제적인 엘리트를 위한 종말론적 피신처로 여긴다는 이야기는 입도 뻥긋하지 않았다. 앤서니와 나는 테리 스파이스Terry Spice — 런던 태생의 고가 부동산 전문가로 와나카호 연안의 틸 땅에 인접한 넓은 땅을 최근에 팔았다 — 의 골프 클럽에서 그와 만나 커피를 마셨다. 그는 틸이 뉴질랜드를 〈안전한 천국이자 물려줄 재산〉임을 세계에 알리는 데 큰 기여를 했다고 강조했다. 그는 미국 대통령 선거일 밤에 전화를 한 아주 부유한 미국인에게 그 땅을 팔았다.

「그 사람은 무슨 일이 벌어질지 믿을 수 없다고 했어요. 지금 당장 안전을 확보하고자 했지요.」

그러나 그는 전반적으로 보았을 때, 그렇게 종말을 염두에 두고 매수하는 이들이 시장에서 차지하는 비율은 없다시피 할 만치 낮다고 주장했다.

국제 시장에서 판매하는 일을 전문으로 하는 또 다른 고가 부동산 전문가인 짐 로어스태프Jim Rohrstaff도 내게 오클랜드에서 북쪽으로 한 시간쯤 떨어진 곳에 있는 고급 해변 부동산들을 보여 주면서, 자신의 주요 고객 중에 실리콘 밸리 갑부들이 아주 많긴 하지만 — 나는 이름을 알려 달라고 했으나 그는 비밀이라면서 정중히 거절했다 — 대체로 세계 종말이 매입 결정에 중요한 요인은 아니라고 말했다.

「그들에게 여기에 땅을 살 동기를 부여하는 요인이라는 측면에서 보자면, 그중 하나일 수도 있겠지요. 하지만 내 경험상 그것이 주된 이유였던 적은 한 번도 없었어요. 훨씬 더 긍정적인 역할을 하는 것이 있지요. 그들은 여기에 와서 눈앞에 유토피아가 펼쳐져 있는 걸 보거든요.」

틸 자신도 2011년에 발라 벤처스Valar Ventures라는 벤처 투자 펀드를 통해 뉴질랜드의 여러 스타트업에 투자하면서 시민권을 따려고 꼼수를 부리던 시기에, 뉴질랜드가 〈유토피아〉라고 공공연히 말했다. (말할 필요도 없지만, 발라라는 명칭도 톨킨의 책에서 따온 것이다.) 그는 유토피아가 어떤 모습일지를 나름 구체적으로 판단한 사람이었다. 어쨌거나 자유와 민주주의가 양립할 수 있다고 믿지 않는다. 『배니티 페어Vanity Fair』에 트럼프의 대통령 후보 자문 위원으로서 그가 어떤 역할을 하는지를 다룬 기사가 실렸는데, 그의 친구가 했다는 말이 인용되어 있었다. 〈틸은 자신의 나라를 갖고 싶다는 말을 내게 반복해서 직접 말하곤 했다.〉 게다가 틸이 1천억 달러를 들여서 어딘가에 땅을 사기까지 했다고 덧붙였다.

내가 이야기를 나눈 뉴질랜드인들은 틸이 자기 나라에 왜 관심을 갖는지를 알았을 때, 미국 자유 지상주의자들의 개척자 환상 속에 등장하는 땅임을 알았을 때 마뜩잖게 여겼다. 〈창설자 역설〉의 위층에 있는 게임 조각품들에 영감을 준 『뉴질랜드 계획』의 저자인 해리스는 뉴질랜드의 역사를 보면 그 나라를 일종의 정치적 배양 접시라고 보는 견해가 난무했으며 — 한 예로 뉴질랜드는 여성 참정권을 인정한 최초의 국가였다 — 그것이 〈아마도 실리콘 밸리 갑부들이 이곳을 자신들의 착상을 흩뿌릴 빈 캔버스처럼 생각하게 된〉 이유일 것이라고 썼다.

우리는 오클랜드 공대에 있는 법학자 킬리 퀸스Khylee Quince도 만났는데, 그녀는 뉴질랜드를 유토피아로 여기는 것 자체가 〈거대한 붉은 깃발〉, 즉 위험을 알리는 신호이며, 자신 같은 마오리족에게는 더더욱 그렇다고 주장했다. 「식민지 시대 내내 뉴질랜드를 두고 늘 하던 말이에요. 고립된 무주공

산이라는 거죠.」 그녀는 그런 말이 으레 이미 이곳에 살고 있던 이들을 깡그리 무시하기 위해 쓰였다고 강조했다. 자신의 조상들을 말이다.

그녀는 19세기에 마오리족이 처음 마주친 주된 정착민들이 영국 왕가의 대표가 아니라 민간 기업이었다고 지적했다. 뉴질랜드 컴퍼니New Zealand Company는 에드워드 기번 웨이크필드Edward Gibbon Wakefield라는 영국 아동 유괴범이 값싼 노동력을 풍부하게 공급할 수 있다면서 투자자들을 끌어들이기 위해 세운 민간 기업이었다. 새 정착지에 땅을 살 돈은 없었지만 임금을 계속 모으면 언젠가는 땅을 살 수 있을 것이라는 희망을 갖고 오는 이주 노동자들을 뜻했다. 그 회사는 1820~1830년대에 잇달아 탐사대를 보냈다. 하지만 그 회사가 뉴질랜드에 정식으로 정착지를 조성하고 자체 정부를 수립할 계획을 세우기 시작한 것은 영국 식민부가 왕가에 공식 식민지를 설치할 조치를 취할 것을 권유한 뒤였다. 퀸스는 틸 같은 기술-자유 지상주의자들의 유토피아 환상이 자국 역사의 그 시대와 같은 맥락에 있음을 간파했다.

그녀는 말했다. 「여기서는 사업이 먼저였지요.」

마오리족 혈통인 퀸스는 뉴질랜드를 종말 피신처이자 미국인의 부와 창의성이 만개할 유토피아 공간으로 여기는 더 최근의 담론이 식민 시대의 언어와 유사하다는 점에 초점을 맞추고 있었다.

「믿을 수 없을 만치 모욕적이에요. 틸은 이 나라에서 겨우 12일을 머물고 시민권을 받았어요. 아마 그는 마오리족이 있다는 사실조차 모를 거예요. 우리 원주민은 세대 간 동일성과 공동체 정신이 아주 강해요. 반면에 식민지 개척자들의 현대판이라고 할 이들은 과격한 개인주의, 과격한 자본주의라는 이념의 산물이지요.」

최근에 놀랍게도 37세의 저신다 아던Jacinda Ardern*이 이끄는 노동당이 선거에 이겨 노동당 중심의 새 연합 정부가 구성됨으로써, 뉴질랜드 좌파 쪽에서 신중한 낙관론이 나오기 시작했다. 아던의 젊음과 이상주의는 기존의 주류 신자유 지상주의 견해에서 벗어남을 시사하는 듯했다. 선거 때 외국인의 토지 소유는 주요 쟁점 중 하나였다. 실리콘 밸리의 부유한 종말 대비자들이 아니라, 해외 부동산 투기꾼들이 오클랜드 주택 가격을 상승시키고 있다는 쪽에 초점을 맞추긴 했지만. 새 정부는 외국인 투자자의 토지 매입 규제를 강화했고, 결국에는 외국인 매수자가 부동산 시장에 발을 들이기가 훨씬 어려워질 것이다. 이 일은 주로 뉴질랜드 제일당의 대표이자 외국인 토지 소유 규제를 강력하게 주장하는 마오리족 혈통의 부총리 윈스턴 피터스Winston Peters가 맡고 있다. 피터스

* 2023년 1월에 가족과 많은 시간을 보내겠다면서 사임했다.

는 1970년대부터 죽 뉴질랜드 정계에서 눈에 띄는 인물이었다. 나는 아던이 피터스를 부총리로 지명했다는 기사를 읽었을 때, 놀랍게도 그 이름을 알아보았다. 데이비드슨과 리스모그가 『주권적 개인』 곳곳에서 그를 인지적 엘리트의 강적이라고 기이할 만치 콕 찍어서 욕하고 있었기 때문이다. 그를 〈그저 개인이 자신의 정치적 독립을 선언하는 것을 막겠다고 장기적인 번영의 가능성을 기꺼이 훼방 놓을 …… 민중 선동가〉, 〈반동적 패배자〉라고 언급했다.

내가 뉴질랜드에 있을 때 아던은 어디에나 보였다. 신문에서, 텔레비전에서, 온갖 대화에서. 앤서니와 내가 틸의 종말 피신처를 직접 보고자 남섬의 퀸스타운으로 가기 위해 오클랜드 공항에서 보안 검사를 받으려고 줄을 서 있을 때였다. 멋지게 차려입은 우리 또래의 한 여성이 한 무리의 진지한 표정의 남성들과 함께 오더니, 우리를 흘깃 보고는 빠른 전용 통로를 지나 들어갔다. 그녀는 전화 통화를 하고 있었지만, 우리를 쳐다보고는 알아보았는지 앤서니를 향해 활짝 웃으면서 손을 흔들었다.

「누군데요?」 내가 물었다.

「아던이요.」 앤서니가 대답했다.

「그녀를 알아요?」

「공통으로 아는 사람들이 많거든요. 그녀가 노동당 예

술 분야 대변인으로 일할 때 두 번 만나서 한잔했어요.」

「정말요?」

「그럼요. 그냥 그 정도로 아는 거죠.」

앤서니는 말했다. 「틸이 궁극적으로 추구하는 바는 본질적으로 『주권적 개인』이에요.」 그는 렌터카를 모는 중이었다. 그래서 나는 심미적 희열을 계속 함양하는 데 ─ 산, 호수 등을 감상하는 데 ─ 모든 자원을 쏟을 수 있었다. 우리는 그가 종말 이후에 생존하기 위해 매입한 남섬 와나카호 연안 땅을 보러 가고 있었다. 우리는 그 여행을 마치 항의의 몸짓인 양 이야기했지만, 사실은 일그러진 순례 여행처럼 느껴졌다. 여기서 심리 지리학이라는 용어를 조심스럽게 떠올릴 수 있을 듯했다. 가장 가벼운 역설적인 의미로서 말이다.

앤서니가 말했다. 「그리고 내 요지는 내 아들을 그런 미래에 자라게 하고 싶지 않다는 거지요.」

나는 앤서니의 아들을 만나 보았다. 똑똑하면서 귀엽고 수다스러운 일곱 살의 아이였다. 나도 그 아이가 그런 미래에서 자라는 것을 원치 않았다. 그 점은 앤서니와 나를 결속시킨 요소 중 하나였다. 우리 둘 다 어린 아들을 키우는 아버지이고, 아이의 미래에 관해 비슷한 걱정을 했다. 아이를 키우면 서서히, 하지만 알아차릴 수 있을 만치 우익 쪽으로 기울어지는 것이 삶의 불가피한 측면이라는 말을 흔히 한다. 나이를 먹을수록, 사람은 자신을 〈중도파centrist〉라고 생각한다. 골프를 치기 시작하고, 아마 포도주 병을 기울이기 시작할 것이다. 그러나 우리 두 사람은 육아를 통해 급진적이 되어 왔다. 아이를 키우면서 우리는 현대 자본주의의 무시무시하고 섬뜩한 약탈적인 얼굴에 관심을 기울이게 되었다.

상징적으로 말해서, 그 얼굴은 틸의 것이었다.

「틸을 한마디로 요약하자면, 미로의 중심에 있는 괴물이라는 거예요.」앤서니가 말했다.

「그는 모비 딕이에요.」나는 대화의 문학적 분위기를 이어받으면서 그렇게 주장했다.

우리는 농담을 하고 있었지만, 농담이 아니기도 했다. 우리의 집착은 신화적 규모를 열망하는 멜빌과 공통점이 있었다. 앤서니는 자신의 주변 환경까지 포함하여 모든 것에 자기 나름의 관점을 부여했다. 그는 자신이 남섬의 고지대 장관을 마주칠 때 자기 나라의 빼어난 아름다움이 아니라 틸이 그곳을 어떤 식으로 보았을지 상상하는 이상한 심미적 병리 증상을 보인다고 인정했다. 중간계를 떠올린다는 것이다. 틸의 톨킨 집착이 그 자체로 앤서니의 집착이 되었다. 앤서니는 틸의 집착이 『주권적 개인』의 극단적 자유 지상주의와 결합되어 틸이 뉴질랜드에 계속 관심을 갖게 된 것이라고 확신했다.

틸이 대폭 늘린 수명으로 종말 이후의 삶을 보내기로 계획한 곳은 어느 면에서 보자면 뉴질랜드가 아니라 중간계라는 것이 앤서니의 견해였다.

잭슨이 이곳에서 영화를 찍었다는 사실 자체가 기이할 만치 모든 것을 끌어들이는 효과를 일으켰다. 전날 저녁 오클랜드에 있는 앤서니의 집 주방에서 우리는 남섬에서 가고 싶은 지점들을 찾아보고 있었다. 그 지점들을 잇는 경로를 찾다가 우리는 구글 지도에서 소설 속 중간계의 장소들 — 아이센가드, 모르도르, 호비튼, 죽음늪, 팡고른 숲 등 — 을 검색했고, 이 허구적인 지역 전체의 지도 위에 실제 장소의 윤곽을 겹칠 수 있다는 것을 발견했다. 이런 의미에서 보자면, 이 상황은 식민지 개척이라는 원죄의 괴이한 재연이었다. 나는 보르헤스의 단편 소설 「틀뢴, 우크바르, 오르비스 테르티우스Tlön, Uqbar, Orbis Tertius」를 떠올렸다. 창작된 먼 세계에서 온 가짜 백과사전이 발견되면서 〈현실〉 세계가 허구의 압력에 굴복한다는 이야기다. (그러자 야빈 — 틸의 투자를 받아 소프트웨어 플랫폼을 구축한 신반동주의적 극단론자이자 사이먼이 샌프란시스코에서의 만찬 때 옆에 앉았다고 말한 바로 그 인물 — 의 회사 이름이 틀뢴이며, 〈기존 인터넷 위에 새 인터넷을 구축하는 것〉을 사업 목적으로 내세웠다는 것이 떠올랐다. 아마도 그는 민주주의를 폐기하고 미국이 대통령이 아니라 CEO가 운영하는 체제를 구축하기를 원할지도 모르지만, 적어도 문학 지식은 틸보다 나았다.)

차를 몰면서 앤서니는 자신이 어떻게 틸을 우리 시대를 대변하는 인물로 보게 되었는지를 들려주었다. 그는 자신이 일종의 대통일 체제를 향해 가고 있음을 느끼며, 그 체제를 잠정적으로 〈틸주의Thielism〉로 부르기 시작했다고 했다. 그 체제는 실리콘 밸리-자유 지상주의에서 나온 것이며, 기술과 인류 미래에 관한 다양한 확신들을 포괄한다고 했다. 독점 자본주의에 대한 믿음, 개인 데이터의 채굴과 이용, 기술을 통한 수명의 대폭 연장, 국민 국가가 의존하는 정부 규제와 세금 회피 수단으로서의 암호 화폐, 무엇보다도 새로운 〈주권적 개인〉이 출현한다는 믿음.

그는 설명을 덧붙였다. 「급진적 개인주의예요. 적자생존이지요. 가장 부유하고 가장 힘 있는 이들이 원하는 것은 뭐든 할 권리를 지닌다는 믿음이지요. 영원히 사는 것까지 포함해서 뭘 원하든 간에요. 틸주의가 반드시 그 자체로 인류의 종말을 대변하는 것은 아닙니다. 인류는 그런 조건에서도 계속 살아갈 테니까요. 하지만 그건 창의성, 공감, 사랑, 표현의 자유, 연결 등 내가 가장 중요하게 여기는 문명의 가치들을 공격하는 거예요.」

틸의 땅에서 차로 한 시간쯤 떨어져 있는 퀸스타운의 한 카페에서 우리는 앤서니의 지인인 부유하면서 예술계의 마당발인 사람을 만났다. 퀸스타운에서 유명한 전문 직업인인 그는 지역 관광업계의 사업가들과 친구들 사이에서 왕따가 될까 봐 익명으로 인터뷰를 해주기로 했다. 그는 부유한 외국인들이 넓은 땅을 사들이는 것이 지역에 어떤 영향을 미칠지 최근 들어 걱정된다고 말했다. (「세면대에서 오줌을 싸기 시작한다면, 세수는 어디서 해야 하나요?」 그는 그렇게 말했는데, 내 짐작에 그저 수사학적으로 표현한 것 같았다.) 그는 자신이 아는 한 부유한 미국인이 〈꽤 중도 좌파〉인데, 트럼프가 선거에 이긴 직후에 종말의 두려움을 줄이기 위해 이곳에 땅을 샀다고 했다. 또 비트코인으로 억만장자가 된 부부도 호숫가에 넓은 땅을 샀는데, 거기에 거대한 벙커를 짓고 있다고 했다.

여기 온 뒤로 실제로 벙커가 지어지고 있다는 말을 들은 것은 이때가 처음이었다. 현대 종말론자들의 관점에서 보면 뉴질랜드의 전반적인 매력 — 동떨어져 있고 안정적이며 맑은 물이 풍부하고 인적이 없고 아름다운 풍경이 드넓게 펼쳐진 땅이 있다는 것 — 은 이 나라 자체가 세계의 밑바닥에 이르기까지 보강된 지정학적 피신처처럼 여겨진다는 데 있는 듯했다. 그런데 부유한 외국인들이 이곳에 땅을 사서 애초에 그들을 환영했던 이 나라의 땅 밑에 요새를, 말 그대로 벙커를 짓고 있다면, 그것은 그들의 동기, 그들의 인생관에 관해 무엇을 말하는 것일까?

내가 뉴질랜드 여행을 한 지 1년 남짓 지난 뒤에 그 나라는 다시금 국제적인 관심의 대상이 되었다. 한 오스트레일리아 백인 우월주의자가 금요일에 크라이스트처치 모스크로 들어가 돌격 소총으로 기도 중인 사람들을 50명 넘게 살해했다. 게다가 살인 광경을 페이스북으로 생중계했다. 그 주에 나는 인종 차별 폭력에 희생된 무슬림들을 추모하며 하카 haka를 추는 뉴질랜드인들 — 마오리족과 파케하족 — 의 동영상을 몇 번이나 시청했다. 마오리족 전쟁 춤의 원초적인 남성성과 공격성이 포용과 사랑의 몸짓으로 쓰였다는 사실에 나는 무척 감동을 받았다. 울컥해서 눈물을 글썽이기도 했다. 대량 학살 이후에 앤서니와 문자를 주고받으며 이 이야기를 했더니, 그는 대중이 보여 준 아주 놀라운 반응들을 전했다. 공격 다음 날 그는 가족과 함께 꽃을 들고 애도를 표하기 위해 동네 모스크로 갔는데, 자신과 같은 백인 가족들이 가득했다고 했다. 대부분은 평생에 모스크에 한 번도 간 적이 없던 이들이었다.

나는 문명이 무언가를 의미한다면, 바로 이것이라고 생각했다. 파시스트의 테러 행위가 벌어진 다음 날 모스크에 모인 무슬림이 아닌 가족들이었다. 포용과 연대, 단체 애도라는 이름으로 전쟁 춤을 추는 마오리족 남성들이었다. 파시즘의 정반대를 상징하는 몸짓이었다. 대격변이 닥쳤을 때 우리를 생존할 수 있게 하는 것은 자기 땅 밑에 지은 벙커가 아니라, 이미 존재하는 공동체를 강화하는 것이었다.

퀸스타운에서 틸이 사들였던 예전의 양 목장으로 출발하기 전에 우리는 그 도시에도 사두었다는 그의 집을 찾아보기로 했다. 우리는 그가 틀림없이 종말을 대비해 임시 숙소로 사두었을 것이라고 추측했다. 양 목장에 짓고자 하는 구조물이 무엇이든 간에 다 지을 때까지 머물 수 있는 곳이라고 생각했다. 집을 찾기는 어렵지 않았다. 도심에서 가까웠고, 〈창설자 역설〉에 전시된 그림에도 담겨 있었기에 금방 알아보았다. 007 영화에 나오는 악당이 어떤 이유에서든 교외로 이사할 수밖에 없는 상황에서 지었을 법한, 나름 자제하면서 야단스럽게 꾸민 집이었다. 정면은 전체가 거대한 통유리였다. 도시와 그 아래의 호수, 감시 기술 사업체를 운영하는 억만장자가 들어갈 집을 멍하니 응시하는 반질거리는 눈 같았다.

　건축 작업이 아직 진행 중이었다. 나는 인부들에게 집주인이 누구인지 아냐고 물어보았다. 「몰라요.」 그들은 그저 계약에 따라 개보수 작업을 하고 있을 뿐이었다. 얼마 전에 화재가 난 모양이었다. 불길한 조짐과는 전혀 상관없었고, 그저 합선 때문이었다.

다음 날 우리는 와나카호로 향했다. 더 넓은 땅이 있는 시골 지역이었다. 우리는 도시에서 자전거를 빌려 호수의 남쪽 연안을 따라 난 오솔길을 달렸다. 다가갈수록 길이 더 울퉁불퉁해지고 비탈이 더 많아졌고, 틸의 땅에 와 있음을 확신할 즈음에는 너무 덥고 너무 지쳐서 그저 호수로 풍덩 뛰어들어 몸을 식히고 싶다는 생각뿐이었다. 앤서니에게 호수 물을 마셔도 안전할지 묻자, 그는 애초에 억만장자가 문명 붕괴에 대비하여 이 땅을 사려고 한 주된 이유 중 하나가 깨끗하고 풍족한 물이었으니 마셔도 괜찮을 것이라고 말했다. 나는 틸의 종말 호수라고 생각한 곳으로 더 멀리 헤엄쳐 갔고, 얼굴을 담그고 물을 깊이 들이마셨다. 앤서니는 수면이 푹 가라앉았다고 농담을 했다. 사실 갈증을 달래고도 한참 남을 만큼 많이 마셨다. 우스꽝스럽고 유치하게 느껴지는 한편으로 묘하게도 진정으로 흡족한 느낌을 받으면서, 나는 〈종말수〉를 마시고 있었다. 인류의 99퍼센트를 위해 그 물을 되찾겠다는 상징적인 행위였다. 그 순간 나는 틸의 종말 준비 계획을 무너뜨릴 수 있을 만치 와나카호의 물을 빼낼 수 있다면, 얼마든지 그렇게 했을 것이다.

내가 이곳을 상징할 돌을 하나 가져가서 내 책상 위에

두고 싶다고 했더니, 앤서니는 땅을 신성시하는 마오리족의 정신을 위배하는 것이라고 경고했다. 한 언덕에 튀어나온 바위까지 기어 올라가 앉아서 잔잔한 호수 너머 멀리 눈 덮인 봉우리들과 서쪽으로 멀리까지 굽이치는 푸른 들판을 잠시 바라보았다. 법적으로 이 넓은 땅이 한 나라를 소유하려는 계획을 품은, 자유가 민주주의와 양립할 수 없다고 믿는 사람의 소유물이었다.

나중에 우리는 그 땅의 반대편 끝, 경계를 이루는 도로까지 갔다. 그 땅 전체에서 유일한 구조물이 거기에 서 있었다. 건초 헛간이었다. 내가 보기에 틸 자신은 그 헛간을 짓는데 아무런 손을 보태지 않았을 것이다.

앤서니가 말했다. 「바로 이거죠. 틸이 문명 붕괴에 대비하여 건초를 비축하고 있다는 실제 증거죠.」 나는 그 헛간에서 지푸라기 하나도 훔치지 않았다고 공개 천명하고 싶다.

우리는 그 미로의 중앙까지 가보았지만, 결국 우리의 괴물이 물질적으로 구현된 것은 다른 곳에서였다. 내가 뉴질랜드를 떠난 지 2주 뒤인 12월 초에 사이먼과 앤서니가 틸 사상의 대위법으로 삼은 책의 저자인 젊은 뉴질랜드인 해리스는 크리스마스를 지내러 고향에 왔다가 전시회를 보러 그 화랑에 갔다.

해리스가 낮은 천장, 철문, 히틀러의 지하 벙커 같은 억압적인 분위기를 풍기는 중앙 전시실, 즉 지하실로 내려갔을 때 누군가가 파운더스 게임이 벌어지고 있는 유리 상자를 유심히 들여다보고 있었다. 반바지에 파란 폴로셔츠 차림의 남자였는데, 주위에 같은 폴로셔츠 차림의 더 젊은 사람들도 있었다. 해리스는 더 나이 많은 남자가 사진에 나온 모습보다 더 둔해 보이고 덜 건강해 보이긴 했지만, 누구인지 충분히 알아볼 수 있었다고 내게 말했다.

해리스는 틸이 2011년 이래로 뉴질랜드에 온 적이 없다는 것을 알고 있었기에, 남자에게 자신이 생각하는 그 사람이 맞냐고 물었다. 남자는 억지웃음을 짓더니, 해리스에게 시선도 돌리지 않은 채 보드게임을 주시하면서 많은 사람이 방금 그 질문을 자기에게 해왔다고 대꾸했다. 해리스가 전시물이 어떠냐고 묻자, 남자는 꽤 오랫동안 입을 다물고 있다가 이윽고 〈정말 놀라울 만치 세밀한 작품〉이라고 답했다. 그는 해리스에게 화가를 아는지 물었고, 해리스는 잘 알 뿐 아니라 사실은 자신이 전시회의 개념 틀을 구성하는 데 참여한 작가라고 소개했다. 뉴질랜드를 다가올 문명 붕괴 때 자신의 부와 권력을 떠받칠 수단으로 보는 사람과 자신의 조국이자 더 평등하면서 민주적인 사회를 위한 희망의 원천으로 보는 사람이라는, 정말로 있을 법하지 않은 두 사람의 만남이 일어난 것이다. 그들의 상반되는 정치적 견해를 중심으로 느슨하게 짜인 전시회에서 우연히 서로 마주쳤고, 그들은 정치적 견해는 한마디도 주고받지 않은 채 각자의 길을 갔다.

틸은 사이먼에게 연락을 바란다면서 화랑에 연락처를 남겼다. 사이먼은 연락을 했고, 틸은 곧 답신을 했다. 그는 작품을 보고 흥미를 느꼈지만 〈창설자 역설〉이라는 렌즈를 통해 굴절된 자신의 사이버-자유 지상주의가 너무 어둡게 묘사되어 있어서 좀 심란했다고 주장했다. 어쨌거나 대화는 지속되었고, 그들은 사이먼이 미국에 갈 때 만나기로 약속을 잡았다.

사이먼은 대화를 계속하려는 열의가 있었다. 틸의 미래 전망을 더 깊이 이해하고자 결심해서다. 틸과 그가 대변하는 것에 더 노골적으로 정치적 반감을 보이는 앤서니는 이런 예기치 않은 국면 전환에 조금 당혹스러워했다. 한편으로 묘한 전율을 느끼기도 했지만. 내 입장에서는 일이 방향을 잃고 갑작스럽게 흐지부지 끝나 버린 양 비쳤다. 괴물은 물질화했고, 따라서 그는 이제 단지 시장의 중심에 놓인 도덕적 소용돌이의 인간 상징일 뿐만 아니라 실제 인간, 즉 폴로셔츠와 반바지 차림으로 무더운 날에 땀을 쏟으면서 미술계가 자신의 악명 높을 만치 괴팍하고 극단적인 정치적 견해를 어떻게 생각하는지 개인적인 호기심에 끌려 화랑까지 어슬렁거리면서 온 인간이기 때문이다. 우리 평범한 피지배 시민들과 같은 물리적 환경에 있는 주권적 개인이다. 그런 한편으로 이 사건은 틸이 뉴질랜드를 위해, 미래를 위해 어떤 계획을 하고 있는가 하는 수수께끼를 더 심화시켰다.

내가 푼 것은 아니지만, 풀린 수수께끼도 하나 있었다. 퀸스타운의 종말 임시 숙소에서 인부들이 어떤 개보수를 하고 있었는가 하는 사소한 수수께끼다. 니퍼트는 최근에 『뉴질랜드 헤럴드』에 집주인이 어떤 구상을 했는지에 대한 기사를 썼다. 틸은 안방을 좀 손보고 있었다. 패닉 룸panic room을 설치하고 있었던 것이다.

5
외계 정착촌

내셔널 지오그래픽 다큐멘터리 시리즈 「화성Mars」 최종회에는 끝 무렵에 머스크가 등장한다. 우주 운송 회사 스페이스XSpaceX의 창업자인 그는 어린 아들과 함께 플로리다 케이프커내버럴을 방문한다. 그들은 승강기를 타고 예전에 우주 왕복선이 우주로 발사되던 곳인 발사 탑으로 올라간다. 그는 아들에게 예전에 우주 왕복선을 타고 떠날 우주 비행사들이 바로 이렇게 올라왔다고 설명한다. 머스크와 아들이 케네디 우주 센터, 넓게 펼쳐진 푸른 습지대, 그 너머의 대서양을 바라보는 가운데, 억만장자의 목소리가 들린다. 자기 회사의 목표는 화성에 정착촌을 짓는 것이며, 지금쯤 인류가 화성에 갔어야 했는데 어쩐 일인지 방향을 잃은 채 헤매고 있다는 생각이 늘 들었다는 것이다. 〈그리고 이제 우리는 다시금 그 길을 나아갈 겁니다.〉

이 시리즈는 스페이스X가 최초로 재사용 로켓 발사에

성공하는 장면으로 끝난다. 화성에 정착촌을 건설하겠다는 계획의 중요한 단계에 해당한다. 발사대에 세워진 채 등지느러미를 쫙 펼치고 격렬하게 화염을 내뿜는 와중에도 기적처럼 흔들림 없이 서 있는 로켓의 숭고한 모습이 눈앞에 펼쳐진다. 이어 로켓의 화염 불빛을 보며 희망에 찬 표정을 짓고 있는 스페이스X 직원들의 얼굴이 클로즈업된다. 나사가 우주 왕복선 사업을 접은 지 6년 뒤, 인간이 마지막으로 달에 간 지 거의 50년 뒤에 세계가 다시금 제 길을 찾았다는, 미래가 장엄함을 회복했다는 희열과 안도감이 표정에 어린다.

머스크는 이렇게 말했다. 「지구 바깥에서 살아갈 기회의 창이 열렸다는 것은 놀라운 일입니다. 그리고 우리는 이 창이 얼마나 오래 열려 있을지 알지 못합니다. 나를 가장 흥분시키는 것은 화성에 자급자족하는 문명을 건설하는 것이 인류 역사에서 가장 큰 모험이 되리라는 겁니다. 아침에 일어났을 때 바로 그런 일이 벌어지고 있다는 생각이 들면 너무나 흥분되겠지요.」

내가 다소 확고하게 머스크를 비난조로 말하고 있다는 점을 인정한다. 내가 볼 때 인류의 희망과 열망이라는 말을 교묘하게 부자를 화성으로 보낼 민간 기업을 홍보하는 데 이용하는 억만장자 노조 파괴자인 그가 우리 시대의 가장 타락하고 비열한 모습을 반영하는 듯해서다. 아무튼 그는 그해에 자신의 테슬라 자동차를 우주로 보냄으로써 대중의 마음을 사로잡으려고 시도한 인물이었다. 빨간 스포츠카를 영구 공전 궤도에 발사하여, 소비주의의 반들거리는 쓰레기로 우주의 광대한 비인간적인 공허함을 더럽히는 짓보다 더 애처롭고 어리석고 아둔한 짓은 상상하기가 어렵다. (당시 나는 스페이스X에서 빨간 스포츠카를 자기 집 앞에 무한정 주차해 두는 것만으로도 공전 궤도를 영구히 돌 수 있게 하는 것이라고 머스크에게 지적할 생각을 한 사람이 왜 아무도 없었는지 의아스러웠다.) 나와 머스크의 가장 열렬한 팬들의 공통점은 이것이다. 그를 신화적인 인물로 보았다는 점이다. 그러나 내가 염두에 둔 신화는 나 자신의 상상에서 나온 것이었다. 올림피아 신들이 특유의 알 수 없는 변덕으로 완벽한 얼간이를 골라서 재능, 창의성, 돈이라는 세 가지 선물을 주었다는 신화다. 그는 그 선물들을 얼간이가 할 법한 방식 그대로 썼다. 예를 들어, 화성에 문명을 건설하고 사치스러운 소비재를 로켓에 실어 우주 공간으로 발사하는 쪽으로.

그러나 더블린에서 로스앤젤레스까지 가는 비행기 안에서 노트북으로 이 영상을 시청할 때, 나는 기이하게도 감명을 받았다. 아마 기내의 낮은 산소 농도가 내 인지 기능에 영향을 미치고 있었겠지만, 나는 미래를 향한 이 향수에, 돌이킬 수 없이 사라진 듯 보였던 것이 사실은 복원될 수 있을지 모른다는 이 집요함에 뼈저리게 만드는 무언가가 있음을 느꼈다. 나는 사람들이 왜 머스크와 그의 계획에 그토록 깊이 빠져드는지, 그가 나타나면 왜 그렇게 이목을 집중하고 감동까지 받는지를 알 수 있었다. 그 순간에 그는 내게 신에게 재능을 선사받은 얼간이나 사악한 약탈자 두목이 아니라, 오로지 화성에 가는 것만 원하고 남들에게 함께 가고 싶은 열망을 부추기게 만드는 순진한 소년, 아이처럼 보였다.

그 시리즈는 방위 산업체 록히드 마틴에서 항공 공학자로 일한 뒤 1998년에 화성 협회Mars Society를 설립한 로버트 주브린Robert Zubrin의 감명적인 말로 끝을 맺는다. 인류의 화성 정착을 주장하는 단체다. 주브린은 고뇌 섞인 기쁨을 담은 듯이 활짝 뜬 눈을 카메라 쪽으로 바짝 들이대면서, 마치 시청자와 세상을 깊은 잠에서 깨우려고 하는 양 다급한 어조로 속삭인다. 「위를 봐요! 위를요! 저 바깥에 모든 것이 있어요! 다른 수조 개의 지구가 있습니다! 그것이 바로 우리가 우주로 가려는 이유입니다. 그리고 다음번에 갈 때는 머물기 위해서 갈 겁니다.」 이 영상을 보면서 나는 무아지경으로 몰입하며 비관적인 기분에 빠져들었다. 다시 재생하기를 계속 눌러 반복 시청하면서 영상이 일으키는 기이한 감정에 빠져들었다. 영상이 전혀 의도하지 않았을 것이고, 나 자신도 도무지 이해하지 못한 슬픔이었다. 특히 다른 수조 개의 지구라는 말이 내게 강한 효과를 일으켰다. 성 요한이 「묵시록」 끝부분에 쓴 구절이 머릿속에 떠올랐기 때문인 듯했다. 〈그 뒤에 나는 새 하늘과 새 땅을 보았습니다. 이전의 하늘과 이전의 땅은 사라지고 바다도 없어졌습니다.〉

2018년 늦여름에 나를 로스앤젤레스로 끌어들인 것은 주브린과 화성 협회였다. 캘리포니아 역사상 최악의 산불이 몇 주 동안 이어진 진화 노력에 마침내 굴복하는 것처럼 보이던 때였다. 나는 패서디나 컨벤션 센터에서 열리는 화성 협회의 21차 연례 총회에 참석했다. 협회는 회원이 수천 명에다가 28개국에 지부가 있었고, 화성 정착이라는 대의를 구현하기 위한 민간 지원 단체이자 정치 로비 단체 역할도 하고 있었다. 또 연구 기지도 두 곳 운영했다. 한 곳은 유타 사막, 다른 한 곳은 북극 지방에 있었다. 미래에 순례자가 될 이들이 한 번에 2주씩 〈화성 표면에서의 생활을 체험하도록〉 그곳에 파견되었다.

〈화성과 우주 혁명〉이라는 제목으로 열린 총회에서 협회는 화성에 자급자족하는 문명을 건설할 방법을 모색할 것이라고 약속했다. 이 핵심 현안을 중심으로 꼬박 4일 동안 다양한 주제에 관한 강연과 토론이 있을 예정이었다. 화성 정착지가 지구로부터 완전히 독립하기까지는 얼마나 걸릴까? 화성의 새로운 종교는 어떤 모습일까? 화성 정착지는 어떤 정치 구조를 지니게 될까? 블록체인은 행성 간 금융 시스템을 어떻게 촉진할 수 있을까? 어떻게 하면 자기 복제 로봇을 적대적인 외계 환경을 지구화하는 데 쓸 수 있을까? 화성에서 우물을 파는 데 어떤 설비가 필요할까? 자연재해에서 10대의 탈선까지, 또 현행 미국 법과 국제법에는 우주에서의 재산권을 인정하는 명확한 규정이 없다는 점에 이르기까지 정착민들이 화성에서 부닥칠 다양한 문제들을 놓고 온갖 토론이 이루어졌다. 〈화성 탐사가 도덕적인가?〉라는 제목의 루터파 주교의 강연도 있었다. (그 주교가 화성 협회의 창립 회원이기도 하다는 점을 생각하면서, 나는 그가 〈예〉라고 답할 것이라 확신했다.)

이 모든 질문은 그 자체로 흥미로웠지만, 내가 진정으로 알고 싶었던 것은 화성 정착을 향한 이 집착이 어디에서 나왔으며, 지구의 미래와 우리의 관계에 관해 무엇을 알려 주는가 하는 것이었다. 오래전부터 나는 인류에게 〈예비 행성〉이 필요하다는 개념이야말로 현재의 문화적 불안감을 가장 섬뜩하게 드러내는 증후군이라고 여겼다. 옹호자들은 그것을 불굴의 탐사와 모험 정신의 발현이라고 주장하지만, 내게는 정반대의 무언가를 대변하는 것처럼 보였다. 문명의 뼛속까지 완전히 고갈된 상태를 말이다. 뉴질랜드를 여행한 이래로 — 틸의 종말 대비 피신처와 사이먼의 파운더스 보드게임에 담긴 탈출과 정복의 논리를 접한 이래로 — 나는 화성 정착 개념에 점점 흥미를 갖게 되었고, 그 흥미는 비인간적인 미래에 대해 점점 커져 가는 불안과 융합되었다.

노골적으로 표현하자면, 그 개념은 이런 것이었다. 조만간 기후 변화나 소행성 충돌이나 다른 예기치 않은 우주적이거나 지구적인 혼란 때문에 지구가 생명이 아예 살아갈 수 없는 곳이 된다는 것이다. 따라서 우리 종의 완전한 소멸을 피하려면, 그 전에 우주의 다른 곳에 인류 정착지를 개발할 필요가 있다는 것이다. 말년에 종말의 세속적인 예언자 중 한 명이었던 스티븐 호킹Stephen Hawking은 이렇게 말했다. 「나는 인류가 지구를 떠나서 다른 행성에 새 터전을 마련할 필요가 있다고 생각한다. 절멸 위험을 막기 위해서다. 그 위험은 지구에 충돌하는 소행성이 될 수도 있다. 새로운 바이러스, 기후 변화, 핵전쟁, 돌아 버린 인공 지능이 될 수도 있다. 나는 인류가 살아남으려면 1백 년 안에 대비해야 한다고 확신한다.」

총회 첫날 아침 개회사 강연에서 주브린 — 60대 중반에 학자 같지만 언뜻언뜻 활기찬 분위기를 풍기는 — 은 머스크가 주도하는 우주 비행 혁명을 언급했다. 그는 머스크를 우리 암흑시대의 구원자로 묘사하면서, 설령 머스크가 실패한다고 해도 성공을 거두었다고 말할 수 있을 것이라고 했다. 민간인인 기업가가 이전까지 정부만 할 수 있다고 생각했던 일을 하는 것이 가능함을 합리적으로 논란의 여지 없이 입증했기 때문이라면서 말이다. 또 그 뒤로 창의력이 발휘되어 왔고, 지금은 화성에 갈 수 있다는 것이 명확해졌다고도 했다.

주브린은 머스크를 화성 협회에 끌어들인 사람이자 — 스페이스X를 창업하기 전에 머스크는 유타 기지 설립을 위해 10만 달러를 기부했다 — 현재 그 억만장자 우주 사업가의 세례 요한 역할을 맡고 있었다. (머스크는 제프 베이조스 Jeff Bezos와 리처드 브랜슨Richard Branson을 포함하여 민간 우주여행 사업에 엄청난 투자를 하고 있는 소수의 첨단 기술 억만장자에 속했다. 이런 사업이 미래 자체를 담보하는 수단으로서, 위험에 처한 인류를 구하기 위해 재능과 영웅심을 겸비한 억만장자 중에서도 가장 거물들을 우리 종의 마지막 희망인 양 제시되지 않을 때도 많긴 하지만.)

이어서 주브린은 종말론적 시대정신에 직접 맞섰다. 그는 우리가 역사의 종말을 살고 있는 것이 아니라 시작을 살고 있으며, 또 과학의 종말이 아니라 과학의 시작을 살고 있음을 믿는다고 말했다. 우리 인류는 분명 지금까지 잘해 왔다고 했다. 아프리카 사바나를 벗어나고, 고향 행성의 가장 오지까지 퍼지고, 그가 〈제1형〉 문명이라고 부른 것을 구축하는 등 역사의 〈서장〉을 열었다는 것이다. 이제는 진짜 일을, 즉 〈제2형〉 문명을 구축하는 일을 시작할 때라고 강조했다. 우리가 우주로 퍼져 나가는 종이 될 때라는 것이었다. 그리고 거기서 더 나아가 우리는 훨씬 더 강력한 인류를, 우리 은하로, 우주로 퍼져 나갈 〈제3형〉 문명을 건설하게 될 것이라고 했다.

바로 그때 나이 든 한 쌍이 늦게 들어와서 내 바로 앞줄에 앉으며 시야를 가렸다. 여성이 더 나이가 많았는데, 보행 보조기의 도움을 받고 있었고, 캘리포니아 남부 아침의 열기에도 옅은 파란색 양털 장갑을 끼고 있었다. 아마 통증을 일으키는 어떤 피부 자극을 막기 위해서였을 것이다. 동반자가 그녀를 도와 좌석에 앉히고 보행 보조기를 통로 한쪽에 잘 붙여 두고 있을 때, 나는 저렇게 나이 많은 사람이 단연코 미래 지향적인 행사에 참석한 게 너무나 기이하다고 생각했다. 강당을 둘러보면서, 나는 그곳에 모인 화성 열광자들이 전반적으로 나이가 많다는 점을 알아차렸다. 아마 목요일 아침이라 그랬을 수도 있다. 주중이었으니 직장에 다니는 전형적인 로스앤젤레스 주민들보다 은퇴자들 — 그리고 논픽션 저자들 — 이 오기 쉬웠을 것이다. 그런데 내가 볼 때 평균 연령이 60대 중반쯤 되는 듯했다. 또 백인이 압도적으로 많다는 점도 무시할 수 없었다. 주브린의 기조 강연을 들으러 온 지구인 약 2백 명 가운데 내 눈에 띈 흑인은 딱 한 명이었는데, 그는 방 뒤쪽에 설치한 비디오카메라 뒤에 있었다. 즉 먼 세계를 식민지화하는 일에 개인적으로 열광해서가 아니라, 직업상의 이유로 참석한 것이었다.

내 귀에는 식민지화라는 단어가 계속 들렸는데, 식민지화라는 계획 전체에 딸린 역사적 짐 — 정복, 노예화, 대량 학살, 예속 등 — 의 상당한 무게를 생각할 때, 그 용어를 선택했다는 점이 기이하면서 많은 것을 드러내는 듯했다. 그러나 화성에 인류 문명을 건설한다는 계획은 종의 생존을 확보한다는 차원을 넘어서 더 깊은 동기를 가지고 있었다. 과거로부터 미래라는 개념을 회수하고, 기술과 과학에 관한 20세기의 낙관론과 흥분을 회복하고, 그것을 현재에 복원한다는 환상이었다. 이런 의미에서 그것은 미래를 향한 향수에 취하려는 연습이었다.

나는 최근에 애슐리 반스Ashlee Vance의 공식적인 머스크 전기를 읽었는데, 식민지 팽창 시대의 열망이 화끈거리는 전율처럼 지면들을 관통하고 있음을 알아차렸다. 머스크는 주 브린 및 화성 협회와 첫 만남을 가질 무렵에 나사의 웹사이트에 들어갔는데, 화성 탐사의 구체적인 계획이나 일정표가 전혀 없다는 사실에 경악했다. 반스는 머스크가 〈미국의 이념 자체가 인류의 탐험 욕구와 뒤얽혀 있다〉는 견해를 갖고 있다고 썼다. 〈그는 우주에서 대담한 일을 하고 새로운 변경을 탐험하는 것을 목표로 한 미국 정부 기관이 화성을 탐사하는 일을 전혀 진지하게 고려하고 있지 않는 듯하다는 사실을 알고 슬펐다. 명백한 운명Manifest Destiny이라는 정신은 기운이 빠졌거나 침울한 종말에 다다른 것처럼 보이는데도, 어느 누구도 관심이 없는 듯했다.〉

2012년 화성 협회 총회장 — 사실 내가 지금 앉아 있는 바로 이 강당 — 에서 머스크는 주브린에게 〈화성 개척자상〉을 받고 화성 탐사의 미래를 미국의 식민 팽창 역사와 노골적으로 연관 지은 연설을 했다. 「아메리카는 인류 탐험 정신의 정수입니다. 미국인은 거의가 다른 어딘가에서 왔습니다. 변경을 탐사하는 일에 이만큼 관심을 가진 이들이 또 어디 있겠습니까?」 (머스크는 자신의 의지에 반해서 어쩔 수 없이 왔거나, 그가 언급한 변경 탐험가들보다 훨씬 전부터 아메리카에 살고 있던 이들은 언급하지 않았다. 그가 말하는 〈인류 탐험 정신〉은 본질적으로 유럽 백인의 식민지 정복과 착취 정신이었다.)

미국인들이 화성 정착을 이야기할 때, 내게는 그들이 사실상 아메리카 자체를 재창조하자는, 자국의 위대함을 단지 현실이 아니라 우화로 보도록 믿음을 혁신하자는 이야기를 하는 양 들렸다. 창의성과 정당성을 함양하는 도덕 지침 역할을 할 이야기로 믿자는 것 같았다. 엄밀히 따지자면, 머스크는 미국인이 아니었다. 그는 남아프리카 공화국 출신이었다. 남아프리카 공화국 자체는 미국의 뒤집힌 판본이라 할 수 있었다. 식민지 백인 우월주의를 앞세우던 소수파의 계획이 결국엔 타도되었으니까. 하지만 나는 가장 충성스러우면서 미국과 한 몸이라고 할 수 있는 이들이 사실 그 나라와 그 토대를 이루는 자유와 가능성이라는 신화를 낭만적으로 이해하고서 열의에 넘치는 이민자들이라고 주장하련다. 즉 미국인은 태어나는 것이 아니라, 만들어진다.

주브린의 연설은 한껏 의욕을 고취시키면서 마지막 정점에 다다르고 있었다. 그는 화성에 새 문명을 건설한 다음, 소행성에 어떻게 새로운 정착지를 건설할 수 있는지를 이야기하고 있었다. 그는 수천 곳에 새로운 세계가 생길 것이고, 그런 곳에서 순응하지 않는 사람들, 즉 인류 사회가 어떻게 조직되어야 하는지 저마다 다른 견해를 가진 사람들, 따라서 지구로 돌아오고 싶어 하지 않을 사람들이 자신의 사상을 토대로 한 사회를 건설할 기회를 얻을 것이라고 했다. 많은 이가 실패하겠지만 일부는 분명 성공할 것이고, 그들은 나머지 우리 모두에게 길을 보여 줄 것이라고 했다. 그러니 우리 시대에 우리가 할 수 있는 일을 한다면, 그 자신의 표현을 빌리자면 안개를 흩어 버리고 미래의 전망을 퍼뜨리고 화성에 인류를 정착시킨다면, 앞으로 5백 년 뒤에는 태양계를 비롯한 수천 곳에 인류 문명이 있을 것이며 아프리카 사바나에 살던 우리의 먼 조상들과 지금의 우리를 비교할 때처럼 지금의 우리와 비교할 때 원대한 세계가 펼쳐져 있을 것이라고 했다. 그는 우리가 이 지구의 고유종이 아니라고 했다. 우리는 케냐의 고유종이었고, 그것이 바로 털이 없는 가느다란 팔을 지닌 이유라고 했다. 우리가 기술을 개발하지 않았다면 북아메리카나 아시아에 정착할 수 없었을 것이라고 했다. 하지만 우리는 늘 창의적이고 역경에 굴하지 않았기에 세계로 퍼졌고, 이윽고 별들을 물려받게 될 것이라고 했다.

연설이 끝나자 열광적인 박수갈채가 오랫동안 이어졌다. 그사이에 나는 이 수사학 — 소행성 정착을 설파한 주브린의 연설과 탐험 정신을 강조한 머스크의 연설 — 이 미국 자체를 떠받치고 있는 수사학과 얼마나 긴밀하게 얽혀 있는지를 다시금 생각했다. 기존 세계의 몰락과 새로운 세계의 탄생이라는 종말론에 호소하는 것 말이다. 새로운 사회를 건설하는 반항적인 사람들, 국가를 건설하는 기업가 정신을 지닌 이들을 이야기한다는 것은 순례자, 창립자, 개척자라는 미국의 신화에 노골적으로 호소하는 것이었다. 주브린의 화성은 내게 청교도 설교사 존 윈스럽John Winthrop이 신세계로 출항하는 아라벨라호의 승객들에게 했던 유명한 연설에서 동원한 〈언덕 위의 도시〉라는 미래주의적 전망을 떠올리게 했다.

나는 생각했다. 화성이 곧 아메리카였다. 미래는 과거였다.

스티븐 L. 퍼트라넥Stephen L. Petranek은 『화성 이주 프로젝트 How We'll Live on Mars』에서 이렇게 썼다. 〈화성은 그 붉은 행성에서 기다릴 기회를 잡기 위해 거의 무엇이든 기꺼이 할 수많은 지구인에게 새로운 변경, 새로운 희망, 새로운 운명이 될 것이다.〉 그는 아메리카로 간 최초의 유럽인 이주자들처럼, 최초로 화성으로 가는 사람들은 극도로 불굴의 의지를 지녀야 할 것이라고 말한다. 이전의 신세계처럼 이 새로운 신세계도 이주 정착에 몹시 적대적일 것이다. 그들은 공기를 호흡할 수 있게 만들고, 화성의 표면 흙에서 얼음을 추출하여 물을 충분히 얻을 방법을 찾아내야 할 것이다. 또 아마도 흙으로 벽돌을 만들어 극한의 추위와 얇은 대기를 뚫고 걸러지지 않은 채 들어오는 태양 복사선을 막아 줄 피신처를 지어야 할 것이다. 그는 이런 개척자들이 세운 사례가 〈캘리포니아 골드러시 때 몰려든 이들에 못지않게 한몫 잡으려는 이들의 이주 물결을 일으킬 것이다〉라고 썼다.

그리고 아메리카 최초의 유럽 정착민들이 기독교 전체의 생존이 자신들에게 달려 있다고 믿은 것처럼, 최초의 화성 정착자들도 자신들이 문명, 인류 자체의 생존을 담보하는 보험이라고 여길 것이다. 퍼트라넥은 이렇게 썼다. 〈생태적 파괴와 핵전쟁 가능성으로부터 고향 행성을 구하는 데 실패하는 것을 비롯하여, 지구에서 인류가 계속 생존하는 것을 막을 실질적인 위협들이 있다. 소행성 하나가 충돌해도 대부분의 생물이 사라질 수 있고, 결국에는 우리 태양이 커져서 지구를 집어삼킬 것이다. 그런 일이 일어나기 오래전에 우리는 다른 행성에서만이 아니라 궁극적으로 다른 태양계들에서도 살아갈 수 있는 우주여행 종이 되어야 한다. 최초로 화성으로 이주하는 사람들이야말로 우리 종의 생존을 담보할 가장 큰 희망이다.〉

머스크가 말한 바에 따르면, 화성은 〈지구가 잘못될 때〉를 대비한 인류의 〈예비〉 행성이다. 그러나 화성은 또 다른 무언가도, 훨씬 더 깊고 더 낯설고 더 와닿기 어려운 개념도 대변한다. 화성은 우리 — 아니, 어쨌거나 개척할 의지와 자금을 지닌 우리 중 일부 — 가 원래의 우리 행성을 떠나 인류 세계를 완전히 초월할 수 있는 수단이다. 종말 프레퍼들이 상상하는 붕괴 시나리오와 마찬가지로, 화성 정착은 탈출 환상이라는 형태의 종말론적 시나리오다. 해나 아렌트Hannah Arendt는 『인간의 조건The Human Condition』 서론에서 1957년 소련이 인공위성 스푸트니크를 발사했을 때 미국 언론이 보인 반응을 적고 있다. 스푸트니크는 지구를 떠나 우주로 들어간 최초의 인공물이었다. 이 발사가 냉전 상황과 복잡하게 뒤얽혀 있음에도 아렌트는 즉각적인 반응이 기쁨 쪽이었다고 말한다. 하지만 그 기쁨은 의기양양이라기보다는 안도하는 기쁨이었다. 《《인류를 가두고 있는 지구로부터 탈출하기 위한 첫걸음》을 내딛었다는 안도감〉이다. (그 소식을 다룬 뉴스 기사에서 인용한 이 말은 해당 미국 기자의 지나치게 열광적인 태도를 보여 주었을 뿐 아니라, 러시아 항공 기술자이자 우주 비행 개척자인 콘스탄틴 치올콥스키Konstantin Tsiolkovskii의 묘비에 새겨진 글과 같은 맥락에 있다. 〈인류는 영원히 지구에 얽매여 있지는 않을 것이다.〉)

아렌트는 이 평범한 말을 놓고 다음과 같이 주장한다.

우리는 그 말이 사실은 대단히 놀라운 것임을 간과해서는 안 된다. 기독교인이 지구를 눈물의 골짜기라고 말하고 철학자가 육신을 마음이나 영혼의 감옥으로 본다고 해도, 인류 역사상 그 누구도 지구를 육신의 감옥으로 생각한 적도, 말 그대로 여기서 달까지 가려는 그런 열정을 보인 적도 없었다. 반드시 유일신은 아니라고 해도 하늘에 있는 사람들의 아버지인 신에게 등을 돌림으로써 시작한 근대의 인간 해방과 세속화가 하늘 아래 모든 생물들의 어머니인 지구와 더욱 운명적으로 의절하는 것으로 끝나야 할까?

아렌트의 글을 읽고 있자니, BBC 다큐멘터리 「새 지구 탐사 Expedition New Earth」에서 기계를 통해 흘러나오던 호킹의 애절한 목소리가 떠오른다. 〈우리는 지구를 탈출할 잠재력을 가진 최초의 종입니다.〉 머스크와 주브린처럼, 호킹에게도 매혹적으로 와닿은 것은 초월의 열망이다. 맞다, 종말은 찾아올 수도 있다. 기후 변화 같은 인위적인 종말도 있고, 소행성 충돌 같은 우주적인 종말도 있다. 그러나 어느 수준에서 보면 이는 더 깊은 충동, 세계 자체에 하고 싶은 욕망을 숨긴 표지 기사다.

그리고 자기 결정이라는 고귀함을 향한 수단으로서의 이 탈출, 떠나기 이야기에는 근본적으로 남성적인 성격을 띤 무언가가 있다. 문화 평론가 세라 샤르마Sarah Sharma는 떠남을 가부장적 권력, 〈집단 자치라는 조건을 함양하고 유지하는 것을 희생함으로써 나오는 특권〉을 연습하는 것으로 이해해야 한다고 주장한다. 그녀는 이 힘을 〈배려〉라는 더 전통적인 모성 가치와 반대되는 것으로 본다. 떠나기 정책이 배려 정책을 희생하면서 추구되는 것이라고 말한다. 〈배려는 인간 조건의 상호 불확실성인 인간의 의존성과 삶의 우연성이라는 완고한 속박에 대한 반응이다. 역사적으로 여성이 무책임하게 들어오거나 나가기는커녕 불평등한 권력관계에 언제 들어오거나 거기에서 언제 빠져나갈지를 선택할 수도 없었

다는 점을 생각할 때, 여성의 떠나기는 거의 논의조차 된 적
이 없다.〉

어쨌거나 세계는 주의를 기울일 것을 요구한다. 세계는
배려를 요구한다. 아렌트의 말을 빌리자면 지구, 즉 어머니
와 의절하는 것은 배려의 명령을 거부하는 것이다. 화성은 새
영토의 정복과 기존 영토에서 떠남을 나타낸다. 집단 자치를
희생시키면서 소수의 자기 결정권을 얻는 것을 의미한다. 이
세계는 머지않아 종말을 맞이한다. 기꺼이 탈출하려는 이들
에게는 새로운 삶이 기다리고 있다.

화성 정착을 둘러싼 변경이라는 수사학 — 개척자, 순
례자, 명백한 운명에의 호소 — 은 영화「블레이드 러너Blade
Runner」앞부분에서 로스앤젤레스 도심의 광고판으로 뒤범벅
된 지저분한 경관 위를 날고 있는 광고 비행선을 떠올리게 한
다. 거대한 화면에는 〈최고의 미래〉와 〈호흡을 편하게〉 같은
문구가 떠 있고, 스피커에서는 비행선 아래 산성비에 젖어 있
는 이들을 향해 목소리가 울려 퍼진다. 〈외부 식민지에서의
새로운 삶이 당신을 기다립니다. 기회와 모험이 가득한 황금
의 땅에서 다시 시작할 기회입니다.〉 목소리는 남성의 것이
다. 자신만만하고 경쾌하며, 확신을 심어 주는 목소리다. 미
국 자본주의 자체의 목소리다.

이제 지구로 돌아오자. 패서디나의 1층에 있는 창문 없는 강당으로. 헐렁한 바지에 금 단추가 달린 남색 블레이저 차림의 아트 하먼Art Harman이 강단에 서 있다. 하먼은 유인 우주 탐사 구하기 연합Coalition to Save Manned Space Exploration이라는 단체의 창립자다. 그는 지난 대선 때 트럼프 진영에서 자문가로 일했다. 미국의 사업적 이익을 우주 공간까지 확대하고, 지표면에서 미국의 국경을 보호하는 분야에서 보수적 정책을 제시했다.

그의 강연 제목은 〈우주에서의 자유〉다.

그는 화성이 새로운 기회의 땅 — 새로운 행성 — 이라고 말하고 있었다. 그렇기에 화성 개척은 모두 전적으로 자유기업 활동이었다. 그의 뒤의 단색 슬라이드에는 미국 남서부를 가로지르던 황소가 끄는 마차가 나오고 있었다. 그 옆에서 개척자들이 챙 넓은 모자를 쓰고 사막의 관목에 팔꿈치를 기대고 있었다.

그는 말했다. 「기업가 정신과 그에 따르는 모든 것에 관한 이야기입니다. 미지의 세계, 모험. 그것이야말로 언제나 사람들에게 안전하고 풍족한 생활을 포기하고 다음 산 너머에 무엇이 있는지를 찾아 나서도록 만들죠. 젊은이여, 서부로 가자!」

화성 개척을 설파하는 이들이 초기 유럽 이주 정착민들

을 영웅시하는 방식에는 독특한 점이 있었다. 정치적 폭력과 기후 변화에 시달리는 나라에서 탈출하는 이민자들을 가차 없이 악당인 듯 묘사하는 시대에, 역겨울 만치 부를 자랑하는 극소수의 사람들은 다른 행성을 식민지화하고 소행성을 채굴하고 지구라는 연기를 내뿜는 난파선에서 탈출할 자유를 누리는 반면, 가난하고 절망적인 사람들은 침략군, 야만인 무리처럼 취급되는 것처럼 느껴졌다. 그것이 미래가 아니었나? 만연한 대규모 고통, 대규모 죽음을 무심하게 외면하는 것이? 그것이 세계의 종말이 아니었던가? 아니면 세계는 어떻게든 계속될까?

또 다른 슬라이드에는 베를린 장벽 위에서 환호하는 군중이 보인다. 그들은 독일 국기를 흔들고 있고, 그 뒤로 악의 제국의 몰락을 축하하는 불꽃놀이의 불빛 아래 브란덴부르크 문이 빛난다. 하먼은 소맷부리를 아주 정확히 정돈한 모습으로 연단 뒤에서 어깨를 쫙 펴고 걸어 나왔다.

「나도 저기에 있었습니다. 장벽이 무너질 때요. 이 사진 속의 사람들은 자기 의견을 표명하려고 할 때 누군가 머리에 총구를 겨누지 않는 상황을 처음으로 접했어요. 최초로 화성에 정착한 이들도 그와 비슷한 상황에 부닥칠 겁니다. 우리는 여기 와 있어. 우리는 자유야. 여기에는 이런저런 멸종 위기종을 해치지 말라고 떠드는 정부도, 환경청도 없어. 그들은 화성에 없어.」

화면에서 베를린 장벽이 사라지고, 그들이 맹목적으로 숭배하는 미국 헌법 전문이 떴다. 그는 우리가 보호하기 위해 애써야 하는 멸종 위기종이 바로 이 자리에 모여 있다고 말했다.

「바로 여기 미국에 영속하는 자유 사회가 있습니다. 우리는 우리의 권리를 알기 때문입니다. 우리는 이런 권리를 스스로 지킬 수 있습니다. 대부분의 나라는 그렇지 못합니다. 대부분의 나라에서 권리는 아이에게 주는 사탕처럼 주어지는 것이고, 언제든 빼앗을 수 있습니다. 소련에서는 엘리트만 권리를 누립니다. 총을 쥔 이들이지요. 화성에서는 그런 일을 피하고 싶을 겁니다.」

그의 말은 마이크 펜스Mike Pence 부통령이 미국의 새로운 여섯 번째 군대인 이른바 우주군Space Force의 출범 때 개괄한 전망, 즉 점점 커져 가는 우주의 군사화와 사유화 필요성을 강조한 연설의 어조와 맥락이 닿아 있었다. 〈다른 나라들도 우주에서 활동할 능력을 점점 갖추어 가고 있지만, 모두가 우리만큼 자유, 사유 재산, 법치주의를 옹호하는 것은 아닙니다. 우리 미국이 우주에서 리더십을 계속 발휘하고 있으므로, 우리는 자유에 헌신하는 미국의 가치도 이 새로운 미개척지로 가져갈 겁니다.〉 거기에 모든 게 있었다. 자유, 사유 재산, 법치주의, 그리고 그 모든 것의 배경인 미개척지라는 성스러운 이미지도.

　나는 그토록 많은 미국인, 배울 만큼 배운 지적인 미국인들이 이런 말을 진정으로 믿는 듯하다는 사실에 의아했다. 자기 나라만이 자유의 신성한 불꽃, 개인적 자유를 숭앙하는 국가 정신을 소유한다는 확신은 대체 어디에서 나온 것일까? 내가 보기에 딱 한 가지가 이 확신을 설명하는 듯싶은데, 공교롭게도 그것은 이 확신을 치명적인 수준으로 훼손한다. 요람에서 무덤까지 모든 미국인이 미국인이어서 특별한 자유를 보장받는다는 온갖 선전에 끊임없이 노출된다는 사실이 바로 그것이다. 물론 이 끊임없는 신화화의 역사, 아니 그보다는 문화적 산물이 바로 답이었다. 독자가 백인이라면, 즉 하먼처럼, 나처럼, 그 방에 모여 있던 모든 사람처럼 백인이라면 더 쉽게 이 모든 주장을 내면화함으로써, 부정하는 말에 노출될 가능성이 적어졌다.

　그날 아침 일찍 실버레이크에서 아침 식사를 하러 가다가 선셋 대로와 하이퍼리언 거리가 만나는 모퉁이의 인도에 박힌 작은 청동 명판에 시선이 갔다. 〈사유 재산〉이라고 새겨져 있었다. 〈언제든 통행 허가가 취소될 수 있음.〉 나는 길 표면에 작지만 고집스럽게 권한을 주장하고 있는 그 메시지의 기이함에 놀라면서, 한참 동안 거기 서서 그 글귀를 읽고 또 읽었다. 진지하게 받아들이라는 의미로 적었겠지만, 내게는 기이하게도 전복적인 의미로 와닿았다. 자본주의가 거의 잠재의식적으로 자신의 영토 팽창 앞에는 그 어떤 경계도 없다고 무작정 거부하는 주장처럼 느껴졌다. 내 발밑의 땅을 누군가가 소유할 권리, 언제든 내 발밑에서 그것을 제거할 권리. 그것은 어떤 종류의 자유였을까? 나는 하먼의 슬라이드에 나온 짐마차들, 황금의 땅을 향해, 머나먼 곳에 정착촌을 이루기 위해, 자신의 재산권과 자유를 주장하기 위해 이곳으로 이주한 그 모든 백인을 생각했다. 통행 허가는 언제든 철회시킬 수 있었다.

　이제 하먼은 연단으로 돌아가면서 최초의 화성 정착촌을 아메리카 초기 식민지 정착촌처럼 생각하는 편이 가장 나을 것이라고 주장했다. 그는 사람들이 아메리카로 가는 배를 타기 위해 일정 기간 예속되어 일하기로 계약을 맺었으며, 화성 정착촌에도 비슷한 방식을 적용할 수 있을 것이라고 했다. 그는 내셔널 지오그래픽 채널의 「화성」다큐멘터리가 화성 정착촌을 각국 정부들과 기업들이 공동으로 통치하는 것으로 묘사되어 있다고 설명했다. 그러므로 아마존 정착촌, 스페이스X 정착촌 같은 곳에서 일하면서 살 수도 있으며, 그 기업들이 정한 규칙에 따라 권리와 자유가 결정될 수 있다고 말했다. 하먼은 그것이 좋은 일이며, 여행을 주선한 사업가들에게 진 빚을 갚기 위해서 무일푼인 농민들과 가난한 노동자들이 여러 해 동안 노역을 하는 방식이 초기 아메리카에 매우 바람직했듯이, 화성에서도 아주 바람직할 것이라고 여기는 듯했다.

앞줄에서 영국 억양을 쓰는 한 청중이 미국 헌법이 평등과 자유를 옹호하고 있음에도 제정된 지 거의 한 세기 동안 노예제를 막는 데 아무런 역할도 하지 않았다고 지적했다. 그러자 아트는 내가 아침 내내 들었던 말 중에서 가장 분별없는 수정주의적 주장처럼 들리는 발언을 했다.

「어, 그렇죠. 하지만 건국의 아버지들은 그 점이 마음에 안 들었어요. 그래서 헌법은 수정되었죠.」그는 인내심을 드러내면서 정중하게 말했다.

내 바로 앞에 앉아 있던 회색 머리카락을 바짝 깎은 덩치 큰 남자가 손을 들었다. 그는 경쾌하면서 다소 깔보는 듯한 스칸디나비아 억양으로, 서유럽에는 여러 유형의 민주주의가 있는데 그중 일부, 특히 자신이 태어난 노르웨이는 의회 민주주의를 채택했으며, 그런 체제에서는 지도자의 부패나 무능이 드러나도 반드시 탄핵되는 것이 아니라 그저 의회 투표를 거쳐 면직되는 것으로 끝날 수 있다고 했다. 그는 그런 나라들에서 정부는 그저 여러 가지 중대한 책임을 지닌 것으로 비치는 경향이 있다고 지적했다. 예를 들어, 자기 나라에서는 건강 보험이 기본권으로 여겨진다고 했다.

그러자 내 바로 뒤쪽에 앉아 있던 사람이 따분함이 아니라 사실상 분노에 찬 한숨을 내쉬면서 몸을 심하게 움직이는 소리가 들렸다. 하먼은 자신이 이 자리에서, 이 강연에서 중점을 두고 있는 것은 화성에서의 독재에 반대한다는 것이며, 어쨌거나 남은 시간이 점점 줄어들고 있다는 점이라고 주장했다.

그들이 주고받은 대화가 화성이 아닌 다른 무언가에 관한 것임은 명백했지만, 한편으로는 화성에 관한 대화의 한 측면을 뚜렷이 드러냈다. 사람들은 화성 이야기를 할 때면 언제나 동시에 다른 무언가도 함께 말하고 있다는 사실이다. 그리고 화성을 이야기할 때 그들이 이야기하고 있는 것은 아메리카일 때가 너무 많다. 게다가 그럴 때 그들은 아메리카가 어쩌고저쩌고 그냥 말로만 떠들지 않는다. 잘 알려져 있다시피, 아메리카는 하나의 국가라기보다는 하나의 관념이기 때문이다. 특히 관념 그 자체가 관념으로 자리를 잡은 것이다. 이런 면에서 그 주제는 언제나 추상화라는 저궤도로 빙빙 돌면서 떨어질 위험이 있다. 대중에게 사랑받는 천문학자이자 1980년대에 인기를 끌었던 PBS 다큐멘터리 시리즈 「코스모스Cosmos」의 진행자 칼 세이건Carl Sagan은 수십 년 전에 비슷한 점을 지적한 바 있다. (화성 열광자들은 늘 세이건을 인용한다. 내가 볼 때는 우주 시대의 여명기 이래로 사라진 아이 같은 우주 낙관론의 정서를 그냥 한마디로 요약하는 것처럼 들릴 때가 많다.) 〈화성은 우리가 이 지구에서 느끼는 희망과 두려움을 투영하는 일종의 신화적 무대가 되어 왔다.〉

그 뒤에 나는 화성 환경이 정착민 아이들에게 미칠 효과를 다룬 두 소아과 의사의 강연을 들었다. 그들은 화성에 자족적인 문명을 건설한다면, 그곳에서 태어나는 자녀들이 있을 것이라고 했다. 그들은 정착민들, 즉 지구에서 화성까지 위험을 무릅쓰고 긴 여행을 하기로 결정한 사람들에 관한 이야기와 화성에 살아갈 수 있는 환경을 조성하는 이야기는 서로 다른 문제라고 주장했다. 정착촌을 이야기한다는 것은 곧 출산, 미래 세대, 처음 화성에 정착한 이후의 모든 세대를 다루는 것이라고 했다. 게다가 그 아이들은 이전까지 자기 종의 모든 세대가 태어났던 행성에서 수천만 킬로미터 떨어진 차갑고 살아가기 어려운 암석 행성에서 태어나는 것뿐 아니라, 결코 태어날 것을 요청한 적 없는 아이들일 것이다.

　　더 나아가 소아과 의사들은 그 아이들과 그들을 돌보아야 할 어른들 모두 몇 가지 심각한 문제에 처할 수 있음을 지적했다. 햇빛이 약하고 중력이 약한 환경인 화성의 대기는 초기 세대의 화성 아이들에게 상당한 건강 문제를 일으킬 것이라고 했다. 아이의 뼈와 연골은 중력의 요구에 직접 반응하여 발달하고 형성된다. 화성의 저중력 환경은 생리적 발달에 중대한 문제를 일으킬 것이다. (국제 우주 정거장의 우주 비행사들은 골다공증와 근육 퇴행 위험을 줄이기 위해 특별히 고안된 운동을 규칙적으로 하지만, 이들은 아기도 아이도 아니다.) 그들은 이런 초기 세대의 화성 아이들이 그 행성에서 생존하려면 집중적인 신체 요법을 받아야 한다고 말했다. 게다가 그 아이들은 지구보다 훨씬 높은 수준의 복사선으로부터 몸을 지키기 위해 땅속에서 살아야 하고, 극도의 권태와 우울증 같은 문제들에도 시달릴 수 있다.

두 소아과 의사는 인류의 화성 정착을 주장하는 이들과 소아 전문가들도 이런 아동 문제에 별 관심을 두지 않고 있는데, 그런 태도가 바뀌어야 한다고 주장했다.

나는 몇 주 전 아들을 데리고 과학관에 갔을 때, 아들이 한 말이 기억났다. 우리는 인류의 화성 정착이 어떻게 우리 종의 생존을 담보할 궁극적인 수단이 될 수 있는지를 다룬 〈우주 정착〉이라는 압도적인 시청각 전시물을 보고 있었다. 아들은 이렇게 말했다. 「난 화성에 가고 싶지 않아. 별로 멋져 보이지 않아.」

나는 아들의 말이 옳다고 생각했다. 완전히 헛짓거리처럼 보였다. 하지만 우리 지구도 결코 낙원은 아니었다.

우리는 왜 아이들이 먼 행성에서, 대기가 주로 이산화탄소로 이루어져 있고 중력이 아주 작은 곳에서 태어나기를 바라는 것일까? 아이들의 몸과 마음이 진화한 곳이 아닌 행성에서? 물론 나는 답을 안다. 우리 종의 미래를 담보할 필요가 있기 때문이고, 이 근본적인 명령 때문에 초기 세대의 화성 아이들이 희생되어야 한다는 것이다. 이 필요성은 논박할 여지가 없는 자명한 것으로 간주되었다. 그러나 인류가 궁극적으론 멸종한다는 것이 그렇게 받아들일 수 없는 일일까? 우리 자신이 반드시 내일이나 모레는 아니라 해도 궁극적으로 도도, 검은코뿔소, 여행비둘기, 자바호랑이, 바다밍크, 큰바다오리, 양쯔강돌고래, 원숭이얼굴박쥐, 아루날여우박쥐를 비롯하여 우리 자신이 지구에서 몰아낸 무수한 종과 똑같이 잘 닦인 망각의 길로 나아간다는 것을 그렇게 상상도 못할 일인 양 여기는 이유가 무엇일까?

나는 여름이면 이곳 캘리포니아에서 으레 발생하곤 하는 산불을 생각했다. 고향 아일랜드에서 기이한 열기와 함께 찾아오는 가뭄을 떠올렸다. 내 아들이 태어나서 살아온 5년 중 4년이 계속 가장 뜨거운 해로 기록되었다는 사실을 상기했다.

화성 정착을 주장하는 이들이 인류를 위해 〈예비 행성〉을 마련해야 한다고 나열한 이유들 중에는 기후 변화로 지구가 살 수 없는 곳이 된다는 주장이 예외 없이 들어 있다. 그러나 지구의 미래를 아무리 비관적으로 내다본다 해도 화성만큼 생물이 살아가기 어려운 곳이 되리라고 예측하는 사람은 아무도 없을 것이다. 화성은 사실상 대기조차도 없고, 지표면에 닿는 복사선이 지구의 1백 배에 달하는 곳이다.

그해 여름 좀 더 앞선 시기에 미국 정부는 연비 규제 중단 조치를 정당화하기 위해서, 5백 쪽에 달하는 환경 영향 평가 보고서 초안을 발표했다. 보고서에는 현재의 기후 변화 추세가 지속되면 금세기 말에 기온이 4도 증가할 것이라는 내용이 들어 있었다. 기후 과학자들 사이에 재앙이 될 것이라고 널리 받아들여져 있는 수준이다. 그러나 보고서는 여기에 맞서 조치를 취해야 한다는 것이 아니라, 기후 재앙이 닥치는 것을 기정사실로 여기고 신차의 배기가스를 규제하는 것이 본질적으로 사소한 일이라는 견해를 취했다. 기후 변화라는 현실을 부정하는 것보다 훨씬 더 추악한 태도였다. 재앙이 닥칠 가능성이 높다고 인정하면서, 정부의 개입을 통해 완화시키려고 애쓸 시기는 지났다고 본다. 현시점에서는 이 파괴가 방해받지 않고 계속되도록 놔두는 편이 더 낫다는 주장이다. 아직 사고팔 것들이, 돈벌이가 될 것들이 있기 때문이다. 아직은 시간이 있기 때문이다.

나는 인류의 멸종이라는 전망을 깊이 생각하다가, 문득 내가 바로 앞에 앉은 남자의 등을 뚫어지게 바라보고 있다는 사실을 깨달았다. 그는 검은 티셔츠를 입고 있었는데, 등에 〈marscoin.org〉라고 웹 주소가 적혀 있었다. (티셔츠의 목과 어깨에는 비듬이 잔뜩 있었는데, 마치 우주 자체를 묘사하는 듯했다. 떨어져 나온 피부 조각들로 이루어진 천계였다.) 나는 최대한 조심스럽게 바지 주머니에서 휴대 전화를 꺼내 브라우저에 그 주소를 입력했다. 화성 정착 계획에 쓸 자금을 모으는 한편으로 훗날 정착촌의 진짜 화폐로도 쓸 의도로 화성 협회 회원들이 만든 암호 화폐의 웹사이트였다. 〈마스코인은 지구 이외의 곳에서 사람들이 살아가고 번성할 수 있도록 화성 정착 및 우주 관련 계획을 지원하는 데 쓰인다. 마스코인을 사용하고 이 코인에 투자하는 것만으로도 화성 정착촌을 진지하게 자발적으로 지원하는 것이다.〉 화성 정착을 이야기하는 이들 사이에서는 정착촌의 금융 체계가 필연적으로 어떤 암호 화폐에 토대를 둘 것이라는 데 전반적으로 의견 일치가 이루어진 듯했다. [인류의 화성 정착 열광자들과 블록체인 근본주의자 사이에 접점이 많다는 것은 그리 놀랄 일이 아니었다. 양쪽 다 과학 기술광(技術狂) 공동체의 자유주의자 쪽이 유달리 관심을 보이는 영역이기 때문이다.]

이 개념 전체는 〈창설자 역설〉에서 나온 것이다. 나는 오클랜드의 던전 같은 지하 전시실에 있던 세계 건설 전략 보드 게임을 다시 떠올렸다. 민주주의 민족 국가들이 있는, 죽어 가는 행성에서 탈출하여 마침내 화성의 무정부주의적 자본주의 유토피아에 다다르는 과정을 묘사한 것이다. 전시회 도록에 쓴 글에서 앤서니는 틸의 글을 인용했다. 틸은 탈출 문제를 다루면서 〈수단이, 즉 어떻게 하면 정치를 통해서가 아니라 그것을 넘어서 탈출하는가〉가 중요한 질문이라고 했다. 〈우리 세계에서 진정으로 자유로운 공간이 전혀 없기 때문에, 나는 탈출 양상이 미발견된 세계로 이어질, 지금까지 시도되지 않았던 어떤 새로운 과정을 수반할 것이 틀림없다고 본다.〉 그 미발견된 세계는 인터넷이었지만, 뉴질랜드이기도 했고, 우주 자체이기도 했다.

나는 앤서니가 와나카호 연안에 있는 틸의 땅을 향해 렌터카를 몰면서 자신의 아들이 틸과 머스크 같은 이들이 건설하고 있는 미래에서 자라기를 원치 않는다고 했던 말도 떠올렸다.

우리 세계에 진정으로 자유로운 공간은 전혀 남아 있지 않다. 여기서 말하는 자유는 정부로부터의 자유이고, 그것은 조세와 규제로부터의 자유를 의미하며, 그 말은 남들의 이익을 고려할 필요 없이 오로지 자기 자신의 이익만 추구하는 행동을 할 자유를 의미했다. 내게는 상상할 수 있는 가장 냉혹

하면서 낡아 빠진 자유 개념처럼 보였다. (나는 화성에 〈공동체〉를 건설한다는 말이 거의 나오지 않았다는 것도 결코 우연의 일치가 아니라고 생각했다. 공동체라는 개념은 다른 사람을 부담이나 착취할 자원이나 거래할 수 있는 합리적인 행위자라는 차원을 넘어서는 존재로 생각한다.) 다시 말해, 〈정치를 넘어서는〉 탈출이라는 개념은 그 자체가 어찌할 수 없이 정치적이었다. 다른 사람들을 향한 의무와 모든 얽힘을 해체한다는 꿈이었다. 내가 볼 때, 이는 삶 자체를 해체한다는 것에 다름 아니었다.

총회가 열리는 시간에 이따금 로스앤젤레스 국제공항으로 향하는 비행기가 낮게 날아가곤 했지만, 화성은 도시 상공의 밤하늘에서 가장 밝게 빛났다. 지구에 가장 가까운 행성인 화성은 그리 멀리 있지 않다. 두 행성은 서로 다른 속도로 태양 주위의 타원 궤도를 돌기 때문에, 거리는 약 5460만 킬로미터에서 4억 킬로미터를 오락가락한다. 2018년 여름 말, 길고 불타는 듯한 계절이 끝나 갈 무렵, 화성은 15년 만에 지구에 가장 가까이 다가오고 있었다. 좀 더 불편한 방식으로 생각하자면, 지구가 화성에 가장 가까이 다가가고 있었다. 화성으로 출발하거나 화성에서 지구로 돌아오고자 한다면, 딱 맞는 시기였다.

엘리자베스 하드윅Elizabeth Hardwick은 이렇게 썼다. 〈여기에서 살아간다는 것, 그리고 다른 곳들은 살아갈 수 없는 곳이라고 우리 대다수가 믿는다는 것은 강력한 추상 개념에, 무한한 가능성이라는 추상 개념에 동화되는 것이다. 미국의 현 상황은 과거를 내버리고 있다기보다는 미래가 울혈(鬱血)이라는 형태로 다가오기 전에 그 미래를 내버리고 있는 것이다.〉

우리 시대의 혼돈과 격변과 엔트로피, 급격한 변화라는 표면적으로 드러나는 요동. 이것들이 사실은 깊이 자리한 치명적인 울혈의 히스테리 증상들이 아닐까? 모든 것은 해체되고 종말에 이른다. 우리가 변화의 가능성을 믿지 못한다는 것이 바로 그 이유다. 그리고 서양 전반에서 참인 것은 언제나 미국에서는 화려하면서 섬뜩한 양상으로 참임이 드러난다. 뻔한 말이 될 위험을 무릅쓰고 다시 한번 말하면 이것이다. 어느 누구도 미국을 다시 위대하게 만들지 못할 것이다. 그 가능성을 진지하게 상상하는 사람조차 전혀 없다. 미국이 제조업을 중국에 맡기는 일을 그만두리라는 것은 맞지만, 그런 일자리들이 돌아온다고 해도 자동화한 노동이라는 형태로 돌아올 것이다. 로봇과 알고리즘은 미국을 다시 위대하게 만들지 않을 것이다. 그 〈미국〉이 억만장자를 가리키고, 〈위대하게〉가 그들을 더욱 부유하게 만든다는 의미가 아니라면 말이다. 중산층은 몰락하여 집 안에 남은 것을 내다 팔면서 간신히 버틸 것이다. 트럼프는 오랫동안 미국의 피를 병들게 한 질병의 가장 가시적인 증상일 뿐이다. 불평등, 초군국주의, 인종 차별주의, 감시, 말기 자본주의라는 진단이 내려질까 하는 두려움이 빠르게 전이되고 있는 종양 말이다.

하드윅이 무한한 가능성이라는 추상 개념이라고 부른 것에는 미개척지라는 역사적 선례가 있다. 미국에 추상적이고 구체적인 많은 것이 활기를 불어넣고 있는데, 그중 하나가 팽창이라는 근본적인 명령이다. 그리고 이는 자본주의라는 또 하나의 큰 활력과 공통점이 많다. 자본주의는 탈영토화라는 거침없는 힘을 통해 자신의 미개척지로 팽창함으로써 존속하고 번성한다. 그런데 미개척지는 고갈되고 있다. 지워버릴 경계선, 착취할 자연은 고갈되고 있다. 자본주의가 값싼 자원을 미친 듯이 추구한 탓에 이 행성은 황폐해졌고, 이 행성은 곧 지금 살고 있는 수많은 거주자가 살아갈 수 없는 곳이 될지도 모른다.

찰스 울포스Charles Wohlforth와 어맨다 헨드릭스Amanda R. Hendrix는 『우리는 지금 토성으로 간다Beyond Earth: Our Path to a New Home in the Planets』에서 이렇게 썼다. 〈인류는 더 이상 서부로 갈 수 없다. 우리 행성은 꽉 차 있다. 종으로서의 우리 성격을 볼 때, 우리 중에는 이런 상황을 계속 참고만 있지 않을 이

들이 나타날 것이다.〉

　하드윅의 용어를 빌리자면, 화성 정착이라는 환상은 미
래가 울혈 상태로 도래하기 전에 내버리는 데 쓰는 수단이다.
내가 환상이라고 표현한 것은 그 생각을 단순히 망상이라고
치부하지는 않으려는 의도에서다. 아무튼 세계는 신화를 토
대로 한다. 우리의 취약한 현실은 허구라는 기반암에 토대를
둔다.

일단 종말론을 현재와 만나는 수단으로서, 불확실성과 변화
를 접할 때의 불안한 반응으로 삼기 시작하면, 어디에서든
은밀한 신호, 깊은 곳에서 스며 나오는 발산물 형태로 그것
이 존재함을 알아차릴 수 있다. 총회 마지막 날 오후에 나는
패서디나에서 우버 차량을 불러 도시로 돌아갔다. 운전자는
50세쯤 되는 알렉산더라는 사람이었는데, 자신이 어릴 때 필
리핀에서 살았다고 했다. 그는 아주 어릴 때 부모를 잃고 형
의 손에 컸는데, 형도 자녀가 여럿이어서 자신을 돌볼 시간도
여유도 거의 없었다고 했다. 그래서 그는 마닐라의 길거리를
방황했다. 그러다가 심한 도박 중독에 빠졌고, 20대에 캘리
포니아로 오면서 상태가 더욱 심해졌다. 하지만 지금은 개과
천선했다고 했다. 카드를 손에 쥔 것도, 주사위가 손안에서
달그락거리는 느낌을 접한 것도 아주 오래전의 일이라고 했

다. 그의 태도, 자신의 이야기를 판매하는 일종의 기업가적 접근법에서 나는 개종한 기독교도와 대화하고 있다는 느낌을 받았다. 실제로 고속 도로로 막 들어설 무렵에 그의 이야기는 자신이 구세주를 만난 경험 쪽으로 흘러갔다.

그는 이런저런 이야기를 하다가 세계의 종말도 언급했다. 나를 끌어당긴 것 못지않게 내게 끌려온 주제 말이다. 그는 지금 현재 대재앙이 벌어지고 있으며, 예전에 일어났던 그 어떤 재앙보다 더 심하고 훨씬 더 빨리 일어나고 있다고 말했다. 세상은 너무나 나빠져 왔다. 신은 우리에게 서로 사랑하라고 말했는데, 우리는 너무나 큰 탐욕을 부리고 있다. 신은 내게 먹을 것을 충분히 주고 풍족한 삶을 누리게 해줄 것이라고 말했는데, 여전히 세상에는 고생하는 이들이 너무나 많다. 그는 탐욕을 부리는 이들이 너무나 많다고 했다. 어디를 가든 탐욕이 가득하다는 것이었다. 그는 자신과 내 생애에 분명히 종말이 찾아올 것이라고 확신했다. 노아의 홍수가 우리 시대에 다시 일어날 것이라고 했다. 나는 기독교인이 아니었고, 아니 사실상 그 어떤 종교도 믿지 않았지만, 이 이야기, 홍수와 구원의 언어, 사랑과 복수를 동기로 삼는 인격신의 유혹에 저항할 수 없었다. 나는 그가 나를 개종시키려 한다는 느낌은 받지 않았다. 그럴 가치가 있는지도 모르겠지만 말이다. 그저 두 남자가 대화를 나누고 있다고 느꼈을 뿐이다.

차가 글렌데일 어딘가의 신호등 앞에서 멈추었다. 창밖을 내다보는데 주유소 앞에 긴 머리에 수염이 덥수룩하고 추레한 노인이 보였다. 그는 헤드폰을 끼고 있었고, 리듬에 맞추어 제자리 뛰기를 하고 있었다. 눈을 감은 채 히죽히죽 웃고 있었고, 두 손으로는 흰 나무 십자가를 들고 있었다. 그는 제자리 뛰기를 하면서 그다지 비례가 맞지 않는 십자가를 치켜올렸다 내렸다 했다. 볼만한 광경이었다. 비록 최소한으로라도 주의를 기울이는 사람조차 없었지만.

나는 사우스다코타의 강가에서 본, 헤드폰을 낀 채 춤에 빠져 있던 젊은 남자가 떠올랐다. 그도 무심코 지나가는 사람에게는 그저 광기로밖에 비치지 않을, 어떤 희열을 일으키는 교감을 통한 무아지경에 빠져 있었다. 나는 이 두 사람이 어떤 식으로든 연결되어 있다고, 토양에 스며든 역사적 독물인 문화의 죽음 추구 에너지와 소통하는 어떤 비밀의 샤머니즘 교단, 황홀경에 홀로 빠져 춤을 추는 이들의 방대한 집합의 일원이라고 상상했다.

이어서 얼마 전에 읽었던, 19세기 말에 특정한 아메리카 원주민 부족들에게 널리 퍼졌던 유령 춤Ghost Dance이라는 민속 의식도 떠올랐다. 사람들이 원형으로 둘러서서 한 번에 몇 시간씩 계속 추곤 하던 춤이었다. 춤을 추는 이들은 그렇게 함으로써 세계의 종말을 앞당긴다고 믿었다. 즉 그 춤 자체가 땅을 찢어서 식민지 정복자들과 그들이 만든 모든 것을 집어삼킬 것이고, 그때 원주민들은 승천했다가 파괴의 시기가 끝난 뒤 안전하게 다시 내려와서 자신들의 땅을 되찾을 것이라고 믿었다.

말할 필요도 없지만, 그 춤은 원하는 결과를 가져오지 못했다. 원주민의 관점에서 보자면, 종말은 어쨌거나 역사 기록의 문제였다.

6
은밀하게

아들은 네 살 때 닥터 수스Dr. Seuss 이야기에 푹 빠졌다. 우리 부부가 아들에게 그 책을 읽어 주는 것을 좋아했다는 의미만은 아니다. 물론 좋아한 것은 분명하다. 『모자 쓴 고양이*The Cat in the Hat*』의 도덕적 의문을 불러일으키는 내용이 담긴 야단법석, 『양말 신은 여우*Fox in Socks*』의 말장난 운율을 들려주면서 침대 위에서 으레 낄낄거리곤 했으니까. 그런 한편으로 아들은 그 책에 푹 빠진 나머지 내가 보기에 세상에 더 깊이 관여함을 시사하는 방식으로 저자에 관해 생각하기 시작했다. 내 말은 아들이 닥터 수스를 발견함으로써 예술가라는 개념도 처음 접했다는 것이다. 책이나 노래가 레고 미니 피겨나 초콜릿 바와 다른 방식으로 출현한다는 사실, 환원 불가능한 경험을 하고 그것을 표현하는 방식을 갖춘 특정한 개인의 창작물이라는 인식이다.

우리는 닥터 수스가 천재라는 점에는 의견이 같았다.

『로렉스*The Lorax*』가 가장 잘 쓴 작품이라는 점에도 의견이 일치했다. 그 책이 가장 많은 질문과 대화를 불러일으킨다는 점은 분명했고, 그 책의 언어와 생각은 우리의 일상적인 대화에까지 깊이 스며들었다. 『로렉스』는 종말 이후의 세계를 그린 논픽션이 아니라고 본다면, 책을 팔겠다는 의도를 전혀 지니고 있지 않은 취학 전 아동을 위한 그림책에 가깝다고 할 수 있다. 이 책의 배경은 헐벗고 파괴된 풍경이다. 〈그리클 풀〉이라는 깡마른 검은 잡초 말고는 아무것도 자랄 수 없는 곳이다. 이따금 까악거리는 까마귀만 빼곤 새의 노랫소리가 전혀들리지 않고 〈바람이 불 때면 시큼하고 쉰내가 풍기는〉 이 죽은 땅에는 원슬러라는 수수께끼 같으면서 사악한 존재가 산다. 원슬러는 창문마다 판자를 덧대어 가린, 서 있기조차 힘든 탑에 산다. 그림책에는 원슬러의 얼굴이 그려져 있지 않다. 수스는 이 악당을 기다란 초록색 두 팔과 이따금 탑의 어둑한 안쪽에서 섬뜩하게 응시하는 노란 두 눈으로만 표현한다. 이 기괴하게 신체의 일부만으로 표현되는 배역은 이 책을 읽어 주는 대상인 아이의 대역임이 분명한 인물을 통해 만나게 된다. 실제로 노골적으로 〈너*You*〉라고 불리는 남자아이로, 책이 시작될 때 더욱 수수께끼 같은 배역인 로렉스에게 무슨일이 일어났는지 알아보기 위해서 〈마을 끝자락〉에 있는 은신처까지 원슬러를 찾아온다.

원슬러는 이야기의 대가(50센트, 못 한 개, 달팽이 껍데기 한 개: 경제와 생태가 완전히 붕괴했지만 아직 동전을 만들수 있기 때문에)를 받고, 이야기를 들려주기 시작한다. 그는 자연의 풍족함과 아름다움이 가득했던 세계로, 부드럽고 복슬복슬한 트러풀라나무, 풀로 뒤덮인 굽이치는 초원, 수스의 책에 등장하는 즐겁게 웃고 있는 다양한 동물종이 가득했던 풍경으로 돌아간다. 원슬러가 이 붕괴하기 전의 세계로 왔을 때의 이야기다. 이번에도 초록색 긴 팔만 보인다. 이곳에 도착한 원슬러는 무엇보다도 트러풀라나무의 아름다움에 매료된다. 그리고 곧바로 떼돈을 벌 기회가 왔음을 알아차린다. 그는 작은 가게를 차리고, 첫 트러풀라나무를 찍어서 쓰러뜨린 뒤 그 솜털 같은 잎으로 실을 자아서 스니드라는 옷을 짠다. 터무니없을 만치 추하고 꼴불견인 옷이다.

여기서 로렉스를 마주친다. 배우 윌퍼드 브림리Wilford Brimley를 보들보들한 인형으로 만든 것과 좀 비슷하게 땅딸막하고 아주 커다란 콧수염이 달린 존재다. 로렉스는 맨 처음 쓰러진 나무의 그루터기에서 나타나 원슬러가 이 땅을 망가뜨리고 있다고 항의한다. (〈난 로렉스야. 나무들을 대신해서 말하는 거야.〉) 하지만 로렉스가 특히 화를 낸 것은 스니드 자체다. 그는 알고 싶었다. 아무렇게나 만든 그런 옷을 대체 어디에 써먹겠다는 거야? 그따위 것을 만들겠다고 아름다운 나무를 찍어 쓰러뜨릴 가치가 있다는 거야?

그러자 원슬러는 스니드가 〈모두가 원하는 멋진 것〉이라고 끈덕지게 설명한다. 셔츠나 양말이나 장갑이나 모자나 카펫이나 베개나 이불이나 커튼이나, 자전거 안장 덮개로도 쓸 수 있다는 의미다. 로렉스는 이제 나무뿐 아니라 독자를 대변해서 원슬러가 탐욕에 사로잡힌 나머지 정신이 나갔다고 비난한다. 그런 애매모호한 물건은 아무도 사지 않을 것이라고 주장하면서. 하지만 그 말은 틀렸다. 스니드의 수요가 너무나 빠르게 늘어나는 바람에 나무를 베는 속도가 따라가지 못할 지경이 되자, 줄줄이 서 있는 나무들을 한 번에 벨 수 있는 새로운 초강력 벌목기가 개발된다. 벌목기는 매연을 왈칵왈칵 뿜어내면서 동물들의 서식지를 파괴한다. 원슬러는 상황이 안타깝다고 인정하면서도 익히 들어 본 순환 논리를 들먹거리며 피치 못할 일이라고 주장한다. 〈사업은 사업이야.〉 그리고 어쨌든 사람들은 스니드를 원한다.

이 대목에서 소비자 욕구의 특성, 즉 필요가 끝나고 〈스니드〉가 시작되는 지점이 어디인지를 놓고 잠자리에서 토론이 벌어지곤 했다. 아들은 스니드가 말도 안 되며, 스니드를 사는 원슬러의 고객들이 〈완전히 멍청이〉라고 말한다. 나는 이에 동의하면서도 우리 모두가 때때로 별난 스니드를 사는 데 돈을 쓰는 경향이 있고, 따라서 우리 모두가 자신의 의지로 완전히 멍청이가 되곤 한다는 점을 염두에 둘 필요가 있으며, 어쨌거나 그 말이 맞긴 하지만 누군가를 완전히 멍청이라고 부르는 것은 안 좋다고 지적한다.

「우리 집에는 스니드가 없어.」아들은 항의한다.

「깊이 따지고 들어가면 그 말이 맞아. 스니드는 진짜가 아니고, 원한다고 해도 살 수 없으니까. 하지만 닥터 수스가 말하려 하는 것은 아마 우리 모두가 필요 없는 물건들을 사려고 한다는 거겠지. 비유를 든 거야.」

이 시점에서 나는 내 영문학 박사 학위라는 기계가 굼뜨게 작동하면서 삐걱거리고 뻑뻑거리는 소리를 듣는다.

「아들, 비유가 뭔지 아니?」나는 묻는다.

아들은 살짝 벽을 향해 얼굴을 돌리면서 말 그대로 입술을 꽉 다문다. 무언가를 모른다는 것을 인정하고 싶지 않을 때 보여 주는 모습이다. 최근에는 아들이 지적 허영심도 지니고 있음을 알아차렸는데, 비록 사람들에게서 매우 호감을 불러일으키는 특징이 아니라는 점은 알고 있지만 나는 탄복하지 않을 수 없다. 때로는 좌절을 불러일으키기도 한다. (「나도 알아!」아들은 이미 알고 있는 것을 들을 때면 그렇게 당당하게 소리치는데, 모르면서 그럴 때도 종종 있다.)

나는 최대한 능력을 발휘해서 비유가 무엇인지 설명하

지만, 아들이 정말로 이해했는지는 확신하지 못한다.

「그러니까 스니드는 실제로는 필요 없지만, 그래도 정말로 원하는 것일 수도 있어.」 내가 말하자, 아들이 묻는다.

「그런 게 있어?」

「레고 미니 피겨도 그렇지 않니?」

「아니야. 미니 피겨는 스니드가 아니야!」 아들이 항변한다.

아들은 이제 화를 내면서 내 어깨를 밀고 몸을 일으키려 한다. 나는 이 토론이 잠들기 전 책 읽어 주기의 더 큰 목적을 궁극적으로 훼손하는 것이 아닐까 하는 생각이 든다. 적어도 이론상 아이를 잠들게 하는 것인데 말이다.

「아니야?」 나는 내 더 나은 판단을 좀 유보하면서 상냥하게 반문한다. 지난 몇 달 동안 아들은 레고 미니 피겨에 푹 빠져 있었다. 사서 열어 보기 전까지는 어떤 피겨가 들어 있는지 모르게 포장되어 있다. 따라서 많이 사면 살수록 이미 가지고 있는 피겨가 나올 확률도 더 높아진다. 바나나 옷을 입은 인물, 분홍 치마를 입은 배트맨, 양복을 입은 좀비 같은 것들이다. 그러니 남아돌 뿐인 피겨를 더 갖게 된다. 그런데 역설적이게도 미니 피겨는 다 갖추어야 제대로라고 할 수 있는 한정판 시리즈로 나오고, 특정한 시리즈의 피겨들을 더 완전히 갖추려고 마음먹으려면 특정한 인물을 두 개 또는 세 개씩 사는 한이 있어도 더 많이 사야 했다. (「으, 핫도그 옷 피겨가 또 나왔어!」)

우리 부부가 아들에게 설명을 해주었기에 아들도 이것이 레고 회사의 교묘한 판매 전략임을 조금은 이해했지만, 이해했다고 해서 레고를 더 챙기려는 욕구가 약해지는 것은 아니었다. 어느 정도 시간이 흐르자 우리가 자주 들르는 상점의 점원은 포장 상자를 한참 동안 이리저리 만져 보면서 어느 상자에 어느 피겨가 들어 있는지를 알아내는 놀라운 능력을 터득했는데, 그만 딴 데로 가고 말았다. 나는 그가 신이 내려 준 그 구별 능력을 써서 우리 같은 고객이 레고 피겨 시스템을 해킹하는 데 도움을 주었다는 이유로 해고된 것이 아니기를 바랐다.

레고 미니 피겨가 스니드로 분류될 수도 있다는 생각에 반감이 생긴 아들은 커피가 스니드라고 주장함으로써 뻔뻔스럽게 반칙을 가했다.

「아빠는 커피가 스니드라고 생각하지 않아.」

「하지만 아빠는 커피가 필요 없잖아.」

「음, 그렇긴 해. 커피가 꼭 있어야 하는 사람은 아무도 없지만, 커피는 실제로 건강에 많은 혜택을 줘.」

「혜택이 뭐야?」

「혜택은 도움을 주는 걸 말해. 좋은 거지.」

「하지만 아빠는 좋다고 너무 많이 마시잖아.」아들은 잠시 내게 커피를 몇 잔이나 마시도록 허용할지 제멋대로 계산하더니 말했다. 「일주일에 두 잔만 마셔.」

「일주일에?」

「그러면 네 잔.」아들은 양보했다.

「하루에 두 잔은 마셔야 할 것 같은데?」

「일주일에 네 잔이야.」

논쟁은 계속 이어졌고, 사실 내가 아주 재미있어한 것이었다. 아들은 어떻게든 간에 내가 커피를 아주 좋아한다는 것을 알아차리고는 재빨리 도덕적 우위를 점했다. 내가 과잉 탐닉을 한다고 정당하게 비판할 수 있음으로써다. 초콜릿과 과자 같은 것을 많이 먹는다고 내가 부당하게 잔소리를 한다고 여겼던 터라 그랬다.

이윽고 하루에 두 잔 이후의 커피는 모두 스니드로 본다는 데 합의가 이루어졌다. 그러자 아들은 책도 스니드로 볼 수 있다고 주장했다. 나는 이를 괘씸한 주장이자 커피 공격보다 더 치사한 공격이라고 보았지만, 완전히 뜬금없는 것은 아니었다. 거의 매주 일주일에 두세 차례 아침마다 문가에 우편물이 도착하면, 아들은 또 책이 왔다고 과장하면서 복잡한 몸짓으로 표현하곤 했다. 「또 책이야? 아빠, 좋은 게 너무 많네?」

「나는 책을 스니드로 볼 수 없다고 생각해. 책이 스니드라면, 아빠는 스니드를 만드는 사람이잖아? 닥터 수스도 스니드를 만드는 일을 하는 사람이고?」

아들은 논쟁에서 내게 밀릴 때면 늘 하던 식으로 반응했다. 내가 농담했을 때 재미있긴 하지만 깔깔 웃음으로써 나를 흡족하게 만들고 싶지 않을 때 하는 식으로였다. 인상을 쓰면서 고개를 저었다. 「웩!」 아들은 그렇게 내뱉고는 웃지 않으려고 입술을 꾹 다물면서 〈차갑게 노려보기〉를 시도했다. 패딩턴 동화책에서 패딩턴이 즐겨 쓰는 방법을 배운 것이다. 그러면 나도 마주 보면서 차갑게 응시했고, 일종의 합의된 규칙에 따라 말없이 노려보기 경기가 시작되었다. 내가 아들과 즐겨 하는 놀이 중 하나였다. 아들의 눈을 여유롭게 바라볼 핑계를 제공하기 때문이다. 평소에는 이런저런 일에 바빠서 결코 짬을 못 낼 진지하게 감상할 기회, 너무나도 귀여운 모습이 푹 빠져들 수밖에 없는 기회다.

아이에게 『로렉스』를 읽어 주는 일은 재미있기도 하지만, 서글픈 의례이기도 하다. 로렉스가 원슬러를 서글프게 돌아보면서 공중으로 날아오르는 장면에서 아이가 웃음을 터뜨릴지라도 — 그리고 나 역시 아이와 함께 깔깔거릴지라도 — 자신이 궁극적으로 아이에게 들려주고 있는 이야기의 내용을 무시할 수 없기 때문이다. 마지막 트러풀라나무가 쓰러지고, 스니드 공장이 문을 닫고, 자연 자체는 죽어 간다. 우리는 아이가 태어난 세계, 아이의 미래가 될 가능성이 높은 세계의 이야기를 들려주고 있다.

그러고 나서 이야기는 터무니없는 희망의 몸짓으로 끝난다. 그 책의 마지막에서 원슬러는 대화 상대, 즉 읽어 주는 책을 듣고 있는 아이, 내 아들을 대변하는 남자아이를 향해 말한다. 그는 버려진 공장 근처에 작은 돌더미가 쌓여 있으며, 돌더미 앞쪽에 놓인 커다란 돌에 〈UNLESS(아니라면)〉이라는 수수께끼 같은 단어가 새겨져 있다고 말한다. 원슬러는 오랫동안 그 단어가 무슨 뜻인지 궁금해했는데, 이제 대화 상대, 즉 내 아들에게 〈로렉스의 그 단어〉는 더 이상 수수께끼가 아니라고 말한다. 〈너 같은 누군가가 아주 많이 관심을 갖지 않는다면, 아무것도 나아지지 않을 거야. 전혀.〉

원슬러는 아이에게 받으라고 하면서, 탑의 높은 창문에서 뭔가를 던진다. 원슬러는 마지막 남은 트러풀라의 씨라고 말한다. 그리고 아이에게 그 씨를 심고 물을 주고 깨끗한 공기를 들이마시게 하면서 잘 키워서 트러풀라나무들의 숲을 만들라고 한다. 그러면 로렉스와 친구들도 돌아올 것이다.

동화책을 놓고 이런 말을 하는 것이 이상하게 들릴 수도 있지만, 이 맺음말은 내가 읽은 책 중에서 가장 가슴 아픈 대목에 속한다. 물론 맥락과도 관련이 있다는 점은 분명하다. 내가 아들에게 읽어 주고 있고, 책이 전달하는 메시지가 다음 세대에게 짐을 떠넘기는 양 느껴지기 때문이다. 마지막 씨를 맡기면서 자연을 부활시키라고 말하는 것은 1972년 『로렉스』가 처음 출판될 당시, 즉 환경 운동 초창기에는 아주 귀찮은 일로 여겨졌을 것이 분명하다. 기후 변화가 미치는 영향을 알기 전, 여섯 번째 대멸종이 진행되고 있으며 우리가 그 원흉이라는 사실을 이해하기 전이었다. 1972년에도 이 맺음말에 담긴 지시는 아이의 손에 감당할 수 없는 부담을 안겨 주는 것처럼 느껴졌을 게 틀림없다. (〈너희에게 달려 있어! 우리 이전 세대들은 모든 것을 망쳤고, 우리의 순수한 구원자인 너희만이 파괴된 자연을 복원하는 데 필요한 모든 일을 할 수 있어!〉) 그러나 지금은 노골적으로 잔혹한 짓을 저지르는 양 느껴질 수 있다. 지금이 너무 늦은 것이라면, 오래전부터 이미 그러했던 것이 아니던가? 로렉스와 친구들이 결코 돌아오지 않는다면? 내 아들이 태어나고 어떻게든 살아가야 할 세계가 그리클 풀만 자라고 바람이 불 때 시큼하고 쉰내만 풍기는 곳이라면?

나는 알라데일에서 지내는 한 주 동안 『로렉스』를 곱씹었다. 그곳에 갔을 때 생각한 문제들이 그 책에서 제기된 의문들이

어서만이 아니라, 그 지역의 이야기가 어떤 의미에서는 그 책에 실린 이야기이기도 해서다. 영국과 아일랜드의 섬들이 예전에 숲으로 덮여 있었듯이, 이 지역도 참나무, 소나무, 물푸레나무, 자작나무 등으로 완전히 덮여 있었다. 게다가 예전에는 늑대와 곰도 살았지만, 지금은 사라지고 없다. 떠나거나 죽어 사라졌다. 나무들을 모조리 베어 냈기 때문이다. 이 사례에서 원슬러는 식민지 팽창, 산업 혁명, 자본주의의 탄생이었다.

알라데일 야생 보호 구역에서 지낸 것은 문명과 환경 파괴 사이의 미묘한 방정식을 계산하기 위해서였다. 비록 영국 제도에서 마지막으로 남은 야생 지역 중 하나이긴 했지만, 스코틀랜드 고지대의 헐벗은 산맥과 빙하 골짜기로 이루어진 9천3백만 제곱미터의 이 드넓은 땅은 사실 폴 리스터Paul Lister라는 영국인의 사유지였다. 가구 할인 판매상의 유산을 상속받은 그는 2003년에 이 땅을 매입했는데, 숲을 복원하고 몇몇 동물종 — 늑대와 곰 그리고 심한 논란이 된 스라소니와 말코손바닥사슴도 — 을 재도입하기 위해서였다. 식민지 시대 선박 건조, 산업화, 가구 할인 체인점의 역사를 거치면서 숲이 파괴되어 영국 제도에서 사라진 동물들이었다. 오지이면서 원시적인 고요함을 간직한 알라데일은 인간의 파괴로부터 완전히 벗어나 있다는 인상을 주지만, 사실은 이윤이라는 기계에 벗겨진 헐벗은 풍경, 공허와 침묵의 장소다. 그리 클 풀이 자라는 곳이다.

　나는 종으로서 우리가 겪고 있는 상실의 차원을 몸소 접하고 싶은 서글픈 호기심에 2017년 봄에 그곳에서 일주일을 보내기로 마음먹었다. 그런 결심을 나 혼자 한 것은 아니었다. 이 야생 깊숙이 자리한 숙소에 모인 사람은 16명이었다. 우리 시대의 가장 절박한 문제들을 논의하고, 일종의 동료의식을 갖기 위해 모인 서로 전혀 모르는 이들이었다. 내가 성년이 된 뒤로 죽 나를 감싸도록 허용했던 냉소주의라는 버거운 등딱지를 두른 채로 한, 즉 평소에 노골적으로 드러내던 방식의 모험적인 시도와는 달랐다. 그런 행동이 근본적으로 욕망에 휩쓸리는 짓, 더 나아가 허튼 짓거리라고 여기는 마음도 얼마간 있었지만, 더 깊은 내면에서는 종으로서의 우리가 결국 돌이킬 수 없이 자멸할 수도 있다는 현실을 단호하게 직시하는 것보다 더 중요한 일은 없다고—어쨌거나 궁극적으로 보자면—말하고 있었다.

　이 숙소는 검은 산 프로젝트Dark Mountain Project라는 단체의 웹사이트에서 찾아냈다. 유럽 전역에서 야생 탐사 사업을 하는 자연의 길Way of Nature이라는 단체와 공동으로 운영하는 곳이었다. 검은 산 프로젝트는 기후 재앙이 현실이자 임박했을 뿐 아니라 사실상 불가피한 기정사실이며, 그렇기에 환경 운동 전체가 이제는 끝장났다는 확신을 갖고 모인 화가와 작가, 활동가로 이루어진 단체였다. 2009년에 폴 킹스노스Paul Kingsnorth와 더갈드 하인Dougald Hine이 창립했다. 언론인이자 환경 운동가로 일한 바 있는 두 사람은 환경론의 논리 — 우리가 생활 방식을 바꾸고 지속 가능한 발전을 비롯한 생태 친화적인 습관을 채택한다면 기후 변화로 일어날 최악의 영향을 막거나 완화시킬 수 있을 것이라고 보는 입장 — 가 망상, 즉 기후 변화의 존재 자체를 부정하는 이들의 망상만큼이나 고집스러운 망상이라고 보기 시작했다.

이 창립자들을 비롯해 비슷한 생각으로 모인 회원들과 기부자들은 서구 문명이 붕괴할 수밖에 없고, 상호 연결된 공급망과 기술적 기반 시설과 정치 제도라는 방대한 체계 전체가 우리 스스로 믿고 있는 것보다 더 허약하다고 보았다. 그들은 2009년 창립 선언문에 이렇게 썼다. 〈오늘이나 내일이나 거의 똑같은 일상적인 생활 패턴은 그 체계가 허약함을 가린다.〉이 선언문은 세계 금융 위기가 전 세계로 퍼져 나갈 무렵에 쓰였고, 읽어 보면 우리 문명의 토대를 이루는 체계가 허약하다고 보는 저자들의 암울한 분위기가 확연히 느껴진다. 〈몰락이 오고 있다. 우리는 익숙한 속박들이 끊겨 나가고 우리 밑의 토대가 쑥 꺼지는 시대에 살고 있다. 거품이 결코 터지지 않을 것이라고, 가격이 결코 떨어지지 않을 것이라고 믿게 된 자기만족의 사반세기가 지난 뒤 역사, 콘래드의 빅토리아 시대 여명기의 승리주의의 엉성한 재포장, 오만의 종말이 인과응보로 되돌아왔다.〉

　이 선언문의 핵심 내용은 우리 문명의 토대 신화 — 진보라는 신화, 즉 미래가 그래프에서 오른쪽으로 갈수록 계속 상승하는 선이라고 보는 것 — 가 우리 시대에 치명적으로 훼손되어 왔다는 것이다. 그리고 이 신화가 더 심오한 신화라는 토대 위에 놓여 있다고 주장했다. 바로 자연의 신화, 즉 종으로서의 우리가 자신이 출현한 세계와 근본적으로 구별된다는 오래된 개념이다. 기후 변화는 그 신화를 믿음으로써 빚어진 가장 파괴적인 결과이자 그 신화의 파괴 수단이다. 우리가 건설한 문명이 불안정하다는 사실을 직시하게 만든 것이 바로 기후 변화다. 〈기계의 영구 성장 욕구는 그 기계의 이름으로 우리 자신을 파멸시키라고 요구할 것이다.〉

　이 선언문은 본질적으로 종말론 문서, 즉 종말이 의심할 여지도 없이 도래할 것이고 어떤 의미에서는 그 도래를 환영한다는 계시록이었다. 정치적 합의를 통해서든, 기술 창의성을 통해서든, 더 지속 가능한 형태의 소비주의를 추구하든 간에 우리가 이 붕괴를 피할 방안을 마련할 수도 있고 어떤 식으로든 모든 문제가 해결될 것이라는 주장들을 모조리 거부했다. 종으로서의 우리가 자신의 생활 방식과 장기적인 생존 전망을 집단적으로 부정하고 있다고 주장했다. 엄청난 규모의 위기에 직면한 상태이면서도, 우리는 그것이 그저 인류가 으레 접했던 위기 중 하나일 뿐이라고 자답한다. 대격변을 향해 간다기보다는 어렵지만 해결 가능한 상황이라는 것이다.

폴과 하인은 일관되게 비관적인 미래 전망을 제시하여 많은 이로부터 반발을 샀지만, 이 선언문을 읽을 때 내가 가장 인상을 받은 부분은 그 밑바탕에 엄격한 유토피아주의가 놓여 있다는 점이었다. 파트모스의 요한에서 카를 마르크스에 이르기까지 많은 이의 종말론 저술에 쓰인 방식 그대로, 이 선언문의 배후에도 부패한 세계를 희생시키려는 욕망과 그 재 위로 새로운 새벽이 찾아오는 광경을 목격하려는 희망이 놓여 있다. 기후 변화의 밀물이 지구에서 우리 문명과 문명이 일궈 놓은 것을 모조리 휩쓸어 갈 것이라는 확고한 믿음을 넘어서, 검은 산 프로젝트는 인류를 세계의 모든 의미의 중심이자 원천의 자리에서 몰아내고 〈문명화하지 않은〉 새로운 유형의 미술과 문학과 이야기하기로 대체해야 한다고 주장했다. 그런 뒤에 적어도 자신의 기준으로 볼 때 기이하게 희망적인 무언가를 향한 궁극적인 몸짓인 양 보이는 것을 제시했다. 기술 문명 붕괴 이후의 세계, 즉 그런 대격변에서 살아남은 사람들이 자신들이 더 이상 자연을 초월한 것도 자연보다 우월한 것도 아니라 자연 안에 있음을 알아차리는 세계다. 〈인간〉과 〈자연〉 같은 범주의 구분이 더 이상 유용하지 않은 세계다. 선언문은 이런 말로 끝을 맺었다. 〈우리가 아는 세계의 종말로 세상이 완전히 끝장나는 것은 아니다. 우리는 힘을 모아 희망 너머의 희망을, 우리 앞에 펼쳐질 미지의 세계로 나아가는 길을 찾을 것이다.〉

알라데일에 도착한 날 저녁에 나는 적당한 곳을 찾아 텐트를 치느라 무척 고생했다. 뿌연 접시 같은 태양이 서쪽 고지대의 그늘진 넓은 산비탈 너머로 사라지면서 주변이 빠르게 어두워지고 있었기에 나는 내 앞길만 겨우 비추는 헤드 랜턴 불빛만으로 어둠 속에서 온갖 일을 해야 하는 심각한 위험에 빠져들고 있음을 실감했다. 그때 옆에서 자기 텐트를 치고 잠시 안에 들어가 있던 젊은 여성이 고개를 내밀더니 도움이 필요하냐고 물었다. 여기서 내가 남자로서의 자존심에 전혀 타격을 입지 않은 채 그녀의 제안을 넙죽 받아들인 척하지는 않겠지만, 어쨌든 정중하게 거절했다가 텐트를 붙들고 계속 씨름하면서 급격히 악화될 지옥 같은 곤혹스러운 상황에 빠져들기보다는 민망함을 좀 견디고 받아들이는 편이 훨씬 나아 보였다.

그녀가 말했다. 「전에 캠핑용품점에서 일했어요. 그래서 텐트를 많이 쳐보았어요. 텐트 중에는 조금 까다로운 것도 있어요.」

그 말을 듣자마자 나는 그녀가 뛰어난 실력을 갖추었다는 인상을 받았다. 그녀는 자기 자신을 평범한 능력을 지닌 사람이 아니라, 캠핑용품점에서 일하면서 텐트를 치는 특수한 기술을 익힌 탄탄한 입지를 지닌 존재로 인식시켰다. 그럼으로써 그녀는 나를 자기 텐트조차 제대로 못 치는 멍청이라는 차원에서 캠핑용품점에서 일한 적이 없으므로 비법을 요하는 이런 활동을 해보지 못했다는 것이 용납될 수 있는 사람으로, 즉 훨씬 덜 굴욕적인 차원으로 능숙하고 노련하게 끌어냈다. 솔직히 말하면, 어스름한 가운데 그녀가 내 텐트를 빠르고 효율적으로 치는 모습보다 이 전술의 심오한 정서 지능이 내게 더욱 인상적으로 다가왔다. 그녀가 일하는 모습을 지켜보면서 나는 그 어떤 바보라도 텐트를 칠 수 있다는 사실을 알았기 때문이다. 나만 빼고 말이다.

그녀의 이름은 어밀리아 페더스톤Amelia Featherstone이었다. (말이 나온 김에 덧붙이자면, 그녀에 관해 쓰고 있는 지금에야 비로소 나는 그 이름에 담긴 깃털과 돌이라는 상징적으로 상반되는 이미지의 융합이 역설적인 시적 표현치고는 다소 서툴다는 생각이 떠오른다. 어밀리아 자신을 탓할 수 있는 것은 아니지만, 내가 누구 때문이라고 설명할 수 있는 것도 아니다.) 그녀가 내 텐트를 치고 내가 옆에서 돕는 척할 때, 그녀는 자신이 멜버른에서 왔으며 정부의 생태 보전 분야에서 일한다고 했다. 그 말에 나는 오스트레일리아에서 내가 무척 보고 싶은 것이 생태 다양성이며, 그 문제를 깊이 생각하고 있다고 불쑥 말을 꺼냈다. 그런데 몹시 가고 싶긴 하지만, 오스트레일리아에 날아다니고 달리고 기어다니는 무시무시한 동물들이 너무 많아서 꺼려진다고 했다.

멜버른에 뱀 문제가 심각한지를 묻자, 어밀리아는 의용소방대원으로도 활동하는데, 종종 뱀과 마주친다고 했다.

「덤불에 불이 붙는 일이 종종 벌어져요. 그런데 덤불에는 뱀이 숨어 있곤 해서 불이 나면 뱀이 앞으로 뛰쳐나오곤 해요.」

「음, 곧장 당신 쪽으로요?」내가 묻자, 그녀는 거의 미안하다는 투로 대답했다.

「그렇죠.」

「얼굴로요?」

「어느 정도는요. 개들이 일부러 그러는 게 아니라, 우리가 뱀의 앞길을 가로막고 있어서예요. 물론 불이 붙은 채로 뛰쳐나오기도 하죠. 그러면 좀 그렇죠.」

「직접 겪어 본 적도 있어요? 불타는 숲에서 불붙은 뱀이 진짜로 눈앞으로 뛰쳐나왔어요?」

「그럼요.」그녀는 낄낄거리면서 말했다.

「나라면 전혀 즐겁지 않을 것 같아요.」

「그럼요. 좀 그렇다고 했잖아요.」

나는 내가 편안하게 느끼는 안락 지대를 벗어나 있었다. 좁은 지대이긴 하지만, 기만적으로 널찍하고 나는 그 공간 너머에 있는 것을 좋아하지 않았다. 내 안락 지대는 와이파이와 3G가 빵빵 터지고, 배달 음식을 시켜 먹을 수 있고, 걸어갈 만한 거리에 맥줏집이 있고, 근처에 서점도 있고, 거리가 깨끗하면서 1년 내내 생활하기 좋은 기온이 유지되는 곳이었다. 또 거미가 거의 없고, 불붙은 개미가 튀쳐나올 일도 결코 없는 곳이었다. 한마디로 화분에 심은 식물을 제외하면, 사실상 자연이 거의 없는 곳이었다. 화분은 들여놓을지 말지를 얼마든지 선택할 수 있었다. 엄밀히 말하면, 내 안락 지대는 실내였다.

나는 알라데일에 오기 전에 이 문제를, 내가 자연과 좀 거리를 두고 있다는 점을 꽤 많이 생각하고 있었다. 나는 이론적으로는 자연을 무척 좋아했지만, 현실에서는 결코 자연과 친하지 않았고, 자연과 아무런 관계도 맺고 있지 않았다.

사실 그 말이 완전히 참은 아니다. 나는 자연을, 아니 자연의 특정 측면이나 특정 부분을 겁내고 있었으니까. 그리고 무언가를 두려워한다는 것은 아무리 어긋난다고 한들 자연과 관계를 맺는 것이니까. 나는 자연에 토대를 둔, 어떤 매우 강한 공포증을 갖고 있었다. 가장 심각하면서 지독한 공포를 안겨 주는 것은 나방이었다. 내가 기억하는 한 아주 어릴 때부터 지닌 공포증이었고, 기이할 만큼 심각하고 강렬했기에 어떤 근원적인 심리적 문제로 생긴 것이 아닐까 하는 생각이 들 만치 수수께끼였다. 그 근원을 밝혀낸다면 어떤 의미에서는 나 자신에 관한 진실이 드러날 것 같았다.

내가 있는 방으로 나방이 들어오거나, 나방이 있는 방에 내가 들어갈 때면, 나는 으레 곧바로 몸을 움츠리곤 했다. 그리고 한마디 말도 없이 그 방에서 빠져나왔다.

방어력도 없는 이 작은 동물에게 그토록 극도의 원초적인 공포와 혐오를 느끼는 이유가 대체 무엇일까?

나방의 뭉툭하고 털로 뒤덮인 몸과 씰룩거리는 날개가 그리 보기 좋지 않다는 것은 맞지만, 내게 특히 더 두려움을 일으키는 것은 나방이 움직이는 방식이다. 완전히 제멋대로, 비행 경로를 도저히 짐작할 수 없게 날아다닌다는 점이다. 나방은 한 방향으로 휙 날아가다가 아무 이유 없이 그냥 방향을 바꾸어 반대 방향으로 두 배 더 멀리까지 날아가곤 한다. 나방이 날아가는 방향에 우연히 자신의 얼굴이 있다면, 나방이 철썩 날아와 부딪힐 가능성이 있다. 나방에 닿는다는 것, 나방의 몸이 내 피부와 접촉한다는 것은 내게 현실에선 상상할 수도 없는 일처럼 느껴진다.

　　나는 이 공포증이 날뛰기 시작했을 때 1년 넘게 치료사를 찾아갔는데, 그렇게 빤히 드러난 것, 분석 가능성이 명백한 것에 내가 그토록 오랫동안 주의를 빼앗기고 있다는 사실에 그녀가 좀 놀랐다는 점을 알아차렸다. 나는 오랫동안 나방 공포증을 본질적으로 우스꽝스러운 신경증이라고 생각했다. 내가 그 수수께끼를 놓고 일종의 심리적 퀴즈 게임을 하는, 기이하지만 기본적으로 사소한 별난 성격이라고 말이다. (그 공포증이 무엇을 의미할까? 그 공포증은 어디에서 나왔을까? 왜 하필 나방일까? 그러나 그녀의 상담실에서 그 이야기를 시작하자마자 내가 깨달은 사실은 전혀 재미있지 않다는 것이었다. 나는 이야기를 하기가 이상하게 어렵다는 것을 알아차렸다. 마치 현기증 나는 가파른 협곡 가장자리에 갑자기 서 있는 듯했다. 위장을 옥죄는 듯한, 변하기 쉽고 휘발성인 무언가를 꽉 조이는 듯한 기분이 들었다.)

　　우리는 몇 주 동안 나방이라는 주제로 계속 돌아갔고, 서서히 이 동물, 사악한 분위기를 풍기는 이 대상이 특정한 주요 관념의 연합을 통해서 어떤 일반 형태의 불안과 연결되어 있음이 드러났다. 나는 어떻게 줄곧 잠을 설쳐 왔는지, 내가 원하던 것보다 내 잠이 얼마나 취약하다고 느꼈는지를 이야기하고 있었다.

그녀는 말했다. 「취약이라……. 그 단어를 아주 많이 쓴다는 걸 아세요? 그 단어를 말할 때 뭐가 떠오르나요?」

나는 아무 말도 못 한 채 돌풍에 길에서 깡통이 굴러가는 황량한 소리와 갈매기 두 마리가 꺽꺽거리는 소리에 귀를 기울이고 있었다. 아주 오랫동안 그러고 있었던 듯하다.

「정말 알고 싶어요?」 나는 긴 의자에서 몸을 곧추세우며 물었다.

「당연하죠. 정말로 알고 싶어요.」 그녀는 미소를 띠면서 말했다.

「죽음이요.」 나도 미소를 지으며 답했다. 하지만 내 입에서 나온 그 말에 나 자신도 놀랐고, 기이하게도 주눅이 들었다. 나는 나방 공포증을 말할 때 느꼈던 것과 똑같은 불편함, 배를 쥐어짜는 듯한 느낌을 받고 있었다. 「취약이라는 단어를 쓸 때 내가 생각하는 것은 죽음입니다. 생명의 취약함이에요. 그리고 미래의 예측 불가능성이고요. 같은 거예요. 그리고 내가 나방에 대해 갖고 있는 공포가 취약성과 예측 불가능성의 공포이기도 하다고 생각해요. 너무나 예측 불가능하니까요. 움직임이 완전히 혼란스럽고, 결과도 혼란스러워요. 내 나방 공포가 내 미래 공포의 어떤 형태임이 틀림없는 것처럼 느껴져요.」

그녀는 천천히 심호흡을 몇 번 했다. 나보고 똑같이 해

보라고 부추기는 그녀 나름의 방식이었다. 우리는 말없이 오랫동안 심호흡을 했다. 갈매기, 굴러다니는 깡통, 지나가는 전차 소리를 들으면서.

「좋아요. 잘하셨어요.」그녀가 말했다.

시간이 다 되었다.

우리는 알라데일에서 야영을 하고 있었지만, 이곳까지 그저 야영만 하러 온 것은 결코 아니었다. 내가 스코틀랜드로 떠나기 전에 아내가 반쯤 역설적으로 내게 말했듯이, 우리는 종말에 관한 이야기를 나누기 위해서 여기로 왔다. 우리는 강둑에 털썩 앉거나 비탈 풀밭에 앉아서 우리가 처한 힘겨운 시기, 문제에 시달린 나날을 이야기했다. 무슨 이야기를 했을까? 그리고 이야기를 나누고 있던 우리는 누구였을까?

우리는 이질적인 집단이었다. 먼저 저술가와 미술가가 몇 명 있었다. 콘월의 한 소도시에서 업무 개선 지구 책임자로 일하다가 최근에 퇴직한 사람도 있었는데, 그는 샤머니즘 같은 비의적 풍습에 관심이 많았다. 사무 변호사, 스위스의 융 심리 분석가, 생태학자 부부, 에든버러의 댄스 강사도 있었다.

어느 날 오후 폴은 이렇게 말했다. 「우리는 서사 붕괴의 중대한 시기를 지나고 있습니다.」우리는 텐트 옆 숙소에 앉아 있었는데, 유럽 전역에서 가장 외딴곳에 자리한 건물에 속할 듯했다. 이 야생 보호 구역의 가장자리에서 멀미 나는 울퉁불퉁한 지형을 SUV로 45분쯤 달린 곳에 있으니까. 난로에서는 장작이 딱딱거리며 타오르고 있었고, 어두워지고 있는 골짜기는 죽은 듯 고요했다. 우리 16명은 소파와 의자와 바닥에 저마다 다른 자세로 앉아 있었다.

폴은 오래전 런던에서 언론인으로 일했다. 『이콜로지스트 *The Ecologist*』의 부편집장이었다. 그는 당시 나이 많은 사장이 업무 때문에 신경 쇠약을 앓고 있었다고 했다. 잔인하고 상상도 할 수 없는 뉴스들이 가득했기 때문이다. 또 다른 강이 말라붙고, 또 다른 종이 사라지고 있다는 소식이 어디에서나 들려왔다.

「공황과 혼란이 점증하고 있어요. 우리가 믿었던 이야기들은 더 이상 참이 아니지만, 그 대신에 무엇이 참인지 우리는 알지 못하지요.」 그가 말하는 방식에는 특유의 조용한 흥분이 배어 있었다. 이 고통스러운 혼돈의 시기는 새로운 이야기, 새로운 생활 방식을 찾을 기회를 제공했다. 폴이 우리 시대의 파괴를 즐기고, 옛 질서의 전복에 일종의 심술궂은 만족을 느끼고 있다는 것은 분명했다.

업무 개선 지구 책임자로 일했던 영국인의 이름은 닐이었다. 그는 자기 차례가 되자 성직자 같은 어조로 천천히 말했다. 나는 이때 설명할 수 없는 감동을 느꼈다. 「이곳에는 나를 몹시 불안하게 만드는 뭔가가 있어요. 종말 이후의 풍경이에요. 생태적 붕괴가 철저히 이루어진 곳이니까요.」

그 감상에 모두가 대체로 동의했다. 아름다운 곳이었지만, 그 아름다움은 차갑고 경직되어 있고, 동물을 거의 찾아볼 수 없었다.

폴이 말했다. 「우리는 문명의 가장자리에 와 있어요. 문명을 통해 생명이 깡그리 제거되었던 곳이지요. 그게 이곳을 고른 이유 중 하나이기도 하고요.」

여기서 〈우리〉는 그 자신과 여기에 함께 온 야생 안내인인 앤드리스 로버츠Andres Roberts를 말했다. 폴이 음이라면 앤드리스는 양이었다. 그는 부드러운 리버풀 억양으로 말하는, 조용하지만 강력한 카리스마가 풍기는 유쾌한 사람이었다. 자신의 방식을 미묘하게 바꾸면서 우리 집단의 에너지를 조절하고 집중시키는 기괴한 능력을 보여 주었다. 자세 변화, 장난스러운 웃음, 부드럽고 엄숙하게 끄덕이는 고개 등을 써 가면서 말이다.

폴이 말했다. 「어느 면에서 이곳은 산업 시대의 그라운드 제로*예요. 이 산의 나무들은 식민지 팽창 때 산업용 연료와 선박 건조용 목재로 쓰기 위해 남김없이 베어졌어요. 자연

* Ground Zero. 핵폭탄이 떨어진 곳 같은 대재앙의 현장.

을 향한, 그리고 세계를 향한 태도 전체가 우리가 있는 이곳, 이런 섬에서부터 밖으로 퍼져 나간 겁니다.」

다른 누군가가 대산소화 사건Great Oxygenation Event을 언급했다. 약 25억 년 전에 일어난 이 사건으로 대량 멸종이 일어났고, 그 뒤에 새로운 지구의 생명이 진화했다. 그전까지 지구에는 단세포 생물만 살았다. 그들은 해수면 아래 살았고, 물은 철분 함량이 높아서 불그스름했다. 이 미생물들은 오로지 혐기성 호흡에 의존했다. 그러다가 햇빛을 써서 혐기성인 동료들보다 훨씬 더 많은 에너지를 생산하는 남세균 즉, 남조류가 출현했다. 이들은 광합성이라는 파괴적 혁신을 통해 번성하면서 기하급수적으로 수가 불어났으며, 광합성 과정에서 엄청나게 많은 산소가 지구 대기로 뿜어졌다. 이 산소는 지구에 살던 거의 모든 생물에게 유독했다. 이 막 나가는 미생물 한 종류가 지구의 대기 조성을 바꿈으로써, 지구에 살던 생물의 대부분을 없애고 우리 같은 다세포 생물이 진화할 길을 닦았다.

템스강의 배에서 지내고 있는 화가인 캐럴라인 로스 Caroline Ross는 이렇게 말했다. 「우리는 그 세균과 비슷해요. 우리가 살아가면서 일으키고 있는 것이 산소화 대재앙과 비슷하니까요. 우리는 탄소 대재앙을 일으키고 있어요.」

그녀는 나직하면서 절제된 어조로 얼마 전 오빠 집에 들렀다가 어떤 주제를 놓고 격렬한 논쟁을 벌였다고 했다. 그런 뒤 분노와 비통한 마음에 뒷마당으로 나가서 걷다가 돌 사이에서 성게 화석 조각을 발견했다고 말했다. 오래전 네 차례의 대멸종 중 어느 시기에 사라진 종이었다. 아름다운 화석이었고, 그녀는 손에 조각을 쥐었을 때 분노와 슬픔이 천천히 가라앉는 것을 느꼈다. 그 뒤로 그녀는 그 화석을 종종 생각했고, 그러다가 우리 인류가 어떤 상상도 못 할 미래의 종에게 지질 기록에 남은 아름다운 각인, 좋은 화석이 될까 하는 데까지 생각이 미쳤다. 아득히 긴 시간 중에서 극히 짧은 기간에 인간이라는 종이 지구에 살았음을 알려 주는 화석 말이다. 그녀는 기분이 더 안 좋을 때에는 인류가 이미 사라졌거나 수십만 명 수준으로 줄어들기를 바라곤 했다고도 말했다.

그때 세련된 억양을 쓰는 한 여성이 불쑥 끼어들었다. 「머지않아 모두 사라질 거예요. 그래도 괜찮고요.」 그녀는 물결치는 검은 머리칼에, 멋진 안경을 끼고 있었다. 사는 곳은 런던이고, 다소 실험적인 영화를 몇 편 제작했다고 했다. 「그 뒤에 자연이 다시 출현해서 회복될 것이고, 그 자연은 아름다울 거예요. 어느 수준에서 보자면 우리는 암이고, 세계는 우리로부터 자기 자신을 치유할 거예요. 나는 내게 남은 삶을 즐기고 싶어요. 좋은 씨앗을 뿌리고 싶어요.」

내 머릿속에는 캐럴라인의 질문, 즉 우리가 아름다운 화석이 될까 하는 생각이 계속 맴돌았다. 암울한 이야기였음에도, 그녀의 느리고 절제된 독백 중에서 나를 불편하게 만든 것은 그 생각이 인간 불신이 아니라 깊이 상처를 받은 사랑에서 나온 듯하다는 점이었다. 세상과 그 세상에 숱한 폭력을 저질렀음에도 인간을 향한 사랑 말이다. 그리고 이 대비, 그녀의 우아함과 절망에는 나를 끌어당기는 무언가가 있었다. 나 역시 때때로 우리 종의 멸종이라는 미래를 생각했고, 우리가 없는 새로운 세상이 얼마나 더 나을지 여러 면에서 생각하곤 했으니까.

그 무렵에 나는 인류의 미래 — 최근에 낸 책의 내용과 어느 정도 관련이 있는 미래 — 를 논의하는 어느 공개 토론회에 참석했는데, 토론회가 끝났을 때 한 의기소침하고 창백한 젊은 남성이 내게 오더니 그 문제에 관한 자신의 생각을 피력했다. 그는 약 50억 년 동안 태양은 격렬하게 타오르는 중심핵에서 수소를 모두 태우고 적색 거성이 되면서 태양계의 많은 공간을 집어삼킬 것이라고 했다. 그 열기에 지구 자체도 불타서 사라질 가능성이 높으므로, 인류가 몰락할 세계로부터 멀리 떨어진 어떤 행성에서 계속 생존할 수 있는 전략을 세울 필요가 있다고 — 그는 〈명백히〉라고 강조했다 — 주장했다. 나는 지금 벌어지고 있는 일들을 생각하면 — 나는 앞으로 수십 년 사이에 우리가 처할, 우리가 자초한 비교적 약한 수준의 기온 변화를 암시했다 — 말 그대로 우주적 불길에 지구가 집어삼켜지는 광경을 목격할 때까지 우리가 살아 있을 가능성은 낮다고 말했다. 하지만 나는 우리에게 출구 전략이 필요하다는 것이, 즉 종으로서 무한정 생존하기를 원해야 하는지가 왜 명백하다는 것인지 알고 싶다고 말했다. 나는 그에게 인류가 앞으로 50억 년 동안 존재하지 않을 수도 있다는 생각을 해도 나는 결코 슬픔을 느끼지 않는다고 말했다. 정반대로 나는 그렇게 생각하면 이상하게도 기분이 좋아졌다. 우주적으로 말해서, 태양의 궁극적인 죽음을 그저 이제 그만 살 기회라고 볼 수도 있지 않을까? 그는 몹시 당황한 듯한 표정으로 나를 쳐다보더니, 그런 시나리오에 따른다면 미래에 인류가 결코 생존하지 못할 것이라는 점을 생각할 때 내가 막 개괄한 태도가 지극히 윤리적으로 만족스럽지 못하다고 주장했다. 그는 내가 인류 전체가 더 이상 존재하지 않아도 괜찮다고 여기는 이유를 이해하지 못했다. 인본주의 철학에 정면으로 맞서는 것이 아니냐고 물었다. 나는 인본주의자가 어쩌고저쩌고하는 말은 한마디도 하지 않았고, 사실 나 자신을 그렇게 묘사하고 싶은지도 잘 몰랐지만 그 문제는 제쳐 두었다. 내게는 우리 사이에 드넓은 철학적 골짜기, 이 대화를 통해서, 아니 우리가 나눌 법한 그 어떤 대화를 통해서도 건널 수 없는 골짜기가 가로놓여 있는 것처럼 여겨졌다.

이어지는 날들 동안 캐럴라인과 나는 이따금 언덕과 골짜기를 함께 걸으며 서로 보조를 맞추었다. 그녀는 내가 만났던 그 누구보다도 자연과 친밀했고, 나는 그녀의 나무를 비롯한 식물들, 특히 버섯에 관한 엄청난 지식에 깊은 인상을 받았다. 그녀는 반쯤 농담 삼아 자신을 웜블Womble로 묘사했다. 1970년대 BBC 어린이 방송 프로그램에 나오는 웜블던 공유지 지하에 사는 털북숭이 동물 말이다. 웜블은 사람들을 피해 숨어 지내며, 인간을 같잖게 여기고, 쓰레기를 유용한 물품으로 만든다.

「나는 뭐든 찾아내서 잘 활용해요. 사람들이 버린 일상용품들이지요.」

그녀는 이 말이 그 방송의 주제곡에 나오는 단어들이라고 설명했다.

그녀는 미대를 나온 뒤 얼마 동안 미술가 생활을 하다가 작품을 내놓는다는 것이, 세상에 물품을 더 늘린다는 것이 헛된 짓이라는 깊은 절망에 빠져들었다. 세상에 전혀 필요 없는 것을 만들어 내는 양 느껴진 것이다. 그 후 여러 해 동안 런던의 다양한 포스트 록 밴드에서 노래를 부르는 가수 생활을 하다가, 최근에야 다시 미술 창작으로 돌아왔다. 자신이 직접 만든 재료를 가지고 홀로 작업을 하며, 자연에서 발견한 것이나 사람들이 버린 물건만을 재료로 삼는다. 갈매기 깃털로 만든 펜, 리넨 넝마와 나무껍질을 갈아서 만든 스케치북, 참나무 혹으로 만든 잉크 같은 것들이다.

그녀는 참나무 혹이 참나무 가지에 불룩 튀어나온 부위를 말하는데, 말벌 유충의 분비물이 원인이라고 설명했다. 로마 제국 시대부터 산업 혁명이 일어나기 전까지 이 혹은 잉크의 주된 원천이었다. 그런데 작년쯤부터 갑자기 이 혹의 가격이 오르고 구하기가 어려워졌다고 그녀는 말했다. 여성의 질 건강을 다루는 온라인 동호회가 뜬금없이 이 말벌집에 질을 수축시키는 강력한 특성이 있다며 웹사이트 엣시Etsy에서 터무니없이 비싼 값에 팔기 시작했기 때문이라고 했다. 그녀는 근대 이전의 재료를 써서 작품을 만들기 위해, 지금은 동남아시아에서 벌레혹을 수입하는 독일의 판매상에게서 혹을 구입해야 한다고 말했다.

그녀는 애처로운 유머 감각을 드러냈다. 「원시적인 곳으로 돌아갈 수가 없답니다.」 현대성을 미학적으로 조금 절제하려고 애써도 현대의 작동 방식에 굴복해야 했다.

나는 대화를 나눌 때 그녀의 앞 탁자에 놓여 있던 작은 동물 가죽 주머니를 보고, 저항과 수용의 이 섬세한 균형을 생각했다. 그 주머니에 관해 묻자, 그녀는 스마트폰 덮개라고 했다. 신석기 시대 장인이 썼을 것 같은 재료와 기술로 직접 만든 것이었다. 물론 신석기 시대에 스마트폰 덮개 같은 물건은 없었겠지만 말이다.

한번은 저녁에 캐럴라인이 최근에 자신이 강박적일 만큼 이스터섬에 몰두하기에 이르렀다고 말했다. 특히 그녀는 한때 번성했던 섬 문명의 몰락이 기이하게 우리 자신이 처한 곤경을 상기시킨다는 개념에 푹 빠졌다. 그녀는 여러 역사가들이 격렬하게 반박한 것임에도, 그 섬 하면 가장 먼저 떠오르는 사람 머리 모양의 거대한 석상인 모아이가 문명 붕괴의 주된 원인이라는 이론이 있었다고 했다. 13세기에 폴리네시아인들이 그 섬에 처음 들어갔을 때, 그곳은 숲이 빽빽하게 들어차 있었다. 시간이 흐르면서 농경으로 인구가 증가하고 환경이 붕괴함으로써 자원을 놓고 격렬한 경쟁이 벌어졌고 그것은 부족 갈등으로 이어졌다. 이 이론에 따르면, 모아이를 계속 만드는 바람에 산림은 점점 더 파괴되었다. 부족장들이 조상을 기리고 자기 위세를 상징하기 위해 만든 이 거대한 석상의 제작과 운반에는 엄청난 양의 목재가 필요했다. 생태 붕괴의 증거가 압도적인 양상으로 펼쳐지고 있었음에도, 주민들은 이 기념물을 계속 만들었고, 그것을 운반하기 위해 나무를 계속 쓰러뜨렸다. 결국 더 이상 벨 나무가 없어졌다. 1722년 유럽인이 처음 섬에 들어왔을 무렵에는 토양 파괴와 삼림 파괴로 섬은 완전히 몰락해 있었고, 1만 명에 달했던 인구는 수백 명으로 쪼그라든 상태였다.

캐럴라인은 이스터섬에서 벌어졌던 일이 지금 일어나고 있다고, 우리 자신이 그러고 있음을 확신했다고 말했다. 지구 전체가 이스터섬이 되었다고 했다. 지금 우리는 우상시하는 소비주의 행태를 고집스럽게 지속하고 있다고 했다. 그 결과가 우리를 엄청난 중력으로 끌어내리리라는 것을 너무나 잘 알면서, 마지막 나무가 사라질 때까지, 토양이 더 이상 생명을 지탱할 수 없게 될 때까지, 완전한 생태 붕괴를 가져올 게 분명한 생활 방식을 무분별하게 지속하고 있다는 것이다.「우리의 신상을 만드는 방식이 종말을 빚어내는 거죠.」

그녀는 나름의 방식으로 일종의 프레퍼다. 비록 원시적인 방식으로 작품 활동을 하는 과정에서 자주 마주친 실제 종말 생존주의자들을 경멸했지만 말이다. 그녀는 그들이 예외 없이 남성이었고, 관련 강의를 들으러 오곤 했지만 실제로 뭔가 배우고 싶어서 오는 것은 아닌 듯했다고 말했다. 궁극적으로 보자면, 그들은 물건을 만드는 쪽이 아니라 장비에 관심이 있었다. 그들은 늘 자신이 갖고 있는 생존 도구, 쌓아 놓은 식료품과 안전한 장소, 종말이 닥쳤을 때 절대적인 자급자족을 위한 계획과 준비를 떠들어 댄다고 했다. 하지만 사실 문명이 붕괴한다면 그들 자신이 쓸모없는 존재가 될 것이므로, 어느 누구에게도 도움이 안 되는 차원을 넘어서는 더 안 좋은 존재가 될 것이라고 했다. 그녀는 사람들을 생존할 수 있게 해주는 것이 바로 사람들을 언제나 생존할 수 있게 해주었던 것과 같다는 점을 그들이 이해하지 못한다고 말했다. 바로 공동체다. 문명 붕괴에서 살아남게 해줄 것은 사람들을 돕는 법을 배우는 것, 동료 인간에게 꼭 필요한 존재가 되는 것뿐이라고 했다.

그녀는 모든 식물, 모든 버섯의 종류를 알았고, 먹을 수 있는지 아니면 먹으면 죽는지 알려 주면서 큰 기쁨을 느꼈다. 그녀는 필요하다면 자신이 아마 자연에서 홀로 생존할 수 있을 것이라고 말했는데, 나는 그 말을 믿었다. 그러나 물론 그렇다고 해서 그녀가 반드시 홀로 생존하고 싶어 할 것이라는 의미는 아니었다. 그녀는 어느 날 저녁 템스강에 있는 배에 단단히 잠가 둔 목각 상자가 있다고 말했다. 거기에 한 주목(朱木)에 채집한 씨앗 30개가 들어 있다고 했다. 그녀는 그 씨를 몇 개 먹는 순간, 거의 즉시 심장 마비로 죽을 것이라고 했다. 최악의 사태가 벌어질 때를 대비한 보험이었다.

나는 알라데일로 가기 약 한 달 전에 히스로 공항에서 기이한 경험을 했다. 그해에 더 앞서 첫 책을 냈고, 그 뒤로 책 축제를 비롯한 여러 행사에 참석하느라 비행기를 많이 타고 다니던 때였다. 바쁘게 돌아다니는 백색 소음 아래로 내 개인의 삶이 세계에, 미래에 피해를 끼치고 있다는 죄책감과 수치심이 낮게 웅얼거리고 있었다. 내 불안해하는 습관 때문에 탑승 시각보다 한참 전에 공항에 도착한 터라, 나는 〈요, 스시!〉라는 회전 초밥집에 자리를 잡았다. 나는 일본 맥주를 한 잔 마신 뒤, 또 한 잔을 시켰다. 저마다 다른 색깔의 접시에 담겨 돌아가는 고등어, 연어, 게, 문어, 참치 등 맛있는 해양종들을 먹으면서 한 켠에 접시를 쌓았다. 모두 그 계절에 나오는 것들이었다. 모두 조리대 주위로 뱀처럼 구불구불 돌면서 움직이는 컨베이어 벨트에 실려 알아서 내 앞으로 왔고, 알아서 채워지는 동화에 나올 법한 과정을 통해 맛있는 요리가 실린 새 접시들이 다시 등장했다.

나는 사람들이 들어와 몇 접시 서둘러 해치운 뒤 여행 가방, 손가방, 백팩을 들고 바쁘게 탑승구로 향하는 모습을 지켜보았다. 원래 생각했던 것보다 더 오래, 한 시간쯤 회전 초밥집에 앉아 있었을 때, 갑자기 심장이 빠르게 뛴다는 것을, 일종의 추상적 공포를 겪고 있다는 것을 알아차렸다. 나는 눈을 들어 다른 비슷한 회전식 식당에 비해 좌석 사이의 경계가 모호한 탁 트인 식당, 고기 한 종류와 채소 두 종류로 구성된 고급 식단, 헤스턴 블루먼솔Heston Blumenthal 방식의 이동식 분자 미식법, 맛집 〈경험〉을 제공하는 그 식당을 죽 훑어보았다. 손님들이 정신없이 오가는 가운데, 전체가 차가운 조명 아래 지극히 효율과 과잉이라는 형태로 모습을 드러냈다. 나는 생선과 밥과 바닷말과 고기가 담긴 밝은 색깔의 작은 접시들이 내 시야를 가로지르는 광경을 지켜보았다. 접시들이 실내를 매끄럽게 죽 움직이는 동안, 여기저기에서 대부분 홀로 다니는 줄무늬 양복 차림의 지치고 축 늘어진 남성들과 헐렁한 여행복 차림의 젊은 부부들이 컨베이어 벨트에서 작은 접시를 능숙하게 들어 올려 자기 앞에 내려놓았다. 나는 이 체계를 유지하는 데 필요한 동물과 인간의 살의 부피, 바다에서 물고기를 잡아 가공할 곳까지 운반되어 동료 소비자의 벌린 입으로 들어가는 데 드는 연료의 양을 생각했다. 이 공간들 사이를 움직이는 모든 사람, 이 모든 끊임없는 운동과 소비, 이 모든 허기와 돈과 흐름이 기적으로 보이는 동시에 끔찍했다. 그리고 이 체계는 그냥 지속될 수 없었고, 그 점은 명백했으며, 유지될 수도 없었다. 이 체계의 엄청난 무게와 속도는 모두 금융과 동력이라는 하부 구조가 위태롭게 떠받치고 있었다.

공항은 시간과 개인의 자율성이 유예되는 곳이다. 자신이 지닌 자유는 오로지 무언가를 구입할 자유다. 노동의 공격적인 자동화, 열렬한 소비주의와 권위적인 감시의 악몽 같은 종합, 이 모든 것이 대량의 탄소 소비를 통해 존재하고 그 소비에 의존한다는 것을 아는 종말론적 전율. 또 멀리서 어렴풋이 웅웅거리는 죽음의 소리, 연료를 태우는 제트 엔진의 굉

은밀하게   211

음도 상황을 주재할 가능성으로서, 항공 여행이라는 심리적 극장에 돌이킬 수 없이 도입된 보안 구역에서 뽑은 체호프의 총*으로 늘 존재한다. 공항의 억압적 공간 — 렘 콜하스Rem Koolhaas의 더할 나위 없는 용어를 쓰자면 정크스페이스** — 은 미래 자체의 건축물이다.

나는 내면으로 침잠할 때나 남들과 대화를 할 때 히스로 공항의 초밥 계시(啓示)로 계속 돌아갔다. 그것을 일종의 상처로서 마주쳤기 때문이다. 우리의 생활 방식이 잘못되었다는 깨달음과 미래가 없으리라는 구슬픈 암시로서 마주쳤다는 뜻이다.

어느 날 오후 풀밭에 앉아서 앤드리스에게 그 이야기를 했을 때, 그는 예전에 20세기 전체와 현재에 이르기까지 자원 소비 증가율을 그린 그래프를 본 적이 있다고 했다. 제2차 세계 대전 이후에 소비 곡선은 현기증을 일으킬 만치 빠르게 치솟기 시작했고, 그는 그 곡선을 보면서 마치 심연을 내려다볼 때처럼 두려움에 기절할 듯한 기분을 느꼈다고 했다. 그는 거의 수직선에 가까운 그 곡선을 보면서 우리 세계, 우리 생

* 작품에 총이 등장한다면, 나중에 발사된다는 개념. 즉 나중에 쓰일 떡밥을 뜻한다.
** junkspace. 인간 중심의 공간이 아니라 소비를 부추기기 위해 미로처럼 헤매게 만든 후기 자본주의 사회의 쓰레기 같은 공간을 뜻한다.

활 방식의 불합리성을 직접 대한 것 같았다고 했다.

나는 나를 심란하게 만드는 것도 바로 그 너무나도 불합리하다는 느낌이라고 말했다. 나는 세계에 대한 희망을 포기하고 싶지 않다고, 더 나아가 부모가 되었기에 그렇게 할 수 없다고 느꼈지만, 내 뇌의 합리적인 부분, 그래프를 읽는 부분은 미래가 견딜 수 없이 암울하다고 주장했다.

나는 내 삶의 불편한 깊은 곳에서 하나의 역설이 작동하고 있다고 말했다. 부모가 되는 경험은 다가오는 어둠을 눈에 보이게 했고, 어둠이 내 삶의 가장자리까지 더 다가온 양 보이게 했고, 그러면서도 그 무렵에 나는 미래의 희망이 샘솟는 것을 분명히 느꼈다. 나는 이것이 심리적 방어 기제, 회피할 수 없이 명백한 것의 부정일 가능성을 자각했으며, 그 자각도 아주 강했다. 사실 나는 여기에 어떤 심오한 이기심이, 인간 망상의 어떤 은밀한 기제가 작용하는 것은 아닌지 궁금했다. 어둠이 깔리기 직전에 세상에 아이를 내보낸다는 사실 자체가 내게 희망을 갖도록 강요한 것이 아닐까 싶었다. 따라서 내가 점점 더 미래를 낙관적으로 보게 되는 것은 그 미래를 살아가야 할 세상에 태어난 아들 때문일 수도 있었다.

앤드리스는 베트남 수도승이자 활동가인 틱낫한에게서 얻은 생각을 들려주었다. 수면에 돌이 떨어질 때 동심원을 이루며 퍼져 나가는 잔물결처럼, 걱정이 세 개의 동심원을 이루고 있다고 했다. 중심에는 자아라는 작은 원이 있고, 그 주위를 가족과 친구라는 원이 감싸고 있으며, 그 바깥에 세상이라는 더 넓은 원이 있다는 것이다. 세상을 깊이 걱정하는 사람들, 활동가 같은 이들은 분노에 차서 계속 싸움을 벌이다가 지치는 경향이 있다. 그는 그럴 때 필요한 것이 바로 가족과 친구라는 더 작은 원으로 돌아가서, 자신의 에너지를 그곳에 쏟아야 한다고 했다. 그러면 보답으로 자신의 일에, 세상이라는 더 넓은 원과 상호 작용을 하는 데 쓸 에너지를 더 많이 얻게 된다는 것이다.

그 주가 끝나 가는 어느 날의 포근한 한낮에 우리는 저마다 다른 길을 통해 산과 골짜기로 출발했다. 자기 텐트와 배낭을 짊어지고 있었다. 어떤 의미에서는 이렇게 갈라지는 것이야말로 애초에 우리가 여기에 모인 목적이었다. 다른 사람이나 그 흔적을 전혀 찾을 수 없는 곳을 찾아 야생으로 들어온다는 개념 말이다. 우리는 각자 그런 곳을 찾아서 꼬박 24시간 동안 야영을 하기로 했다. 주의를 딴 데로 돌리게 만드는 것들은 전혀 가져가지 않기로 했다. 책, 전화기, 대화 등 자기 자신과 주변 환경 사이를 방해하는 것들은 아무것도 없었다. 나는 골짜기 쪽을 향해서 강을 따라 30~40분쯤 걸어가다가 강둑에 약간 솟은 곳을 발견했다. 텐트를 치기 좋은 편평하고 넓적한 곳이었다. 다른 이들은 더 모험심이 강했기에, 바위 사이와 비탈로 난 길을 따라 산꼭대기나 호수나 험한 절벽으로 향했다. 나는 물길을 확실히 찾을 수 있고 편한 곳을 찾았다. 어디로 가든 간에 물가에 있다는 것을 아니까. 물론 물속에 있지 않다면 말이다.

　나는 자리를 잡자마자 텐트를 쳤다. 능력 있는 오스트레일리아인 이웃이 없는 상태에서 나중에 텐트를 칠 마음이 들 때까지 그냥 놔두었다가는 고지대의 춥고 컴컴한 밤이 찾아왔을 때 비통한 마음에 빠져들지 않을까 두려워서였다. 홀로 텐트를 치는 데 성공한 뒤, 나는 크고 작은 돌들을 모아서 지름이 약 10미터에 달하는 원 모양으로 배치했다. 그 안에서 24시간을 지내기로 마음먹었다. 그것은 의식 행사의 핵심 요소였다. 자기만의 장소를 찾아 그 안에서 머무르며, 아무것도 하지 않고 있는 것이다. 〈홀로 자연nature solo〉이라는 의식이었고, 인류 역사의 아주 많은 문화에서 흔하게 행해졌던 풍습으로부터 영감을 얻은 것이었다. 개인이 홀로 야생으로 들어가 얼마간 지내면서 깨달음이나 지혜나 평온을 추구하는 풍습이다.

　북아메리카 원주민 부족에는 비전 퀘스트Vison Quest라는 통과 의례가 있었다. 어른들이 성년이 되기 직전의 젊은이를 야생으로 보내, 정령과 대화를 나누면서 환영을 통해 정령에게 고대의 지혜를 얻도록 하려는 통과 의례였다. 앤드리스는 아이슬란드에 〈가죽 덮으러 가기going under the hide〉라는 풍습이 있었다고 했다. 〈그저 좀 생각에 잠기고자〉 할 때 은신하는 데 쓸 동물 가죽을 들고 야생으로 홀로 들어가는 것이다. (「누군가가 요즘 그 사람 안 보이는데 어디 갔냐고 물으면, 동네 사람들은 이렇게 말하곤 해. 〈아, 그 사람? 가죽 덮으러 갔어.〉」) 사실 우리 시대와 문화는 그런 공통의 의례를 전혀 갖고 있지 않다는 점에서 다소 독특했다. 앤드리스는 홀로 자연이 단지 개인의 변화 경험, 자연과 자신 사이의 더 깊은 연결을 이루는 수단만이 아니라, 폭넓게 채택된다면 우리 문화와 자연 사이의 관계 전체를 바꿀 것이라고 주장했다.

어느 날 그는 내게 말했다. 「우리가 일상을 살아가는 방식은 마법이 풀린 형태야. 과학 혁명 이래로, 데카르트와 뉴턴 이래로 우리는 점점 더 세계를 우리가 통제하고 조작할 수 있는, 작동과 레버로 바꿀 수 있는 일종의 기계로 취급해 왔어.」

바로 그 점이 문명으로서의 우리가 지닌 문제, 그의 견해에 따르면 문제의 근원이었다. 그리고 홀로 자연은 바로 그 문제를 위한 것이었다. 무언지도 모른다면 어떻게 무언가에 관심을 가질 수 있을까? 그의 말처럼, 우리가 그것과 어떤 개인적 관계에 있지 않다면?

돌로 원을 표시한 뒤, 나는 풀밭에 앉아서 앞으로 24시간을 어떻게 보낼 것인가 하는 생각에 몰입했다. 내가 자리 잡은 곳에서 풀로 덮인 가파른 산비탈이 강 쪽으로 뻗어 있는 풍경이 한눈에 들어왔다. 분명히 아주 아름다웠지만, 나는 그 풍경에 오랫동안 주의를 집중할 수가 없었다. 여기서 할 수 있는 활동은 극히 제한되어 있었다. 물론 할 일이 없다는 것이야말로 홀로 경험의 중요한 차원, 어느 면에서는 이 경험을 하는 이유라는 것을 잘 알고 있었지만, 단지 생각만 하는 차원을 넘어 실제로 여기에 와 있으니 도저히 견딜 수 없을 것 같았다. 이론상 나는 아무것도 하지 않는 것을 너무나도 좋아한다. 그렇지만 무언가를 열심히 하는 상황에 놓여도 대개 잘 지낼 것이다. 그러나 부드러운 풀밭에 누워서 생각해 보니, 내가 아무것도 하지 않을 때 쓰는 방법에 사실상 거의 언제나 무언가를 하는 행동이 포함되어 있었다. 아무리 무의미하고 무심코 하는 행동일지라도 말이다. 휴대 전화로 인스타그램이나 트위터를 죽 훑거나 커피를 마시거나 책이나 잡지를 읽거나 산책을 하는 것 등이었다. 그런데 지금은 어느 것도 할 수 없었다. 휴대 전화를 갖고 있지만, 월요일 아침에 인버네스를 떠난 뒤로 계속 통신 불가능 구역에 있었고, 지금은 다음 날 정오에 홀로 지내는 시간이 끝났음을 알리는 알람 시계로만 쓸 수 있었다. 게다가 나는 『뉴요커』 앱도 삭제한 상태였다. 혹시라도 앱을 켜고 기사를 죽 훑으려는 유혹에 빠져서 자연에 몰입하는 대신 긴 르포 기사에 몰입할까 봐 걱정해서였다.

사실 유일하게 할 수 있는 활동은 마지막에 배낭에 집어넣었던 막스 앤드 스펜서 견과와 열매 혼합 식품 반 봉지라는 형태로 제시되었다. 이 결정은 여기 온 목적에 다소 어긋났다. 비록 어떻게 하라는 규정이나 지침 같은 것은 없었지만, 앤드리스는 식품을 가져가지 말라고 권했다. 포장된 샌드위치나 밀봉한 콩 샐러드나 견과와 열매 혼합 식품이 실제로 먹지는 않는다고 해도 — 아니, 실제로 먹지 않는다고 하면 더욱더 — 정신 에너지가 그것에 유독 집중될 것이라는 단순한 이유에서였다. 저녁까지 기다렸다가 샌드위치나 콩 샐러드를 먹겠다고 마음먹는다면, 그 시간이 올 때까지의 하루 전체가 그 간식을 먹기 위한 일종의 전주곡이 될 것이고, 그것을 먹기 전까지는 거의 아무것도 생각할 수 없게 될 것이다. 허기 자체 때문이 아니라, 무엇이든 간에 시간을 때울 무언가를 원하는 허기 때문이다. 그런데 내게는 허기가 가실 것이라는 예상이 아니라 허기 자체가 훨씬 더 가공할 만치 신경을 분산시키는 듯했다. 먹지 않고 24시간을 버티기로 결심한다면, 허기라는 신체 감각에 완전히 몰두할 것이고, 그런 상황을 초래한 나 자신에게 점점 더 짜증이 나거나, 더 심하게는 이런 금욕적 자기희생 행위를 스스로 뿌듯하게 여기면서 지낼 것이다. 그것이 바로 내가 그 견과와 열매 혼합 식품 반 봉지를 가능한 한 빨리 먹어야겠다고 생각한 이유였다. 빨리 해치움으로써 절대적으로 필요한 수준보다 더 오래 집착하는 것을 막기 위해서였다.

그래서 홀로 남은 지 약 90분, 아마도 텐트를 설치한 지 한 시간쯤 지난 뒤에 나는 편안하게 앉은 자세로 천천히 그다지 집중하지 않은 채 견과와 열매 혼합 식품 반 봉지를 먹기 시작했다. 크랜베리가 특히 더 맛있었기에, 그것을 아주 세심하게 신경 써서 씹었다. 전에 먹었던 그 어떤 크랜베리보다 더 달고 더 즙이 많은 듯 느껴졌다. 그러자 허기가 최고의 양념이라는 말이 널리 알려져 있음에도, 지루함이야말로 더 좋은 양념이 아닐까 하는 생각이 들었다. 그러나 곧 견과와 열매 혼합 식품을 너무 맛있게 먹고 있는 것이 아닐까 하는 걱정이 들기 시작했다. 지금 있는 곳에 적절히 주의를 기울여야 할 때, 즉 자연에 완전히 몰입해야 할 때를 위해 간식에 너무 지나치게 몰입하는 것이 아닐까 고민했다. 그래서 간식을 지금 처한 현실을 피할 수단으로 삼고 있는 나 자신을 꾸짖으며 나머지를 재빨리 삼켰다.

내가 처한 현실은 분명히 내가 낮과 밤 내내 아무런 할 일 없이 그냥 꼼짝도 못 한다는 것이었다. 영국 제도에서 아마 가장 오지일 곳이기에, 자연에 가장 열심히 몰입하는 경험을 시작하는 것 말곤 할 일이 전혀 없었다. 문제는 내가 이 경험을 어떻게 할지 전혀 모른다는 것이었다. 자연스레 일어나는 것인 양 단순히 접하는 것이고 그저 내가 자연에 있음으로써 나타나는 직접적인 결과인지, 아니면 개방성과 수용성이라는 내면 상태를 의도적으로 조성하는 식으로 내 나름의 어떤 활동이 필요한지 전혀 알지 못했다. 나는 이 양쪽이 상호 배타적이지 않을 것이라고 생각했다. 나는 등산화와 알파카 털 등산 양말을 벗고 맨발로 풀이 밟히는 감각에 집중하면서 내가 만든 원의 안쪽 가장자리를 따라 두 바퀴 돌았다. 풀은 차갑고 축축했으며, 완전히 불쾌하지는 않았지만 딱히 유쾌하다고 할 수도 없었다. 앤드리스는 예전에 자연에서 기공 연습을 할 때면 늘 신발과 양말을 벗었다고 했다. 자신이 있는 곳, 지구 자체에 〈뿌리를 내리고 있다〉는 감각을 받기 때문이라면서 말이다. 이 개념은 이론상으로는 내게 와닿았지만, 현실에서는 맨발로 내디딜 때 뾰족한 돌 조각이나 개미집을 밟을지도 모른다는 생각에 불필요하게 몰두하는 바람에, 나는 신발까지는 아니라고 해도 양말은 신는 쪽으로 타협했다. 적어도 내 양말은 전적으로 천연 물질로 만들어졌으므로 나 자신과 자연 사이의 완충 지대로 삼기에 최악은 아니라고 나름 추론을 했기 때문이다. 그런 뒤 나는 텐트 앞에서 그

럭저럭 가부좌를 취하고 앉았다. 호흡에 집중하려 하면서 약 20~30분을 보냈지만 처참하게 실패했다.

그러다가 아래를 내려다보았을 때 아주 작은 동물이 내 팔뚝을 기어오르는 모습이 보였다. 무슨 동물인지 전혀 몰랐지만, 나는 난생처음으로 내 몸에 달라붙은 곤충을 곧바로 떼어 내려는 충동을 전혀 느끼지 못했다. 기어가던 벌레는 팔꿈치가 굽은 곳에서 잠시 멈추었고, 지켜보던 나는 벌레에게도 의도란 것이 있다면 그 의도가 무엇일까 하고 어렴풋이 생각하다가, 갑자기 진드기일 수도 있다는 생각이 들었다. 그래서 집게손가락으로 툭 쳐서 떼어 낸 뒤, 본능적으로 벌레가 있던 부위를 손바닥으로 문질렀다. 그 주 내내 진드기에 관한 히스테리가 낮은 수준으로 계속 유지되었다. 우리는 아침에 가장 먼저, 그리고 밤에 가장 나중에 진드기가 있는지 살펴보라는 말을 들었다. 그 지역에 사슴이 아주 많았는데, 사슴이 있는 곳에는 진드기도 있기 마련이고, 진드기는 라임병을 옮길 수 있기 때문이었다. 내가 최근에 읽은 기사에 따르면, 기후 변화 때문에 1990년대 이래로 라임병 환자가 폭발적으로 늘어났다고 했다. 거기에 가기 전에 나는 진드기에 관해 좀 조사를 하면서 어떻게 라임병을 옮기는지를 설명한 동영상도 한 편 보았다. 진드기는 여러모로 꽤 놀라운 동물이었다. 우리가 내뿜는 이산화탄소를 통해서 사람을 비롯한 큰 동물이 가까이 있음을 감지한다. 일단 우리 피부에 달라붙으면, 기어다니면서 적당한 자리를 찾은 뒤 피부를 찢고 먹기 시작한다. 피부에 내려앉아서 침을 찔러 빨아 먹고 몇 분 사이에 날아오르는 모기와 달리, 진드기는 식사 시간이 길다. 시간이 너무 많이 남아돌아 어느 가게에서 먹고 싶은지 결정할 수 없는 관광객처럼, 적당한 자리를 고르는 데 한두 시간이 걸릴 수도 있다. 내가 알아낸 바에 따르면, 진드기는 수명이 약 3년인데 평생에 단 세 번만 식사를 한다고 한다. 유충, 약충, 성체로 넘어가는 각 발달 단계에서 먹는다. 그 점을 생각하면 그들이 유달리 까다롭게 식사 자리를 고르는 것도 지극히 당연하게 여겨졌다. 적당한 곳에 자리를 잡으면, 갈고리처럼 굽은 두 주둥이를 비롯한 정교한 식사 도구를 내밀어 숙주의 피부 깊숙이 찔러 넣어서 살을 벌린 채로 고정시킨 뒤, 그 사이로 작살처럼 생긴 하구체(下口體)를 찔러 넣는다. 하구체를 살에 단단히 박은 채로 진드기는 피를 빨아 먹는다. 또 직접 제조한 항응고제를 집어넣어서 피가 엉기지 않게 막는다. 들키지 않으면, 진드기는 계속 달라붙어 계속 빨아 먹으면서 원래 크기보다 엄청나게 커지기도 한다. 사흘까지 달라붙어 있기도 한다. 그런 뒤 떨어져 나와 알아서 제 갈 길을 찾아갈 것이다.

　　나는 그런 동물의 숙주 역할을 하고 싶은 마음이 ── 열과 얼굴 마비와 끔찍한 통증을 수반하는 라임병에 걸리고 싶은 마음은 더더욱 — 결코 없었지만, 진드기의 섭식법에 어느 정도 공감과 존중을 느낄 수밖에 없었다.

내가 항상 느꼈듯이, 선수끼리는 서로 알아본다는 기본 원리에 따라 더 보잘것없는 기생 생물에게 적어도 어느 정도 마지못해 찬탄을 보내는 것이 우리 인간의 책무다. 아무튼 기생 생물이 우리를 대하는 태도는 우리 자신이 전반적으로 세계에 접근하는 방식과 놀라울 만치 비슷하다. 통계적으로 인류에게 우리보다 더 치명적인 유일한 동물인 모기가 세계적으로 인류의 살인 행위로 죽는 사람보다 연간 거의 두 배 더 많은 사람을 죽인다는 사실을 생각해 보자. 모기가 우리에게 하는 짓은 우리가 사냥이나 서식지 파괴를 통해 수많은 종을 멸종으로 내몰고 있는 것과 별다르지 않다. 우리는 그저 모기가 살기 위해 필요한 것을 지니고 있을 뿐이다. 바로 피다. 그리고 모기가 우리에게서 피를 빼먹는 수단은 내가 볼 때 우리가 지구에서 광물을 빼먹는 수단과 기괴할 만치 비슷하다. 모기는 톱니 난 침을 찌르는 방식으로 주둥이를 밀어 넣는데, 살을 더 깊이 가르면서 밀어 넣는 종류도 있고, 빼기 쉽게 살짝 살을 잡아당기면서 붙들고 있는 종류도 있다. 모기가 사람을 무는 장면을 세밀하게 찍은 동영상을 보면, 기이하게도 정교한 채굴 장비가 떠오른다. 내 피부 밑의 소중한 꿀을 빨아 먹을 기구를 갖추었을 법한 동물들을 더 이상 떠올리지 않도록 억지로 자제하면서 생각하자면, 모기와 진드기를 비롯한 흡혈 곤충은 창의성과 파괴력 면에서 우리의 형제, 우리의 어두운 대역이다.

적어도 한 시간은 된 것 같았는데, 15~20분밖에 지나지 않았다. 그 시간에 내가 홀로 한 소일거리는 풀을 만지작거리는 것뿐이었다. 나는 손가락으로 풀을 훑다가 잡아 뜯어서 산들바람에 날리거나, 풀 줄기를 햇빛에 비추면서 그냥 어처구니없을 만치 오래 살펴보았다. 나는 이 활동으로부터 특정한 미적 즐거움을 이끌어 냈고, 더 나아가 마치 주의 깊은 수용 상태에 들어간 양 느껴지기 시작했다. 갑자기 나 자신이 테런스 맬릭Terrence Malick의 영화에 나오는 등장인물처럼 보였다. 생각해 본 적이 없는 자연의 세밀한 부분을 오래 탐닉하고, 꼼짝도 하지 않은 채 거의 영적인 경험에 가까운 일종의 고요한 미적 희열에 심취한 순간을 만끽하는 듯했다. 그러다가 당연히 맬릭 영화의 등장인물은 결코 자신을 그런 식으로, 즉 영화 속 등장인물로 생각할 일이 없을 것이라는 생각이 떠올랐다. 나는 나 자신을 감독이 맬릭에게 영향을 받아서 부끄러움도 모른 채, 아마 표절이라고 보아도 될 만치 흉내낸 텔레비전 광고에 나오는 등장인물로 보면 될 것이라고 생각했다. 내 경험이 맬릭의 영화에서 볼 법한 진정으로 내밀한 자연 경험의 싸구려 모방일 뿐이라고 말하는 것이다. 애초에 내가 볼 짬조차 내지 않았던 작품을 만든 영화 제작자의 작품 속에서.

그러나 오후가 흘러가면서 이 자의식은 서서히 약해졌고, 나는 내가 보고 있다는 사실을 자연과 교감한다는 증거로서 끊임없이 상기하지 않은 채 산들바람에 물결치는 풀밭과 햇빛에 반짝이는 강 표면 같은 풍경들을 보는 일을 시작할 수 있었다. 나는 몇 분 동안 내 공책 위를 주춤주춤 지나가는 작은 거미를 지켜보았다. 거미가 뒤표지 안쪽의 접을 수 있는 작은 종이 주머니로 들어가는 바람에, 나는 그 안에 구겨져 있던 작은 크림색 인쇄물을 써서 거미를 꺼내야 했다. 그런 뒤 본능적이고 반사적으로 그 인쇄물을 읽기 시작했다. 내가 쓰고 있는 이 공책이 파블로 피카소, 어니스트 헤밍웨이, 브루스 채트윈Bruce Chatwin 같은 19세기와 20세기 문화의 거장들이 애호한 전설적인 문구의 상속자이자 계승자라고 적혀 있었다. 광고지에 따르면, 채트윈은 이 작고 검은 공책에 유달리 집착하여, 몰스킨이라는 이름을 붙였다고 한다. 나는 채트윈이라는 이름을 들으면 투박하면서 세련된 작가의 모습이 떠올랐는데, 내 공책이 채트윈이 좋아한 전설적인 문구의 상속자이자 계승자인 것처럼, 나 역시 현재 내가 하고 있는 형태의 글쓰기를 염두에 둘 때 훗날 채트윈의 상속자이자 계승자로 여겨질 수도 있지 않을까 하는 생각이 들기 시작했다. 솔직히 나는 그의 글을 한 번도 읽은 적이 없지만, 그가 공책을 비롯한 유용한 물품들을 넣을 주머니가 많이 달린 세련된 실용적인 옷차림을 하고 야생으로 홀로 떠났다가 돌아와서 옷차림만큼이나 세련된 동시에 실용적인 산문을 스르륵 써내는 유형의 작가라고 상상했다. 아마 맞지 않을까?

물론 어느 시점엔가 나는 내가 잠시 초월했던, 아니 초월했다고 상상한 자의식 상태로 곧바로 돌아가 있었다. 그리고 더 안 좋았던 점은 이 자의식으로의 회귀가 읽기, 그것도 고급 광고 문구 읽기를 통해 이루어졌다는 것이다. 자연에서 홀로 지낸다는 개념 자체를 정면으로 무시하는 활동을 통해서였다. 진정으로 심오하게 자연을 경험하려면 모든 걸림돌을 없애야 한다는 바로 그 개념 말이다.

곧이어 나 자신이 너무나 우스꽝스럽다는 생각이 갑작스럽게 쾅 때리듯 밀려들었다. 스코틀랜드 오지 야생의 강둑에 몇 시간째 앉아서 자연과 그 안의 인간으로서의 내 위치를 묵상하며 대체 무슨 생각을 한 것인지 갑자기 너무나 불분명해졌다. 사실 그렇게 나쁘지는 않았을 것이다. 사실 그렇게 나쁘지 않았을 수도 있었다. 좋을 수도 있었다. 그러나 나는 이 문제를 묵상하려고 시도하다가 비참하게 실패하는 짓을 벌이고 있었다. 나는 동쪽으로, 골짜기 위쪽을 바라보았다.

말 그대로의 의미로든 상징적인 의미로든 간에 방향 감각이 전혀 없었으므로 서쪽일 수도 있었지만. 폴이 홀로 지내겠다고 선택한 산 쪽이었다. 나는 그가 거기에서, 그가 검은 산이라고 부른 곳에서 무엇을 하고 있을지 궁금했다. 그가 자신의 몰스킨 공책에 들어 있는 작은 광고지를 읽고 그가 작품을 애독했을 것이 거의 확실한 채트윈과 자신을 비교하는 일을 하지 않으리라는 것은 분명하다고 생각했다. 나는 그가 몰스킨 공책을 지녔다고 상상하기조차 어렵다는 것을 알았다. 나는 그가 몇 시간 동안 명상하는 모습을 상상했다. 그가 텐트 옆 풀밭에서 찾아낸 나무토막을 깎아 엉성한 피리를 만드는 모습을 상상했다. 그가 텐트조차 없이 그냥 야외에서 자는 모습도 상상했다. 그가 우리의 종말의 날, 곤경의 날에 관한 신비적인 심오한 깨달음을 얻었고, 내일 오후 하산할 즈음이면 탁월한 말솜씨와 확신을 토대로 그 깨달음을 모두와 관련이 있는 멋진 이야기로 바꾸어 놓을 것이라고 상상했다. 또 그가 어떤 깨달음을 얻었을지도 상상하려고 애썼지만, 전혀 상상할 수 없었다. 그런 깨달음은 말 그대로 내 상상력 너머에 있었기 때문이다.

이윽고 나는 심오한 깨달음이라는 개념 자체를 포기했다. 그런 내면의 사건은 스코틀랜드 고지대의 강둑에서 24시간 동안 골똘히 생각한다고 해서, 아마 그렇게 할수록 더욱

더, 자의적으로 함양할 수 있는 것이 아니기 때문이다. 그래서 나는 풀밭에 누워 구름을 바라보았다. 구름에 관한, 아니무엇에 관한 것이든 간에 특정한 생각을 해야 한다는 의무감을 떨어낸 상태였다. 오랫동안 나는 골짜기 위에서 동쪽으로 — 아니, 서쪽일 수도 있었다 — 떠가는 구름을 바라보았다. 구름은 합쳐지고 갈라지면서 천천히 끊임없이 모습을 바꾸었다. 계속 바라보면서 나는 천변만화하는 구름이, 하늘에 떠다니는 이 수증기의 방벽이 정말로 낯선 장관이며, 내가 이처럼 진지하게 구름에 주의를 기울인 적이, 비가 올지 여부를 판단하려는 것 말고는 다른 이유로 쳐다본 적이 거의 없다는 사실을 깨달았다. 나는 떠가는 구름들이 산에 드리운 그림자들을 바라보았다. 어둠이 서서히 장엄하게 경관을 지나가는 광경을 보면서, 세상의 모든 것이 줄곧 움직이고 있으며, 단 한순간이라도 멈춰 있는 것은 아무것도 없다고 생각했다. 풀잎 하나하나는 어떤 바깥의 힘이나 내부의 에너지에 반응해서 미세하게 떨리고 있었다. 나는 무엇이든 간에 자세히 살펴보면 나름의 고유한 흐름, 영속적으로 변화하는 양상을 알아볼 수 있을 것이라고 생각했다.

서서히, 그렇지만 알아볼 수 있게 빛이 물러나면서 어둠이 밀려들었고, 내 머리 위에서 새 한 마리가 오락가락하며 재잘거리는 소리가 도플러 효과를 일으키듯이 커졌다 작아졌다 하면서 낯선 기계음처럼 들렸다. 공기가 싸늘해지기 시작했기에, 나는 텐트로 기어 들어가 배낭을 뒤적거려 플리스 스웨터를 꺼냈다. 다시 나왔을 때 한 고개에 수사슴 한 마리가 꼼짝 않고 서 있는 모습이 보였다. 나는 어둠이 완전히 깔릴 때까지 오랫동안 사슴을 바라보았다. 사슴은 그냥 가만히 서 있는 것이 아니라 주의를 기울이고 있는 듯했다. 마치 다음 위치로 나아가라는 신호를 기다리고 있는 것처럼 보였다. 아주 멀리 떨어져 있어서 나를 보고 있는지는 알 수 없었지만, 나는 산등성이에서 한눈에 펼쳐지는 그의 시야 속에서 내가 가장 흥미로운 존재일 게 틀림없다는 좀 오만한 가정 속에서 그가 나를 보고 있다고 생각했다. 나는 사슴이 저곳에서 나를 보며 어떤 생각을 했을지 궁금해했다. 그러다 사슴은 아마 대상을 두고 어떤 생각도 하지 않을 것이고, 그것이 사슴에게는 훨씬 나을 것임을 깨달았다.

　　나는 이곳에서 어떤 일이 일어났거나 일어나는 중이라고 생각했다. 이곳이 다르게 느껴졌다. 아마 내가 지루해서 살짝 제정신이 아니라는 것이 바로 지금 일어나고 있는 일일 수도 있었다. 그럼에도 나는 새로운 느낌을 받았다. 이곳이 다정하게 느껴졌다. 게다가 더욱 이상하게도 이 다정함이 다소 호혜적이라고 느꼈다. 나는 앤드리스가 했던 말 그대로임을 깨달았다. 여기에서 앉고 보고 듣는 것 말고는 아무것도 하지 않은 채 그냥 홀로 있을 때 그 장소와 어떤 관계를 맺고 있다는 느낌을 받게 된다는 것 말이다. 나는 산에게 보여진다는, 경관이 나를 알아차리고 받아들인다는 느낌을 받았다. 그러나 경관이라는 단어조차도 맞지 않는다고 느꼈다. 아무튼 경관이라는 말은 우리가 자연에 미적 범주를 부여하는 방식을 반영하며, 자연을 시야, 즉 장면으로 환원시키는 시각적 용어였다. 그리고 내가 경관이 아닌 다른 무엇으로서의 자연을 접한 적이 사실상 전혀 없다는 깨달음도 찾아왔다. 자연의 아름다움, 기이함, 타자성에 가장 깊은 인상을 받을 때에도, 아니 사실 그럴 때 더욱 그랬다. 자연은 차를 멈추고 나와서 한 번 쳐다본 뒤에 다시 차를 타고 계속 가는 무엇이었다. 내가 문화 산물처럼 소비하고 경험하는 무엇이었다. 하지만 여기서 일어나고 있는 일은 그렇지 않았다. 내가 느끼고 있는 것이 오로지 미적 경험은 아니었고, 그것이 주된 경험도 아니었다. 다시 말해 나는 단지 풍경을 감상하고 있는 것이 아니었다. 게다가 이곳에서 몇 시간째 감상하고 있던 것도 아니었다. 홀로 시간을 내어 고즈넉하게 경관을 감상하고 있는 것이 아니었다. 사실 나는 딱히 홀로 있는 것도 아니었다. 원칙적으로는 오싹하게 느꼈어야 마땅한 어떤 기이한 느낌을 생각할 때 그랬다.

어두워지면서 산은 전보다 훨씬 더 가까이 와 있는 듯했고, 산이 마치 살아 있다는 느낌도 받았다. 차갑고 무감각한 암석 더미가 아니라, 드넓은 땅 위에 엄청난 몸집을 누인 채 평화롭게 잠들어 있는 거대한 동물이었다. 그래서 나는 손을 뻗어 그 옆구리에 대고, 땅의 부드러운 피부 밑에서 흐르는 따뜻한 피와 흔들거리는 뻑뻑한 근육과 지구 자체가 조용히 살아가고 있는 모습을 거의 상상할 수 있었다. 나는 마치 늙은 개처럼 산 옆에 몸을 웅크리고 팔로 산을 감싼 채 내 얼굴을 옆구리에 부드럽게 갖다 대고 싶었고, 이윽고 그대로 잠이 들었다.

나는 아침 일찍 깨어났다. 예상했던 것보다 더 푹 잤다. 달리 뭔가 할 일이 있는 것처럼 나는 텐트를 걷으려 하다가, 홀로 시간이 끝나는 정오까지는 다섯 시간이 더 남아 있다는 사실을 알아차리고 그냥 놔두기로 했다. 게다가 피신처 없이 비 맞을 위험을 무릅쓰고 싶지 않았다. 지금은 날이 맑고 따뜻했지만, 봄의 고지대에서는 한 시간 뒤에 날씨가 어떻게 변할지 전혀 알 수 없다. 나는 앉아서 산을 응시했다. 산은 어제저녁보다 더 멀리 있는 양 보였다. 기이한 친밀감은 다소 약해진 상태였지만, 얼마간 남아 있음을 느꼈다. 이 감정은 진짜로 있었다. 자신이 느끼지 않는 것을 느낀다고 상상하기가 거의 불가능하다는 의미에서, 진짜가 아니었다고는 도저히 생각할 수 없었다. 이 느낌은 전에 경험했던 그 무엇과도 연관 짓기가 어려웠다. 어릴 때 열이 나서 끙끙 앓고 있으면 세상이 나를 짓누르는 것 같고 모든 소리가 내게 직접 말하는 것처럼 들렸는데, 그런 느낌과 연관 지을 수도 있을 것 같았다. 집 안 어딘가에서 문이 닫히는 소리, 마룻바닥이 삐걱거리는 소리, 화장실에서 물을 내리는 소리, 멀리서 부모님이 대화하는 소리 — 단어 자체는 전혀 상관없었지만 — 가 모두 내게 직접 말하고 있었다. 절박한 메시지를 고집스레 전달하고 있었다. 하지만 내가 해독할 수 없는 암호로 되어 있었다. 꿈같았지만 거의 견딜 수 없이 강렬했기에, 나는 이 암호로 된 메시지들의 공격에 완전히 짓눌릴 것 같은 두려움에 휩싸였다. 모든 것이 각자 긴급하다고 알리면서 갑자기 절대적으로 중요해졌다. 공포스러운 동시에 들뜨게 하는 경험이었다.

내가 전날 저녁에 겪은 일은 달랐다. 덜 강렬하면서 덜 긴급했으며, 말 그대로 열띤 상태가 아니었다. 그러나 비슷한 곳에서 생겨나는 듯했고, 나와 세계 사이의 경계가 파열됨을 시사하는 듯했다. 나는 프로이트가 『문명 속의 불만*Das Unbehagen in der Kultur*』에서 〈대양 같은 느낌oceanic feeling〉이라고 부른 것이 이게 아닐까 생각했다. 영원하고 무한하며 경계가 없다는 느낌 말이다. 프로이트는 자신이 그런 감정을 느낀다거나 느낄 능력이 있다는 증거를 전혀 찾을 수 없었지만, 친구인 프랑스 작가 로맹 롤랑Romain Rolland의 묘사를 토대로 이 개념을 상당히 길게 살펴보았다. 롤랑은 자신이 그 감정을 끊임없이 겪고 있다고 프로이트에게 말했다. 프로이트는 이렇게 썼다. 〈순수한 주관적 사실이며, 신조가 아니다. 그것을 느낀다고 해서 개인의 불멸이 보장되는 것은 아니지만, 그것은 여러 교회와 종교가 받아들인 종교 에너지의 원천이었다. 종교는 이 느낌을 특정한 통로로 유도하고 분명히 이용했다. 설령 모든 믿음과 모든 환상을 거부하는 사람이라고 해도, 이 대양 같은 느낌을 지닌다면 그것만으로도 자신을 종교적이라고 말할 수 있었다.〉 프로이트 자신은 이 대양 같은 느낌이 사실상 모든 종교 감정의 원천이라는 롤랑의 말에 동의하지 않았다. 나는 내 경험을 종교적이라거나 영적이라고 묘사할 생각은 없다. 여기에 마법적인 요소는 없어 보였다. 세상이 살아 있다는 깨달음의 일종이기 때문이다.

나는 지난 몇 년 동안 명상을 했다가 그만두었다가 하곤 했는데, 일반적인 마음 챙김과 안녕감 쪽으로 돌아오는 보상은 솔직히 말해서 점점 줄어들었지만, 명상은 때때로 소리의 감각 경험에 몰입시키는 분위기를 조성하고, 가차 없이 내면성으로 빠져드는 것을 얼마 동안 막아 주고, 프로이트가 말한 대양 같은 느낌 비슷한 것을 함양하는 효과를 일으키곤 했다. 그래서 나는 텐트 앞에 앉아 눈을 감고 천천히 호흡을 하면서 허파에 공기가 채워졌다가 비워지는 감각에 집중하려고 애쓰면서, 야생의 이질적인 소리들에 귀를 기울였다. 멀리서 흥분한 댕기물떼새가 내지르는 소리, 모기가 윙윙거리는 작은 소리, 강이 자신이 존재하고 있음을 끊임없이 속삭이는 소리 등이었다. 그때 갑자기 하늘에서 무언가가 엄청나게 찢겨나가는 굉음이 들렸다. 내가 지금까지 접한 소리 중 가장 컸다. 비록 들었다기보다는 느낀 쪽이었지만. 실제 물리적 힘, 하늘에서 오는 폭력이었다. 눈을 뜨니, 강 위로 낮게 제트기가 무시무시한 속도로 굉음을 내면서 나를 향해 다가오고 있었다. 100미터, 60미터, 30미터⋯⋯. 내 머릿속에 떠오른 가능성은 하나뿐이었다. 즉각적이면서 절대적인 소멸이었다. 조종석에 홀로 앉은 조종사가 보였다. 헬멧에 바이저를 쓰고 있어서 눈은 보이지 않았다. 나는 그도 나를 보았다는 것을 알았다. 나는 공포보다는 흥분에 겨워 나도 모르게 소리를 질렀고, 그 가공할 방문객은 강물 위에서 하늘로 솟구치면서 골짜기 위로 저 멀리 날아 사라졌고, 공중에 자신이 남긴 상처의 두근거리는 울림만 남았다. 나는 이 장면, 아니 비슷한 장면을 꿈에서 많이 보았다는 것을 깨달았다. 비행기가 굉음을 내면서 도시나 골짜기나 수면으로 하강하는 장면이었다. 하지만 그런 꿈에서는 언제나 여객기가 등장했고, 나는 그 안에서 홀로 공포에 질려 얼어붙은 채 바닥이 나를 향해 다가오는 광경을 지켜보고 있었다. 곧 죽음이 들이닥치리라는 것을 지극히 생생하게 느꼈다. 지금은 발을 땅에 디딘 채 하늘을 올려다보고 있었고, 나는 되풀이되는 내 꿈의 바깥에 나와 있는 양 느껴졌다. 갑자기 억제할 수 없는 웃음이 터져 나왔다. 두 손은 덜덜 떨렸고, 나는 살아 있음을 생생하게 느꼈고, 감사하는 마음이 벅차올랐다. 내가 무엇에 또는 누구에게 감사하고 있는지 전혀 몰랐지만 말이다.

이 얄궂은 분위기가 가라앉는 데에는 시간이 좀 걸렸지만, 마침내 깊이 가라앉았고 나는 다른 생각을 전혀 할 수 없었다. 내 평생에 야생으로 가장 깊숙이 들어온 이곳의 고요 속에서 자연과 만난다는 설익은 숭고한 개념을 추구하고 있는데, 전쟁 기계의 종말론적 힘과 마주친 것이다. 수수께끼 같은 동시에 거의 웃음이 터져 나올 듯한 과잉 결정된 현현처럼, 한 종류의 진리를 다른 진리로 갑자기 지워 버리는 양 느껴졌다. (여기서 에머슨의 발자취를 따르려고 하다가, 핀천과 직면한 꼴이다.) 어쨌거나 나는 숭고함과 맞닥뜨렸지만, 내가 기대한 것과는 전혀 다른 형태였다. 그것은 군산 복합체적 숭고함, 기술의 신성한 폭력이었다.

나중에 알았는데, 내 머리 위로, 다정한 삼촌이 하듯 내 머리카락을 헝클어 놓을 만큼 가까이 날아온 이 기계는 인근 북해 연안의 로시머스 기지에서 날아오른 타이푼 폭격기였다. 당시 그 기지에서 영국 공군이 시리아를 폭격하기 위해 키프로스 쪽으로 비행기를 날렸다. 내 작은 은거지가 이런 식으로 교란되다니, 기이하면서도 초현실적으로 교훈적이었다. 나는 돌을 모아서 내 주위로 신성한 원을 만들어, 자연과 소통하는 고요한 묵상의 공간을 조성했는데, 내게 닥친 것은 가장 원초적인 형태의 정치였다. 이 야생 보호 구역, 인간이 입힌 피해를 복구하는 일에 쓰인다는 이곳은 전쟁을 위한 훈련 지역이기도 했다. 권력의 바깥은 어디에도 없다.

그 순간 종말이라는 개념이 갑자기 폭력적으로 떠올랐다. 폭격기가 향하는 곳에 있는 사람들에게는 이미 세계의 종말이 닥쳐 있었다. 그들은 내가 멀리 떨어진 곳에서 추상적으로 생각하고 있는 모든 것을 몸소 겪고 있었다. 정치 질서의 취약성, 문명의 붕괴를 말이다. 폐허가 된 자국의 공포와 혼란을 피해 달아나는 그들 5백만 명은 유럽과 그 국경에서 잔인한 기계와 맞닥뜨린다. 세계의 종말은 어딘가에서 누군가가 늘 겪고 있었다.

7
미래의 최종 안식처

나는 세계의 종말이 어떤 모습일지 알고 싶었기에, 〈구역〉에
가보고 싶었다. 그 폐허를 들쑤시고, 그 폐허에 시달림을 당
하고 싶었다. 폐허가 되지 않았다면 볼 수 없었을 것을 보고,
인류 시대의 잔해를 살펴보고 싶었다. 구역은 내가 알고 있는
그 어떤 곳보다도 더 명확하고 뚜렷하게 이 전망을 제시했다.
그곳에 가는 것이야말로 사후에 돌아보는 관점에서 세계의
종말을 보는 것에 해당할 듯했다.

　　나는 가고 싶었지만, 혼자 가고 싶지는 않았다. 알라데
일의 야생을 다녀온 지 두 달 뒤에 친구인 딜런에게 전화를
했다. 딜런은 런던에 살았고, 친구들 중에서 우크라이나에
잠깐 다녀오자고 말할 때 그가 함께 갈 가능성이 가장 높다
고 느껴졌다. 무엇보다도 그는 자기 사업체를 운영하고 있기
에 자유롭게 돌아다닐 수 있었고 돈도 많았다. 그는 이혼 수
속 중이었는데, 원만히 진행되고 있긴 하지만 나름대로 복잡

했다. 나는 일종의 반총각 파티가 될 것이라고 말했다. 혼인 관계가 끝나고 있었고, 나는 그를 주말에 체르노빌 출입 금지 구역Chernobyl Exclusion Zone으로 데려가려 했기 때문이었다. 그런 말을 하자마자, 나는 나의 농담에 좀 불편함을 느꼈다. 마치 진짜 신나게 놀러 가자거나, 극한 관광을 하자거나, 더 심하게는 양쪽을 적절히 뒤섞은 일종의 스턴트 저널리즘stunt journalism 활동을 하러 가자고 제안하듯 아이처럼 쾌활한 어조로 말했기 때문이다. 내가 하는 일이 혹시라도 그렇게 보일까 봐 늘 신경을 쓰고 있었다.

「어디 간다고 누구한테도 말 안 했어.」 딜런은 전화로 말했다. 나는 히스로의 호텔에 있었다.

「왜 비밀로 했어?」 내가 물었다.

「귀찮아질까 봐. 거기 간다면 사람들이 이상하게 생각할 테니까.」

「무슨 말인지 알아. 전반적으로 윤리적 거북함이 있지. 나도 고민하는 문제야.」

「윤리적 거북함? 아니야. 방사선을 말하는 거야. 안전할 리가 없어.」

「음, 안전이라는 말은 정확한 단어가 아닐 수도 있어. 내가 자료를 꽤 많이 조사했는데, 지정된 지역에서만 머물고 피폭 지역 같은 곳으로 들어가지 않는 한, 출입 금지 구역에서 하루 머물 때 대서양 횡단 비행을 할 때보다 방사선에 덜 노출된대.」

「믿어도 될지 모르겠네. 그 사실의 출처가 어디야?」

「기억 안 나.」

「구역으로 우리를 데려다줄 키이우 회사가 제공한 거 아니야?」

「그럴 수도 있어.」나는 인정했다.

「그렇군. 아주 좋아.」그가 말했다.

나는 이런 유형의 대화가 그리웠다는 점을 깨달았다. 딜런의 빠르면서 단호한 반어법의 대상이 되는 것 말이다. 그가 4~5년 전에 런던으로 이사하고 결혼한 뒤로 우리는 자주 보지 못했다. 언뜻 보면 우리는 우정을 맺을 만한 사이가 아니었다. 나는 사회주의자였고, 그는 20대부터 부유한 사업가였다. 우리가 대학 기숙사 룸메이트였을 때, 그는 기술 스타트업을 공동으로 창업해서 미국의 큰 비디오 게임 회사에 매각했다. 그리고 여러 기업들이 몰락하거나 완전히 파산하는 와중에도 그 게임사는 견뎌 냈다.

이틀 뒤 키이우에서 멀지 않은 곳에서 우리 안전을 보증한 여행사에 대한 내 신뢰는 심하게 무너졌다. 우리의 소형 버스 운전자이자 안내인은 40대 초반의 이고르라는 남자였는데, 그가 정상적으로 버스 운전을 하는 차원을 넘어 운전을 하면서 사실상 운전을 직접적으로 방해하는 온갖 일까지 동시에 하고 있다는 사실이 내 눈에 명확히 보였다. 그는 스프레드시트가 끼워진 클립보드를 쥔 왼손을 운전대 위에 대고서 운전을 하는 한편으로, 오른손에는 스마트폰을 들고 스프레드시트에 적힌 숫자를 부지런히 전송하고 있었다. 키이우에서 구역까지 가는 두 시간을 관광 일정을 시작하기 전에 했어야 할 일을 처리하는 데 활용할 생각임이 분명했다. 따라서 그는 주의를 세 군데로 분산시키는 듯했다. 클립보드, 도로, 전화기, 클립보드, 도로, 전화기. 그는 길을 제대로 가고 있는지 확인하기 위해서 몇 초마다 눈을 들어 앞을 바라보았다가 다시 클립보드로 시선을 돌리곤 했다.

공교롭게도 나는 이고르, 그의 젊은 동료 비카와 함께 앞자리에 앉아 있었다. 비카는 가이드 자격증을 따기 위해 교습을 받고 있었다. 비카는 아이폰으로 위키피디아에서 원자로에 관한 글을 읽고 있었다. 나는 이고르에게 행정 업무를 비카에게 넘기는 것을 제안하고 싶었지만, 그런 제안이 무례해 보이거나 노골적인 성차별주의처럼 여겨질까 봐 참았다. (여기서 나 자신이 무례하거나 노골적인 성차별을 하는 사람으로 보일 위험보다 차라리 죽음의 위험을 무릅쓰려는 사람이라는 결론을 내릴 수밖에 없다.) 나는 고개를 빼서 미묘하게 겁먹은 눈으로 딜런과 시선을 맞추려고 했다. 딜런은 몇 줄 뒤에 20대 남성 두 명과 앉아 있었다. 오스트레일리아인과 캐나다인인 그들은 함께 유럽 대륙을 여행하는 중이었는데, 아마 유럽의 모든 나라에서 여성과 섹스를 하고 싶다는 욕망 때문인 듯했다. 딜런은 쏟아지는 전자 우편을 읽느라 바빠서 나를 쳐다보지도 않았다. 한참 동안 지속된 그런 헛된 시도가 마침내 결실을 맺으려 할 때였다.

「점심입니다.」이고르가 버스 옆쪽 창밖을 가리키면서 말했다. 그의 집게손가락이 가리키는 위쪽을 보니, 전봇대가 죽 늘어서 있고, 그 위에 황새 둥지가 보였다. 「점심이에요.」 그가 다시 말했고, 이번에는 애매하게 예의를 차리는 웃음이 퍼졌다.

키이우에서 북쪽으로 40분쯤 갔을 때, 이고르는 USB 스틱을 계기판에 달린 콘솔에 끼웠다. 우리 앞에서 화면이 살아나는 양 깜박거리더니 체르노빌 사고를 다룬 텔레비전 다큐멘터리 영상이 나오기 시작했다. 우리가 말없이 시청하는 가운데 버스는 도시 경계를 넘어 시골로 들어섰다. 이고르는 영상에 맞추어 대사를 죽 읊어 댐으로써 그 다큐멘터리를 자주 보았음을 드러냈다. 미하일 고르바초프Mikhail Gorbachëv가 나와서 사고의 여파를 시간대별로 나열하는 장면도 있었다. 이제 자료 입력을 다 끝냈는지, 이고르는 고르바초프와 입을 맞추어 읊었다. 「이런 일이 얼마나 더 오래 이어질까요? 8백

년입니다! 맞아요! 제2의 예수가 태어날 때까지요!」

비카가 낄낄 웃으면서 나를 돌아보았고, 나도 재미있다는 양 킬킬거렸다. 전혀 재미없었지만 말이다.

나는 이런 상황에서 어떻게 분위기를 맞추어야 할지 도무지 갈피를 잡기가 힘들었다. 이고르와 비카의 이루 말할 수 없이 익살스러운 태도는 그들이 맡고 있는 일과 기이하게 들어맞았다. 역사상 최악의 생태적 재앙이 일어난 곳, 우리 평생에 걸쳐 한없이 문제를 일으킬 고통의 원천을 안내하는 일 말이다. 그런 상황에서 우리에게는 좀 더 가벼운 분위기가 필요한 듯했다.

「채식주의자 계신가요?」 앞서 우리가 독립 광장에서 버스에 탈 때 이고르는 물었다. 「채식주의자분을 위해서는 체르노빌 버섯으로 만든 특별식을 준비했어요.」 아무도 대답하지 않자, 이고르는 농담이었다고 말했다. 그 뒤로 이틀 동안 그는 그렇게 농담을 했다가 아무도 알아듣지 못하자 농담이라고 설명하는 일을 수없이 되풀이했다.

다큐멘터리 상영이 끝나자, 버스에 탑재된 오락 프로그램은 BBC 자동차 관련 쇼인 「톱 기어Top Gear」를 상영했다. 우쭐거리는 세 멍청이가 승용차로 출입 금지 구역 주위를 돌아다니는 광경이 나왔다. 불길한 전자 음악이 배경으로 깔리는 가운데 삑삑거리는 방사선량계를 쳐다보고 있었다. 그런 뒤 저예산 뮤직비디오가 몇 편 상영되었는데, 모두 음침한 젊은 남성들이 등장하는 다소 비슷한 장면들이었다. 애처로울 만치 열정적인 한 영국 래퍼는 프리피야트의 폐허를 배경으로 미국 크리스천 메탈풍 복장으로 립싱크를 하고 있었다.

나는 여행사의 의도가 우리에게 이 모든 콘텐츠를 보여 주려는 것인가 하는 생각을 했다. 다큐멘터리를 보여 준 것은 이해가 갔다. 사고 정황, 엄청난 규모의 정화 작업, 상상도 할 수 없을 만치 오래가는 여파 등 솔직한 정보들이 담겨 있었으니까. 그러나 「톱 기어」와 뮤직비디오는 시청하기가 훨씬 더 불편했다. 구역, 특히 유령 도시가 된 프리피야트가 일종의 삐딱한 모험심의 무대, 극적이면서 동시에 일반적인 종말 이미지의 깊은 원천으로 쓰일, 아니 사실상 착취당할 수 있음을 노골적으로 보여 주었기 때문이다.

이 모든 것에 관한 내 감정은 화면이 영화 「체르노빌 다이어리Chernobyl Diaries」의 예고편을 보여 주기 시작했을 때, 불편함에서 노골적인 경멸로 이미 바뀌었다. 유럽을 여행하던 20대쯤 되는 미국인 무리 중 한 명이 〈체르노빌 이야기 들어 봤어? 극한 관광이 있다는데?〉라고 말을 꺼내면서, 그들이 하루 일정을 잡아 프리피야트로 간다는 공포 영화다. 그곳에서 그들은 핵 재앙을 상징하는 어떤 초자연적인 힘에 위협을 받고 살해당한다.

나는 애초에 이 여행을 계획하면서 느낀 불편함의 만화 같은 아바타와 직면하고 있음을 깨달았다. 이런 종말을 그린 인공물들은 내가 실행하고 있던 계획의 연장선상에 있었다. 내가 시적 이미지나 사회 문화적 깨달음을 얻기 위해서 왔기 때문에 윤리적으로 더 엄격한 태도를 취하는 것일까? 내 의도의 문학적 형태는 그 내용을 덜 착취하는 것일까? 그리고 지면에서 이런 문제들과 직접 대면하겠다는 내 결심은 궁극적으로 나를 윤리적으로 덜 비난받는 것이 아니라 더 비난받도록 만들지 않을까? 내가 문학적 목적으로 착취에 관한 내 자의식을 착취하고 있다는 의미에서?

소형 버스는 구역의 바깥 가장자리를 의미하는 검문소에 다가가면서 속도를 늦추었다. 작은 건물에서 제복을 입은 두 사람이 무장 경비원 특유의 권태로운 분위기를 풍기면서 담배를 문 채 어기적거리며 나왔다. 이고르가 계기판에 걸려 있던 마이크를 집었다.

「친애하는 여러분, 구역에 거의 다 왔습니다. 여권을 걸어 주세요.」

우리는 모순의 힘은 곧바로 느낀다. 모순되게 이 힘이 당기는 동시에 미는 것을 느낀다. 자신이 배운 모든 것은 이곳이 오염된 장소, 생명에 적대적이고 위험한 곳이라고 말한다. 그러나 우리가 버스 옆, 경계선에서 먼 쪽에 서 있을 때 이고르가 점검하기 위해 들고 온 방사선량계는 오늘 아침 키이우의 맥도날드 매장 바깥에서 쟀을 때보다 방사선 농도가 더 낮다고 말해 주었다. 피해야 한다고 알려져 있을 것이 분명한 몇몇 피폭지를 제외하고, 구역의 많은 지역은 방사선 농도가 상대적으로 낮다. 원자로를 중심으로 반경 30킬로미터에 달하는 30k 구역 너머는 대체로 생명이 얼마든지 돌아다녀도 된다.

「구역의 이 지역은 사람들이 다시 이용할 수도 있을 거예요.」이고르가 말했다.

그러자 누군가가 왜 지금 쓰고 있지 않냐고 물었다.

「우크라이나는 아주 큰 나라예요. 그래서 다행히도 이 땅을 구역의 심하게 오염된 지역과 우크라이나의 다른 지역 사이의 완충 지대로 쓸 수 있어요. 벨라루스는 우리보다 상황이 안 좋죠.」

곧바로 당신은 그곳의 기이한 아름다움, 자연의 억제되지 않은 무성함이 마침내 자신의 더할 나위 없는 성취, 문제아를 풀어놓은 광경과 마주친다. 당신이 걷고 있는 길은 밑에서 식물 줄기가 밀어 대는 압력으로 갈라진다. 생명의 무심한 고집이 계속되면서 갈라진다. 지금은 한여름이고 낮은 덥지만, 서늘한 산들바람이 잎을 살랑거리는 속삭임, 어디에나 있는 나비가 이 폐허를 관리한다. 나름의 기괴한 방식으로 너무나 사랑스럽다. 세상은 어디에서든 자신의 무구함을 항변하고 나선다.

「모든 밭이 서서히 숲으로 변하고 있어요. 사람이 살기 이전의 상태로 자연이 돌아오고 있지요. 말코손바닥사슴, 멧돼지, 늑대, 희귀한 종류의 말도요.」 이고르가 말했다.

체르노빌의 엄청난 역설은 여기에 있다. 이곳은 역사상 가장 파괴적인 생태적 재앙이 일어난 자리, 소련 주민 12만 명이 살다가 수십 년 동안 기본적으로 사람이 전혀 없는 곳이었다. 그리고 그런 이유로, 이곳은 사실상 유럽 전체에서 가장 큰 자연 보호 구역이 되어 있다. 즉 이 구역에 들어가는 것은 인류 타락 이전의 낙원에 한 발을 딛고 종말 이후의 황무지에 다른 한 발을 딛는 것이다.

차는 경계선에서 그리 멀지 않은 곳에서 멈추었고, 우리는 예전에 마을이었다가 숲이 된 곳을 잠시 둘러보았다. 우리는 나무를 베어 낸 한 곳에서 커다란 머리뼈와 그 주위에 흩어진 뼈들을 보았다.

「말코손바닥사슴이에요.」 이고르가 신발 끝으로 머리뼈를 살짝 건드리면서 말했다. 그리고 더 자세히 말하려는 양 덧붙였다. 「말코손바닥사슴 머리뼈요.」

비카는 지붕이 무너진 낮은 건물로 우리를 안내했다. 쓰러진 나무줄기가 입구를 반쯤 가리고 있었다. 그녀는 연극을 하듯이 한 손을 얼굴 앞으로 내밀어 흔든다.「오늘은 정말 덥네요. 아이스크림 먹고 싶은 분?」그녀는 이곳이 예전에 가게였으며, 아이스크림도 살 수 있었을 것이라고 설명했다.

나는 딜런과 경계하는 눈빛을 주고받았다. 그는 늘 그렇듯 편한 옷차림이었다. 검은색과 회색의 헐렁한 나이키 운동복에 하얀 새 운동복, 검은 선글라스 차림이었다. 그는 우스꽝스러운 소형 버스를 타고 체르노빌 출입 금지 구역을 여행하는, 있을 법하지 않은 만화에 등장하는 마피아 두목처럼 보였다.

물론 31년은 긴 시간이지만, 자연이 그 기간에 얼마나 포괄적으로 이 장소의 통제권을 획득했는지도 정말로 인상적이었다. 화산재에 뒤덮인 폼페이 거리에서 토가를 입고 올리브를 먹는 사람들을 상상하는 것만큼이나 이 폐허에서 청바지와 운동화 차림으로 서서 아이스크림을 먹는 사람들을 상상하는 것도 쉽지 않다. 우리 인간이 자연이 하는 일과 얼마나 빨리 무관해지는지 지켜보고 있자니 놀라웠다.

이고르는 자신이 관광객을 데려가곤 했던 한 여성의 집을 가리켰다. 그녀는 사고가 난 지 2년 뒤인 1988년에 돌아왔다. 자발적 정착자라는 뜻의 사모셀리samoseli라는, 이 구역의 영구 거주자는 약 140명인데, 그들 중 대부분이 그렇듯이 그녀도 정부 주도로 이주와 재정착이 이루어질 때 거의 노년에 가까웠기에 자신이 잘 알던 동네를 떠나 낯선 곳에서 사는데 적응하기가 힘들었다. 무척 추웠던 작년 12월에 이고르는 그녀의 집 지붕에서 연기가 나지 않는 것을 알아차렸다. 그는 〈로살리아! 계세요? 로살리아!〉 하고 불렀지만, 아무 답이 없었다. 그녀는 사망한 상태였다. 향년 88세로, 자기 마을에 남아 있던 마지막 주민이었다.

엄밀히 말해서, 이곳의 모든 것은 엄격하게 통제된다. 엄밀히 말해서, 방문객은 버려진 도시 프리피야트의 어떤 건물에도 들어가는 것이 금지되어 있다. 정도의 차이는 있지만 건물은 모두 썩고 부서지고 있어서 위험했고, 언제든 무너질 수 있는 건물이 많았다. 이론상 이고르와 비카가 관광객을 건물 안으로 데려갔다가 걸리면, 그들의 회사가 받은 구역 통행 허가가 취소될 수도 있었다. 이고르는 출입 허가가 취소된 안내인도 있다고 했다. 그런데 최근 들어 구역 관광 안내 사업에 뛰어든 경쟁업체가 늘어나는 바람에 자기 여행사는 이중으로 압박을 받고 있다고 설명했다. 자기 여행사가 고객을 건물 안으로 들여보내지 않는데 — 계단을 통해 지붕까지 올라가서 프리피야트 주민들이 살던 집과 일터와 학교를 보여 주지 않는데 — 다른 여행사는 들여보낸다면? 프라피야트를 방문하는 사람들이 가장 하고 싶은 것은 아마 버려진 세계의 내밀한 공간으로 들어가는 것이 아니겠는가.

우리 일행의 약 3분의 1을 차지하는 스웨덴인 중 한 명이 프리피야트에서 방문객이 버려진 건물을 탐사하다 중상을 입거나 사망한 사례가 있는지 물었다.

「아직 없어요.」 이고르의 대답은 자신이 의도한 것보다 더 불길하게 들렸다.

그는 규모가 작지만 번창하고 있는 이 관광업의 운명이 수지 타산뿐 아니라 대체로 다치거나 사망할 첫 관광객의 국적에 달려 있다는 것을 명확히 했다. 우크라이나인이 건물을 돌아다니다가 사망하면, 관광업은 괜찮을 거라고, 아무 문제가 없을 것이라고 했다. 유럽의 다른 나라 사람이 사망한다면, 관광객을 건물 안으로 들여보내는 안내인들을 즉시 단속할 것이라고 했다. 최악의 시나리오는 미국인이 사망하거나 중상을 입는 것이다. 그는 그런 일이 일어나면, 이 관광 자체가 즉시 중단될 것이라고 했다. 「미국인이 다치면, 구역 관광은 한마디로 끝이죠.」

체르노빌 관광은 지난 10여 년 동안 급팽창했다. 이고르는 2016년에 3만 6천 명이 왔다고 말한다. 대중 매체에서 프리피야트를 종말 이후 세계를 그릴 때 박진감 넘치는 무대로 삼으면서였다. 「체르노빌 다이어리」나 「다이하드: 굿

데이 투 다이A Good Day to Die Hard」같은 영화, 히스토리 채널의 「인류 멸망 그 후Life After People」(시리즈 전체가 인류 종이 사라진 뒤 자연이 인류 문명으로부터 환경을 어떻게 되찾는지를 페티시즘적 양상으로 묘사한다) 같은 시리즈, 〈스토커 S.T.A.L.K.E.R.〉, 〈폴아웃 4Fallout 4〉, 〈콜 오브 듀티: 모던 워페어 CALL OF DUTY: MODERN WARFARE〉 같은 비디오 게임 등에서 말이다.

사실 딜런이 내 제안에 그렇게 빨리 동의한 것은 바로 이 마지막 게임 때문이었다. 그 게임은 그의 정서를 자극했다. 그의 회사 — 온라인 다중 접속 게임을 위한 네트워킹 소프트웨어 공급자 — 가 게임 개발업체인 액티비전에 매각될 당시에 취급하고 있던 게임이었기 때문이다.

「게임 쪽에서 보면 이곳은 엄청나게 상징적인 장소야.」 딜런이 말했다.

우리는 오늘 아침 버스에서 몇 번 보았던 바로 그 버려진 회전 관람차를 올려다보고 있었다. 「톱 기어」, 영화 예고편, 뮤직비디오도 등장했다. 이 유령 도시에서 가장 눈에 띄는 이정표, 가장 쉽게 알아볼 수 있는 무너진 유토피아의 상징이었다. 우리는 프리피야트의 유원지를 돌아다니면서 영화 속 재앙 장면 같은 모습을 살펴보았다. 회전 관람차, 이끼로 뒤덮인 범퍼카, 녹슬어서 반쯤 삭은 배 그네.

비카는 이 유원지가 1986년 5월 1일 국제 노동절 기념 행사에 맞추어 대대적으로 개장할 예정이었다고 했다. 그런데 그보다 일주일 앞서 재앙이 일어나는 바람에, 이 놀이기구들은 한 번도 쓰이지 못했다. 옆에서 이고르가 방사선량계를 높이 치켜든 채 방사선 수치는 대체로 아주 안전하다고 설명하고 있었지만, 유원지 내에 수치가 위험할 만치 높은 곳들도 있었다. 한 예로, 범퍼카를 뒤덮은 이끼는 프리피야트에서 가장 독성이 강한 물질에 속했다. 주변의 표면보다 방사선을 더 많이 흡수해서 간직하고 있기 때문이다. 따라서 이끼는 무조건 피해야 했다. 온갖 종류의 버섯과 곰팡이도 마찬가지였다. 스펀지 같은 조직 내에 방사성 물질이 축적되기 때문이다. 야생의 개와 고양이도 위험했다. 광견병 때문이 아니라 제대로 제염 처리가 안 된 곳들을 자유롭게 돌아다니다가 방사성 물질을 털에 묻히곤 하기 때문이다.

나는 범퍼카들이 들어 있는 울타리에 기댔다가 구역에서 무언가에 앉거나 기대는 것이 위험하다는 경고판을 읽었던 것이 떠올라 재빨리 녹슨 금속에서 몸을 뗐다. 다른 사람들을 보니, 거의 모두 유원지 사진을 찍느라 바빴다. 딜런만 예외였다. 그는 통화 중이었는데, 누군가와 현재 투자 계획 중인 게임을 둘러싸고 이야기하는 듯했다. 나는 우리 일행이 주로 남성으로 이루어졌다는 사실을 처음으로 알아차렸

다. 10여 명 중에 여성은 한 명뿐이었다. 젊은 독일 여성이었
는데 항공 사진을 찍겠다며 드론을 날리고 있는, 귓불에 아주
큰 구멍이 뚫린 남자 친구를 돕고 있었다. (구역에서 이틀을
보내는 동안, 우리는 다른 일행들과도 마주쳤는데, 주로 남성
들로 이루어져 있었다.)

모두 프리피야트를 최대한 황폐한 모습으로 찍고 싶어
했기에, 다른 사람의 사진에 찍히지 말자고 모두가 암묵적으
로 동의한 듯했다. 자기 사진의 배경에 다른 사람이 사진을
찍는 모습이 나오면 황폐하다는 인상이 약해질 것이기 때문
이다. 나는 충동적으로 전화기에서 인스타그램을 띄워 — 예
상과 달리 구역 전체에서 3G 통신이 아주 원활하게 이루어
지고 있었다 — 검색 칸에 〈프리피야트〉를 입력했다. 화면을
죽 내리니 회전 관람차, 범퍼카, 배 그네를 멋지게 찍은 사진
들이 잔뜩 있었고, 이런 극적인 장면을 배경으로 찍은 셀피
사진도 아주 많았다. 얼빠진 표정과 샐쭉하게 매력을 드러낸
표정, 손가락 욕을 하면서 찍은 얼굴, 비웃는 표정을 찍은 사
진도 몇 장 있었지만, 대부분은 짐짓 엄숙하면서 생각에 잠긴
표정이었다. 대체로 이런 메시지를 전달하려는 듯했다. 나는
여기 와 있고, 이 오염된 곳의 우울한 분위기를 온몸으로 느
꼈어. (#체르노빌 #놀라움 #우울 #핵재앙)

프리피야트는 모험심 있는 관광객에게 포기의 장관을

지구의 어느 곳보다도 더 생생하게 보여 준다. 세상을 향한 열띤 꿈이 허공으로 사라졌다. 계획도시의 위압적인 광장, 갈라지고 식물이 무성하게 자란 대로를 걷는 것은 어느 면에서는 무너진 유토피아 계획의 폐허를, 포기한 과거의 방대한 기념물을 걷는 것과 같다. 그런 한편으로 미래의 몰입형 시뮬레이션, 우리 이후에 올 것의 이미지 속으로 밀고 들어가는 것이기도 하다. 이 버려진 도시의 거리와 건물을 돌아다닐 때 가장 낯설게 다가오는 것은 이곳이 우리 시대의 인공물이라는 인식이다. 폼페이나 앙코르 와트처럼 아주 복잡한 폐허이지만, 이 무너진 광경은 현대적인 모습을 간직하고 있다. 현재의 무너져 가는 폐허를 돌아다니면서 우리는 다가올 세계와 마주치고 있다. (〈미래로부터 무언가가 살짝 엿보고 있는데, 너무나 거대해서 우리가 받아들이지 못해요.〉 벨라루스 기자 스베틀라나 알렉시예비치Svetlana Alexievich가 피해자들의 말을 통해 그 재앙과 이후의 역사를 살펴본 책『체르노빌의 목소리Chernobyl Prayer』에 실린 말이다.)

그리고 이는 내 마음에 가장 집요하게 떠오르는 프리피야트의 이미지가 기술의 부서진 파편들, 우리 기계 시대의 녹슨 잔해물인 이유이기도 하다. 예전에 전자 용품점이었던 곳에서 우리의 튼튼한 신발 바닥에는 산산조각 난 화면의 유리 조각들이 밟혔고, 우리의 스마트폰에는 내부가 훤히 드러난 오래된 텔레비전들이 쌓여 있는 불편한 광경이 찍혔다. 부서진 껍데기에서 삐져나온 관(管)과 전선, 조류가 끼어서 녹색을 띤 오래된 회로판이었다. (그리고 내가 들고 있는 스마트폰도 붕괴와 해체라는 사후 세계를 겪을 것이라고 상상한 사람이 나 혼자만은 아니라는 것도 분명하다.) 예전에 악기점이었던 곳에서는 다양한 모습으로 부서지고 뒤집힌 채 썩어 가는 피아노들 사이를 걸었다. 여기저기에서 사람들이 누렇게 변한 건반을 누를 때마다 이상하면서 축축하고 맞지 않는 음이 들렸다. 이 모든 것이 세계가 불가피하게 쇠퇴한다는 것, 우리의 사물들, 우리 문화에 노후화가 내재되어 있음을 더욱 서글프게 암시했다. 우리를 생존시킬 것이 쓰레기라는 깨달음이다.

「J. G. 밸러드James Graham Ballard의 책 읽어 봤어?」 내가 묻자, 딜런은 말했다.

「아니. 왜 잘 썼어?」

우리는 올림픽 경기에 쓰일 만한 텅 빈 수영장 옆에 서 있었다. 저 멀리 깊은 쪽에는 기울어진 바닥에 지저분한 것들이 쌓여 있었다. 반짝이는 유리 조각과 페인트 조각, 축축한 낙엽 같은 것들이었다. 그 위쪽에 알아볼 수 없는 공기 방울 양식의 낙서가 거의 수영장 끝까지 그려져 있었다.

「그가 다 맞았어. 좀 반복적이긴 해. 하지만 물 빠진 수영장의 상징성에 절대적으로 탐닉한 것이 내가 질문한 이유야. 이곳 전체가 그의 조타실이라고 해도 좋았을 거야.」나는 말했다.

나는 휴대 전화로 사진 두 장을 찍었지만, 내가 어떤 사진을 찍든 간에 인스타그램에 다른 사람들이 올린 수십 장과 똑같거나 그보다 더 안 좋을 것이라는 사실을 깨닫고, 귀찮게 더 이상 사진을 찍지 않았다. 휴대 전화로 검색을 하니, 더 좋았던 시절에 이 수영장을 찍은 사진이 한 장 나왔다. 놀랍게도 사고 이전의 사진이 아니라, 1990년대 중반 이른바 해체 작업자liquidator가 이용할 때의 사진이었다. 여러 해 동안 이 버려진 도시에서 독성 폐기물을 정화하는 일을 맡은 군인과 민간인을 말한다. 사진의 반짝이는 파란 물은 더 이상 없고, 앞쪽 벽의 유리판과 바닥 타일도 모두 사라졌고, 건물 구조의 금속 뼈대가 드러나 있다. 하지만 나는 폐허가 된 이 상태가 본질적으로 그 이전의 상태와 매우 비슷하다는 인상을 받았다. 시계도 수영장 저쪽 끝의 벽에 아직 걸려 있었다. 테두리가 8각형인 커다란 시계였는데, 내가 정기적으로 다니는 집 근처 수영장 벽에 걸린 것과 거의 똑같았다. 시간도 알 수 있을 뿐 아니라, 계속 움직이는 커다란 빨간색 초침으로 자신의 수영 속도도 잴 수 있는 시계였다. 내가 바라보고 있는 이 시계는 지금 멈춰 있는 반면, 내가 다니는 수영장의 시계는 아마도 여전히 초를 세고 있을 것이다. 비록 다른 장소인 프리피야트의 다른 시간대에 있지만, 여전히 우리 시대의 것임을 충분히 알아볼 수 있었다. 방대한 메멘토 모리memento mori, 한 도시, 한 문화의 세월의 딱지 위에 얹힌 17세기 바니타스Vanitas(공허)였다.

딜런은 운동복 상의 지퍼를 빠르고 단호하게 올렸다. 텅 빈 수영장의 종말론적 공명을 생각하는 일을 멈추고 다음 것으로 나아갈 준비를 했음을 미묘하게 전달하는 몸짓이었다.

「흠, 생각할 거리가 많네.」 그가 말했다.

우리는 고층 아파트의 축축한 로비에 있었다. 스웨덴인 중에 스쿨버스 운전사로 일하는 30대 후반의 남자는 친구들에 비해 이 관광이 별로 마음에 안 드는지, 계단 옆에 서서 깨진 바닥 타일을 내려다보고 있었다. 부드러우면서 좀 가볍게 경계하는 표정이었다.

「석면이에요. 온통 석면투성이예요. 여기 건물들이 다 그렇네요.」 그가 말했다.

나는 석면이 어쩌고저쩌고하는 이야기는 잘 몰랐다. 그저 좋지 않다는 정도만 알고 있었다. 「불이 잘 붙는 거죠?」 내가 묻자, 버스 운전사가 말했다.

「아니요, 정반대예요. 방염재죠. 하지만 석면 먼지를 들이마시면, 미세한 섬유가 허파에 박혀서 절대로 빠지지 않아요. 그러면 폐암에 걸려 죽을 수 있어요.」

「어, 그래요? 다르게 알고 있었네요.」

딜런은 부서진 타일 더미에서 물러나더니 정중하게 이고르에게 물었다.

「석면도 조심해야 할까요, 이고르?」

「들이마시지 않으면 아무 문제 없어요.」 이고르는 적극적으로 피력하듯이 좀 오래 어깨를 으쓱하고는 말했다.

「알겠어요. 하지만 혹시라도 들이마실까 봐 걱정이 되지는 않나요?」

「나요? 전혀요. 많은 유럽인과 미국인은 걱정해요. 그들은 방사선보다 석면을 더 걱정하죠.」 이고르는 이 불합리함에 낄낄거리면서 고개를 저었다.

「하지만 당신은 아니군요.」 딜런이 말했다.

「나는 아니에요.」 이고르는 그렇게 말하고는 공중 보건에 엄청난 위해를 끼칠 것처럼 보이는 계단을 걸어 올라갔다. 딜런은 그가 올라가는 모습을 지켜보다가 당혹스러운지 조용히 고개를 저었다.

「괜찮을 거야.」 나는 그렇게 말했지만, 확신은 전혀 없었다.

거리 바깥에서 작은 들개 한 마리가 아주 순한 모습으로 우리에게 다가왔다. 비카가 핸드백을 열어 작은 분홍색 막대를 꺼냈다. 정육점에서 산 싸구려 간식이었다. 개는 조심스러우면서 아주 우아하게 받아먹었다.

내 시야 가장자리, 바스러진 마른 낙엽이 바스락거리는 곳에 뭔가 거무스름한 움직임이 엿보였다. 고개를 돌리자 낙엽 더미 아래서 나와 곧장 덤불을 향해 가는 근육질 검은 뱀의 꼬리가 보였다.

「독사네요.」이고르가 달아나는 뱀 쪽으로 고개를 끄덕이면서 말했다. 〈옹사〉라고 발음했다.

우리는 프리피야트의 여러 학교 중 한 곳의 입구에 서 있었다. 의인화한 태양이 작은 여자아이를 바라보고 있는 아름다운 모자이크가 옆에 타일로 장식된 커다란 건물이었다. 딜런은 금방이라도 무너질 것처럼 보이는 건물 안으로 들어가는 것이 현명한 일인지 곧바로 의구심을 드러냈다. 그는 이고르를 향해 애초에 건물이 서둘러서 엉성하게 지어졌을 것이 틀림없다고 말했다.

「아니에요. 이건 모든 건물의 미래예요.」이고르가 위장복 어깨에 달라붙은 곤충을 탁 쳐내면서 대답했다.

나는 그가 미소 띠는 모습을 한 번도 본 적이 없었지만, 평소에 그의 얼굴은 근엄하면서 심오한 슬라브족 반어법을 드러내는 듯했고, 튀어나온 눈에는 희미하게 즐거워하는 기색이 뚜렷했다. 그는 건물을 최대한 빨리 통과하는 것이 최선이라고 말했다. 언제라도 무너질 듯했기 때문이다. 딜런은 이번에는 밖에 앉아 있겠다고 했지만, 이고르가 허락할 수 없다고 반발하자 내가 볼 때 순한 양이 따르는 듯한 모습으로 딜런은 어깨를 으쓱하고는 우리와 함께 움직였다. 비록 이고르는 이렇게 갑자기 권위적인 태도를 취한 합리적인 이유를 전혀 말하지 않았지만, 우리는 가이거 계수기가 없는 상태에서 사람들이 흩어져 돌아다니다가 자신도 모르게 방사능이 높은 구역으로 들어갈 위험을 최소화하려는 것이 아닐까 짐작했다.

학교 로비는 수천 권쯤 되는 교과서와 복사 책으로 뒤덮여 있었다. 글자들의 잔해가 널브러져 있었다. 이런 책들을 밟고 걸어가자니 조금 역겨운 느낌이 들었지만, 앞으로 나아가려면 어쩔 수가 없었다. 프리피야트의 모든 건물이 오래전에 이미 이른바 스토커 — 값나가는 물건을 훔치기 위해 불법으로 구역에 들어온 이들로서 주로 10대 청소년과 젊은이였다 — 에게 약탈당했고, 이런 곳에서 우리가 마주치는 온갖 물건들이 흐트러진 모습은 재앙 자체가 아니라, 그 여파의 산물이었다.

프리피야트에서 우리는 오래전에 사라진 사람에게 의

미가 있었던 것을 늘 밟고 다녔다. 이고르가 몸을 굽혀 바닥에서 컬러 그림책을 집어 들고는 바스러지고 있는 책장을 후르륵 넘겼다.

「선전 책이에요.」 그는 좀 혐오스럽다는 표정을 지으면서 가만히 자기 발치에 다시 떨어뜨렸다. 「소련에서는 모든 것이 선전물이었어요. 늘 선전밖에 없었어요.」

그는 다른 책을 집었다. 단색 글자가 찍힌 얇은 책이었는데, 그는 책장을 몇 장 넘기다가 착취의 무게에 비참하게 짓눌려 허리가 굽은 공장 노동자들이 항의 집회를 여는 삽화를 보여 주었다. 「마르크스의 『자본론*Das Kapital*』을 가르치는 거예요.」 그가 말했다.

내가 재앙에 관해 기억나는 것이 있는지 묻자, 그는 사실은 기억나는 것이 전혀 없다고 대답했다. 그는 나보다 다섯 살 더 많았지만, 그 사고와 그 뒤의 일을 내가 더 명확하게 기억하고 있을 것이라고 했다. 소련 시대 우크라이나는 재앙의 규모를 대중에게 공개하지 않았기 때문이다. 「유럽에서는요? 공황 상태에 빠졌죠. 엄청난 재앙이었어요. 우크라이나에서는요? 아무 문제도 없었어요.」

난간이 오래전에 뜯겨 나갔거나 녹슬어 사라진 계단을 올라가면서, 나는 계속 벽에 손을 짚었는데, 손가락 끝에서 페인트가 부서지는 것이 느껴졌다. 재앙이 일어났을 때 나는 여섯 살이었다. 아마 너무 어린 까닭에 부모님이 그 뉴스와 관련 의미를 접하지 못하게 보호하지 않았을까? 떠올릴 기억이 있을까? 기형으로 태어난 아기들의 모습이 떠오른다. 부풀어 오른 머리뼈에 발톱이 달리고 일그러진 팔다리가 달린 심하게 변형된 인체다. 즉 재앙 자체가 아니라 그 뒤로 오래 이어진 황폐하면서 기괴한 후유증의 이미지다. 나는 매혹적인 공포에 사로잡힌 느낌을 떠올렸다. 그 느낌은 내 마음속에서 공산주의와 민주주의, 내가 그저 선과 악 사이의 싸움으로 이해하고 있던 양쪽의 싸움, 핵전쟁을 비롯한 당시의 재앙들과 미래가 파탄 났다는 인상과 결합되어 있었다. 계단을 계속 오르고 있을 때, 밤늦게 시골길에서 어머니의 도움을 받아 주황색 포드 피에스타의 후드 위로 올라가 맑은 밤하늘을 호를 그리면서 가로지르는 불빛을 올려다보던 기억이 떠오른다. 어머니는 챌린저호라는 미국 우주 왕복선이 지구 궤도를 도는 것이라고 알려 주었다. 이 기억은 내 마음속에서 더 나중의 기억인 그 왕복선이 대양 위에서 폭발하여 새하얀 연기로 변하는 텔레비전 뉴스 영상을 본 기억과 연결되었다. 새파란 하늘을 배경으로 비행운이 갑작스럽게 Y 자 모양으로 갈라졌다가 다시 서로를 향해 빙빙 돌면서 왕복선 잔해들이 바다로 떨어지는 광경은 기술의 잔해와 죽음이라는 섬뜩한 충격을 안겨 주었다. 그 순간은 내게 달 착륙이 부모님과 그 세대에게 무엇인지를 떠올리게 했다. 미래 자체를 고정시킨 이미지였다.

우리는 계단 꼭대기에 모였고, 이고르를 따라 복도를 가려고 할 때 나는 기술 재앙의 이미지 ─ 폭발이나 돌연변이 같은 ─ 가 내 유년기를 사로잡고 있었으며, 체르노빌보다, 아니 그 막연한 엄청난 영향보다 훨씬 더 큰 대격변의 원천에 내가 와 있음을 깨달았다. 바로 공황 상태. 엄청난 재앙이었다. 나는 프랑스 철학자 폴 비릴리오Paul Virilio의 말 ─ 〈배의 발명은 난파선의 발명이기도 했다〉 ─ 이 기술 발전이 어느 정도까지 대재앙의 전망 안에 들어 있는지를 완벽하게 포착한 양 느껴졌다. 그리고 프리피야트가 진보의 묘지, 미래의 최종 안식처라는 생각이 떠올랐다.

위층의 넓은 교실에는 유아가 앉을 만한 크기의 의자 10여 개가 원형으로 배열되어 있었고, 의자마다 썩어 가는 인형이나 털이 다 빠진 곰 인형이 놓여 있었다. 시각적 효과만으로도 충분히 섬뜩하지만, 이 장면이 꽤 최근에 사진을 찍기 위해 한 방문객이 꼼꼼하게 배치한 것이라는 사실을 알고 나니 더욱더 불편했다. 그리고 이는 재앙지 관광이라는 사업 전체에 내가 몹시 오싹한 느낌을 받는 이유의 핵심에 놓여 있었다. 빈 창틀을 통해 들어오는 따뜻한 산들바람을 느끼면서 이 예전의 교실에 서 있는 모든 사람과 마찬가지로 내가 참여하고 있는 이 관광 말이다. 프리피야트에서 내가 받은 인상은 그 황량함도, 심지어 계속해서 존재하는 방사능 독성의 위험도 아니라, 이곳이 기존의 미적 틀에 산뜻하게 들어맞는다는 감각, 우리가 일종의 종말론 키치kitsch에 참여하기 위해서, 아니 사실상 그것을 추구하기 위해서 여기에 와 있다는 느낌이었다. 다시 말해, 우리는 한 제품을 소비하기 위해 여기에 왔다. 나는 이 모든 것을 어느 수준에서는 이해했지만, 나를 불편하게 만든 것은 이 불편한 사실을 숨기는 데 실패했다는 것, 심지어 시도하는 일조차 실패했다는 것이었다. 나는 이 관광에 식사와 숙박, 교통편까지 포함해 2백 파운드를 썼다.

나는 이고르와 비카가 우리를, 즉 이 단절된 세계를 안내를 받으며 구경하기 위해서, 용감하게 여기에 온다는 위반의 짜릿함을 느끼기 위해서 우크라이나인의 월평균 임금에 해당하는 비용을 지불한 우리 서유럽인과 오스트레일리아인과 북아메리카인을 경멸하는 것이 아닐까 생각했다. 내가 그런 입장이라면, 바로 그렇게 경멸했을 것임을 나는 알았다. 사실 나는 나 자신이나 다른 누군가를 경멸하기 위해서 굳이 남의 입장을 취할 필요조차도 없지만.

「여기에 얼마나 자주 옵니까?」 나는 이고르에게 물었다.

「대개 일주일 내내 오지요.」 그는 별난 방식으로 시선 접촉을 피했다. 마치 상대방이 옆에 있는 것처럼 정면으로 보지 않고 약간 옆으로 치우친 각도로 바라보았다. 「일주일에 7일씩, 8년 동안 왔어요.」

「어떤 영향을 받았나요?」 내가 물었다.

「나는 아이가 셋이에요. 돌연변이는 없어요.」 그가 대답했다.

「그냥 여기를 말한 거지, 방사선을 말한 게 아니에요. 내 말은 이 모든 것이 끼친 영향을 말하는 거예요.」 나는 대강 심리적인 문제를 가리킨다는 의미로, 내 머리를 가리키는 손짓을 했다.

「나는 아내를 보지 못해요. 가족도요. 모두가 자고 있을 때인 오전 5시 반에 일어나요. 또 모두 자고 있는 밤에 들어가고요. 소련 시대처럼 노예로 살고 있어요. 하지만 지금은 돈의 노예지요.」

나는 진심으로 동의한다는 양 재빨리 고개를 끄덕였다. 비록 나 자신은 그다지 돈의 노예가 아니었지만 말이다.

「닥터 알반 알아요? 래퍼 말이에요. 그의 노래 〈그게 내 인생이야It's My Life〉의 가사와 똑같아요.」

내가 혼란스러운 모습을 보였던 것이 틀림없다. 그가 다시 명확히 말했기 때문이다. 「그게 내 인생이지요. 이게요.」

바로 그때 스웨덴인 한 명이 더 작은 교실에서 나왔다. 쿵쿵거리며 걷는 중년의 남자였는데, 커다란 배낭을 메고 아주 값비싸 보이는 사진 장비를 잔뜩 들고 있었다.

「닥터 알반이라고 했어요?」

「네, 닥터 알반이요.」 이고르가 말했다.

「스웨덴인이에요. 스웨덴 출신이라고요!」 그는 자부심이 넘치는 어조로 말했다.

「정말이에요?」 이고르가 물었다.

「알다시피 치과 의사잖아요. 스웨덴에서 실제로 치과 의사예요.」

「정말로요?」 내가 물었다. 당연히 나는 닥터 알반을 잘 몰랐다. 1992년 「그게 내 인생이야」가 유럽 전역에서 대성공을 거두었다는 것만 알고 있을 뿐이었다. 하지만 그가 치과 의사라는 사실은 몹시 직관에 반하는 듯했다. 「지금도 진료를 하나요?」

「뭐라고요?」 스웨덴인이 반문했다. 그는 이제 낄낄거리지 않았다.

「그가 아직도 치과 진료를 하냐고요.」

그는 당혹스러워하면서 고개를 흔들었다. 마치 내가 제정신이 아닌 말을 한 양, 닥터 알반의 반쯤 잊힌 유령을 불러내어 그가 치과 진료를 하는지를 뜬금없이 물은 양 나를 쳐다보고 있었다.

「내가 어떻게 알겠어요.」 그는 그렇게 말하고는 카메라 장비를 내려다보면서 교실로 다시 들어갔다.

나는 이고르와 비카를 따라 다른 교실로 들어갔다. 앞서 비카가 간식을 주었던 들개도 따라왔다. 개는 교실을 빠르게 돌아다니면서 지점토 인형, 뒤집힌 의자, 찢어진 복사지의 냄새를 건성으로 맡고는 비카 옆에 자리를 잡았다. 이고르가 벽장을 열어 쌓인 그림들을 꺼내더니 청록색 물감이 군데군데 묻은 책상 위에 늘어놓았다. 아이들의 아름다운 그림이었다. 나비, 웃는 태양, 물고기, 닭, 공룡, 작은 파란 치마를 입은 새끼 돼지가 가슴 뭉클할 정도로 생생하게 그려져 있었다. 세계, 자연을 향한 사랑을 표현했고, 마치 나 자신이 그런 대상들을 보면서 감정에 젖는 양 느껴질 만치 기쁨과 관심이 확연히 드러나 있었다. 갑자기 아이들이 책상에 앉아 혀를 내민채 그림에 집중하고 있고, 교사가 옆에서 몸을 숙인 채 격려와 칭찬을 하는 모습이 눈앞에 떠오르고, 종이와 물감과 풀의 냄새까지 맡을 수 있었다.

나는 공룡 그림을 집어 들었다. 그러자 재앙 자체의 상상할 수도 없는 차원이 아니라, 이 그림을 그린 아이가 이 그림을 집으로 가져가서 부모님에게 보여 주지 못했으며, 자신의 학교와 집과 도시와 오염된 세계를 뒤로하고 떠나야 했던 것처럼 이 그림도 남기고 떠나야 했다는 생각에 슬픔이 밀려들어서 놀랐다. 그리고 내가 여기 있는 것 자체의 기이함, 이 장면에 속한 인물로서의 나 자신이 잘못되었다는 점을 의식하게 되었다. 외부에서, 종말 이후의 미래에서 와서 손에 이 단순하면서 아름다운 그림을 들고 무너진 문명의 인공물로서 바라보고 있는 존재. 나는 구역에 내가 있다는 것이 더 깊은 모순이었음을 이제야 이해했다. 내가 여기 있다는 사실의 불편함은 오염 위험보다는 나 자신이 오염 물질이라는 인식과 더 관련이 있었다.

체스와프 미워시Czesław Miłosz는 시 「세상이 끝나는 날의 노래 A Song on the End of the World」에서 마지막 날이 그저 여느 날과 똑같을 것이고, 자연이 늘 하던 일을 계속하고, 〈증표와 대천사의 나팔 소리를 기대하는 이들은 / 지금 일어나고 있는 일을 믿지 않는다〉라고 추측한다. 시는 백발의 노인이 밭에서 토마토를 수확하며 이렇게 읊는 말로 끝난다. 〈또 다른 세상의 끝은 없을 거야. / 또 다른 세상의 끝은 없을 거야.〉

그 시는 1944년 그가 바르샤바에 있을 때 쓴 것이다. 미워시는 그 시에서 아우슈비츠를 언급하지도, 암시하지도 않았다. 세상의 끝이 한동안 진행되고 있던 그곳에서 겨우 몇백 킬로미터 떨어져 있었음에도 말이다. 그러나 지금은 그 국지적 종말을 생각하지 않고서는 그 시를 읽기가 불가능하다. 세계가 하던 대로 늘 돌아간다는 사실 — 태양이 빛나고 벌이

토끼풀 주위를 맴돌고 토마토가 밭에서 익어 간다 — 이 이미 종말이 찾아오지 않았다는 의미는 아니다.

미워시의 백발노인 이미지, 예언자가 아닌 그의 예언자는 우리가 이반 이바노비치 세메니우크를 만났을 때 떠올랐다. 80대의 농부인 그는 구역으로 돌아온 주민 가운데 아직 생존한 이에 속했다. 예전에 약 6백 명이 살던 마을인 파리셰우에 남아 있는 두 명 중 하나였다. (또 한 명은 다리야라는 아주 작고 쾌활한 할머니였다. 다리야는 밭 건너편에서 작은 갈색 테리어와 함께 살았다.) 이반은 나름의 이유가 있는지 우리와 함께 있는 동안 줄곧 손에 옥수수를 들고 다녔고, 카키색 군용 재킷과 헐거운 자주색 추리닝 바지 차림이었다. 지팡이를 짚고 있었지만, 나이에 비해 정정해 보였다. 원자로 사고가 난 지역에서 30년을 살아온 노인이라는 점을 생각하면 더욱 그랬다. 그는 비카의 더듬거리는 동시통역을 통해 자신과 가족이 사고가 난 지 6일이 지났을 때 소개되었는데, 출입금지 구역이 될 곳에 살던 모든 주민처럼 며칠 지나면 다시 돌아올 것이라는 말을 들었기에 감자를 담은 주머니 몇 개를 제외하고는 물건들을 거의 다 놔두고 떠났다고 했다. 데려갔던 가축들은 모두 도살되어 묻혔다.

(해체 작업자들은 사고 이후 며칠, 몇 달, 몇 년에 걸쳐서 온갖 것들을 끝없이 묻었다. 학교와 집을 불도저로 밀었고, 도

시 전체를 무너뜨려서 묻었고, 나무를 벤 뒤 비닐봉지에 넣고 밀봉하여 땅속 깊숙이 넣는 식으로 숲 전체도 묻었고, 심지어 오염된 겉흙을 걷어서 땅속 깊이 넣어 흙 자체도 묻었고, 최초 대응자 — 심각한 방사선에 노출되면서 심장에 물집이 생겨 사망한 이들 — 의 시신도 방사성 물질의 누출을 최소화하기 위해 납으로 만든 관에 넣어서 묻었다.)

이반은 우크라이나의 다른 지역에서 1년 반을 살다가 1987년 가족과 함께 원래 살던 집으로 돌아왔다. 나무와 주름 철판으로 자신이 직접 지은 집이었다. 엄밀히 말하면 합법적인 귀가가 아니었지만, 키이우 도심에 정부가 제공한 아파트에서 건강하지만 비참하게 살아가는 것보다 건강의 위험을 무릅쓰고서라도 원래 살던 땅으로 돌아가겠다고 결심한 주민 약 2천 명을 우크라이나 정부는 그대로 놔두었다. 사고이후 도시에 정착한 이들 중 상당수는 이웃들에게 배척당하면서 고립되었다. 오염될까 봐 우려하여 체르노빌 사람들과 신체 접촉을 꺼렸기 때문이다.

이반은 돌아온 뒤 몇 년 동안 발전소 경비원으로 일했고, 그 뒤에 도로 건설 인부로 일하다가 퇴직해서 아내 마리아와 함께 땅을 일구며 살았다. 아내는 작년에 세상을 떠났고 그는 지금 홀로 살고 있다. 키이우에 사는 아들이 자주 방문하긴한다. 이반은 직접 채소를 기르고, 집 주변의 숲에서 버섯과 열매를 따고, 닭과 돼지를 기르며, 방사성을 띠는 장작을 때서 집 안을 데운다. 이런 구역 내의 삶이 심각한 해를 끼쳤다 해도, 그는 모르고 지나친 셈이다. 그는 구역으로 돌아오지 않는 쪽을 택한 같은 나이의 주민들보다 자신이 더 장수하고 있다고 서글프면서도 흡족함을 느꼈다. 알렉시예비치가『체르노빌의 목소리』에서 익명으로 인터뷰를 한 누군가는 이렇게 말했다.「누구나 자기 삶을 살고 있는 거죠.」

평범한 동료. 작은 인간. 주변의 모든 사람과 마찬가지로, 출근하고 퇴근한다. 평균적인 봉급을 받는다. 일 년에 한 차례 휴가를 간다. 아내를 맞이했다. 아이들을 길렀다. 지극히 정상적인 삶이다. 그러다가 어느 순간 갑자기, 체르노빌 사람이 되었다. 호기심의 대상이! 모두가 흥미를 갖는 사람이 되지만, 사람들은 그저 신기하게 여길 뿐 더 이상의 관심은 없다. 여느 사람들과 똑같이 지내고 싶지만, 더 이상은 불가능하다. 그럴 수도 없고, 기존 세계로 돌아갈 수도 없다. 사람들은 다른 시선으로 자신을 바라본다. …… 처음에 우리 모두는 일종의 희귀한 전시물이 되었다. 체르노빌이라는 단어가 여전히 경보처럼 작용하는 것과 마찬가지다. 그들은 모두 고개를 돌려서 당신을 쳐다본다. 〈와, 거기 출신이에요?〉 처음에 우리가 느낀 것이 그러했다. 우리는 마을뿐 아니라 삶 전체를 잃었다.

우리는 고위직이 방문하는 식으로 이반의 뒤를 따라 그의 작은 공간을 둘러보았다. 겸손한 태도로 그의 텃밭과 포도 덩굴과 차고에서 녹슬어 가는 오래된 주황색 라다(비카는 〈소련판 포르쉐예요!〉라고 말했다)를 둘러보았다. 그는 자신이 어딘가로 떠난다면, 여전히 도로를 달릴 수 있을 것이라고 장담했다. 우리는 녹슨 철판과 목재로 짓고 단열을 위해 검은 비닐을 덮은 낮은 오두막 같은 건물에 들어섰다. 이고르는 이반의 〈달빛 반응로〉라고 했다. 그를 계속 취하게 할 술을 제조하는 곳이라는 뜻이었다. 안에는 사진이 많았는데, 웃고 있는 이반과 함께 찍은 셀피가 많았다. 내게는 우리 집단이 적어도 이 농부와 그가 속한 이 빈약한 종말 이후의 농사만큼 이상하면서 두드러진, 적어도 인류학적으로 고려할 가치가 있는 존재임이 명확해 보였다.

여행사는 체르노빌시로 우리를 데려갔다. 호텔 10이라는 곳이었다. 지극히 실용적으로 붙인 이름이었지만, 세련되게 들렸다. 호텔 10은 체르노빌의 호텔이라고 하면 짐작할 수 있듯이 결코 세련되지 않았고, 사실 예상보다 더 못하다고 할 수 있었다. 2층으로 쌓은 거대한 선박 컨테이너처럼 보였고, 사실 그랬다. 외벽과 지붕은 주름 철판이었다. 내부는 완전히 건식 벽으로 지어진 듯했고, 희미하게 방부제 냄새가 났으며, 긴 복도는 딜런과 내가 묵을 1층의 방이 있는 끝부분에서 욕지기가 나올 각도로 아래로 기울어져 있었다.

우크라이나 정부는 구역 내에서 오후 8시 정각에 엄격하게 야간 통행금지 조치를 실시하므로 보르시, 빵, 뭔지 모를 고기로 저녁 식사를 한 뒤에는 그저 마시는 것밖에 할 일이 없었기에, 우리는 마셨다. 우리는 체르노빌이라는 터무니없이 비싼 그 지역 맥주를 마셨다. 구역 바깥에서 지역산이 아닌 밀과 물로 빚어 구역 내에서만 판매하는 것이라고 라벨에 적혀 있었다. 딜런이 쓸데없이 스스로 제약을 가하고 있다고 정당하게 비난한 사업 모형이었다. (이 호텔에서 다른 맥주는 모두 동난 상태였다. 이 맥주를 택하든 아무것도 마시지 않든 둘 중 하나여서, 엄청나게 비싸지만 아무것도 안 마시고 있느니 체르노빌이라도 마시는 편이 낫다고 판단했다.)

우리 모두는 그날 밤 일찍 잠자리에 들었다. 설령 어둠이 깔린 뒤 텅 빈 거리를 걷고 싶다 해도, 그렇게 했다가는 법을 어기는 것이고 관광객을 구역으로 들여보내는 여행사의 면허도 취소될 수 있었다. 잠이 안 와서 나는 가져온『체르노빌의 목소리』를 꺼냈다. 체르노빌 주민들이 견뎌 낸 상실과 이주, 공포를 이야기하는 수십 명의 독백을 거쳐 책을 다 읽었을 때, 나는 불편하게도 나 자신의 모습과 마주쳤다. 이 책의 종결부는 한 키이우 여행사가 사람들에게 출입 금지 구역을 방문할 기회를 제공하기 시작했다는 2005년 신문 기사들을 모은 것이었다.

〈집에 돌아가면 친구들에게 말할 것을 분명히 지니게 될 것이다. 원자력 관광은 특히 서구인들 사이에 수요가 많다. 사람들은 강한 새로운 감각을 갈망하며, 세계에서 그런 감각을 탐사하고 쉽게 접할 수 있는 곳은 그리 많지 않다. 삶은 지루해지고 있으며, 사람들은 영속적인 것의 전율을 느끼고 싶어 한다. …… 원자력 메카를 방문하라. 비용도 적절하다.〉

거의 3백 쪽에 달하는 상실과 이주와 공포의 우울한 독백이 나열된 뒤에 이렇게 끝을 맺다니, 이상하면서도 조화롭지 않았다. 그 순간에 내가 하고 있던 관광이 읽고 있던 바로 그 관광과 사실상 달랐다면 마음이 몹시 불편했을 것이다. 알렉시예비치의 목소리는 엄밀하게 말하면 지면에 존재하지 않았다. 그 책에서 거의 내내 그녀는 인터뷰 상대에게 자리를 양보하고 물러나 있었다. 그런데 마지막의 이 미사여구를 접했을 때, 지친 작가가 반어법으로 적었다는 점을 놓칠 수가 없었다. 이 땅이 관광의 대상이, 일종의 문화적 오염이 되고 있다는 이 마지막 모욕에 혐오감까지 엿보였다.

나는 누운 채 침묵에 주의를 기울이면서 얼마간 깨어 있었다. 이따금 멀리서 늑대의 희미한 울음소리가 들렸고, 구역 어딘가가 현재 유럽 전역에서 회색늑대의 개체 밀도가 가장 높은 곳이 되어 있다는 글을 읽었던 것이 떠올랐다. 나는 스스로에게 물었다. 내가 여기에 강한 새로운 감각을 추구하러 온 것은 아닐까? 영속적인 무언가의 전율을 추구하기 위해서 왔으며, 그것이 땅의 치유 불가능한 독인 방사선 자체의 짜릿함일까, 이 공간이 드러내는 공허함 자체의 짜릿함이었을까? 나는 내가 구역을 아주 최근에 일어난, 거의 상상도 할 수 없는 비극인 진짜 재앙의 장소로서가 아니라 상상한 미래의 방대한 디오라마, 인류가 완전히 사라진 세계로 만나고 있다는 느낌을 갖고 있음을 깨달았다. 그리고 역설적이게도 나를, 나와 같은 사람들을 그토록 강력하게 끌어당기는 것은 바로 이 장소의 폐기, 그 공허함이라는 것도 깨달았다.

폐허 중에서도 프리피야트는 독특한 사례다. 뒤집힌 베네치아다. 즉 다가올 세계의 완전한 상호 작용 가상 환경이다. 이곳의 기이하다는 느낌은 흩어진 파편들의 막연한 상태에서 나온다. 부서진 텔레비전, 썩은 피아노, 떠난 아이들의 미술 작품. 모두 쓰레기인 동시에 인공물이다. 이곳은 우리 시대에 속하는 동시에, 전혀 다른 시대에 속하기도 한다.

이곳은 소련의 계획과 창의성의 모범 사례로 건설되었다. 고도의 숙련된 인력을 활용할 이상적인 장소였다. 가로수인 상록수들이 늘어선 널찍한 도로, 여기저기 펼쳐진 광장, 현대식 고층 아파트, 호텔, 운동과 오락을 위한 공간, 문화 센터, 놀이터. 그리고 이 모든 것은 원자력의 연금술을 통해 가동되었다. 프리피야트를 설계하고 지은 이들은 미래를 설계하고 짓는다고 믿었다. 너무 고통스러워서 생각하기조차 힘든 역사적 아이러니다.

어느 수준에서는 명백히 잘못되었다고 느낄 만치 내가 여기 있는 것이 이상하게 느껴지면서도, 나는 이 활동이 독특한 문화 전통을 지닌다고 인식했다. 비록 비뚤어지긴 했지만, 폐허에서 즐거움을 얻는 것은 수백 년 동안 인기 있는 활동이었다. (물론 독일어에는 그런 단어도 있다. 폐허 동경Ruinenlust이다.) 17세기 말부터 영국의 젊은 엘리트층은 그랜드 투어Grand Tour를 시작했다. 〈옥스브리지〉를 나온 뒤 유럽 대륙의 문화 도시에서 체류하는 것이 풍습이 되었다. 그중에 그리스와 로마의 폐허는 인기 있는 장소가 되었다. 이런 방식으로 그들은 가장 위대한 문명, 가장 위대한 제국조차도 모두 결국엔 무너져 폐허가 된다는 것을 되새겼다.

덧없음에 관한 명상은 18~19세기 미술과 문학의 의지

대상이 되었다. 디드로는 「1767년의 살롱Salon of 1767」에서 이렇게 썼다. 〈폐허가 내게 상기시키는 개념은 장엄함이다. 모든 것은 무로 변하고, 모든 것은 스러지고, 모든 것은 지나가고, 세계만이 남으며, 시간만이 견딘다.〉 그는 〈폐허의 시학〉이라고 부른 것의 한 가지 근본적인 측면이 그런 곳에서 시간을 보내면 자기 삶의 공간이 이 황폐해진 곳과 똑같이 필연적으로 퇴색할 것이라고 생각하게 만드는 방식이라고 했다. 〈우리 시선은 개선문, 주랑(柱廊), 피라미드, 왕궁에 오래 머물며, 우리는 자기 자신에게 침잠한다. 우리는 시간의 파괴 행위를 곱씹으며, 우리 상상 속에서 우리가 사는 건물들의 잔해를 바닥에 흩어 놓는다. 고독과 침묵에 휩싸이는 그 순간에 우리는 더 이상 없는 국가의 유일한 생존자다.〉

나도 직접 경험했다. 비록 지연 효과를 겪긴 했지만. 우크라이나에서 집으로 돌아온 뒤에야 비로소 나는 내 집을 폐허라고 상상하기 시작했다. 방을 걸어 다니면서 30년 동안 버려졌을 때 아들의 방이 어떻게 망가질지를 그려 보고, 아들의 부드러운 장난감들이 삭아서 분해되고, 침대의 뼈대가 무너져 썩어 가는 더미가 되고, 바닥의 판재가 벗겨지고 썩어 가는 광경을 상상했다. 나는 정문으로 나와서 우리 거리가 버려지고, 집과 가게의 유리창이 다 깨지고, 인도의 갈라진 틈새에서 나무가 자라고, 도로가 풀로 뒤덮인다고 상상했다.

어떤 이유에서인지 프리피야트에서는 내가 사는 집이 그곳에서 마주친 건물들보다 상당히 더, 소련 자체보다 더 오래되었다는 생각이 떠오르지 않았다. 그리고 프리피야트 폐허의 토대는 사실 내가 태어나기 약 10년 전에 이미 깔려 있었다.

구역 중심에는 원자로 4호기가 있다. 눈에 보이지는 않는다. 새 안전 덮개New Safe Confinement라는 강철과 콘크리트로 이루어진 거대한 돔으로 둘러싸여 있기 때문이다. 세계에서 가장 큰 이동 가능 구조물이라고 한다. 꼭대기까지의 높이가 110미터, 폭이 270미터다. 돔은 27개국이 참여한 방대한 공학 계획의 산물이었다. 건설은 전적으로 현장에서 이루어졌고, 그 전해 겨울에 완공된 돔은 레일을 통해 밀어서 원래의 차폐물을 덮었다. 지금은 완전히 봉인된 상태다. 〈석관〉, 〈차폐물 대상〉 등 다양한 이름으로 알려진 원래의 차폐물은 재앙 직후에 원자로의 폐허를 덮기 위해 서둘러 건설되었지만, 그사이 부식되었고 시설 밑의 토양으로 방사선이 누출되기 시작했다.

　　우리는 여러 가지 수치를 건조하게 이야기하는 이고르의 설명을 들으면서, 또 나중에 인스타그램에 올릴 사진을 찍으면서 돔을 바라보고 서 있었다.

　　「석관은 딱 맞는 흥미로운 단어야.」 딜런이 전화기를 바지 주머니에 넣으면서 말했다.

「맞아. 용어 차원에서 그 불길함을 회피하지 않지.」

구역, 스토커, 차폐물 대상, 석관. 이런 용어들에는 원형적인 함의, 단어 자체의 표면에서 섬뜩하게 울리는 무언가가 있었다. 〈석관〉이라는 의미를 가진 영어 단어 〈sarcophagus〉는 그리스어에서 유래했다. 살을 뜻하는 〈사르크sark〉와 먹는다는 뜻의 〈파고스phagus〉에서 왔다.

우리로부터 2백 미터쯤 떨어진 곳, 원자로 건물의 폐허 아래, 석관 아래, 그 모든 것을 감싸고 있는 거대한 은색 돔 아래에 원자로 건물의 콘크리트 바닥을 태워서 지하층까지 뚫고 들어갔다가 식어서 굳은 분열 물질 덩어리가 있었다. 이 거대한 덩어리에는 코끼리 발Elephant's Foot이라는 별명이 붙었다. 성배 중의 성배, 지구에서 가장 유독한 덩어리였다. 여기가 구역의 중심이었다. 그 안에 잠깐만 들어가도 생명을 잃을 것이다. 30초만 있으면 몽롱해지고 욕지기가 일어날 것이다. 2분이면 세포가 파괴되기 시작할 것이다. 4분이면 구토, 설사, 혈관에 열이 일어날 것이다. 5분 있었다면 이틀 안에 죽을 것이다. 비록 차폐되어 있지만, 그 보이지 않는 존재는 신비한 분위기를 스멀스멀 발산했다. 기술의 악몽 같은 결과, 조난의 발명이다.

성서의 마지막 장인 「요한의 묵시록」에는 이런 대목이

나온다. 〈셋째 천사가 나팔을 불었습니다. 그러자 하늘로부터 큰 별 하나가 횃불처럼 타면서 떨어져 모든 강의 삼분의 일과 샘물들을 덮쳤습니다. 그 별의 이름은 쑥이라고 합니다. 그 바람에 물의 삼분의 일이 쑥이 되고 많은 사람이 그 쓴 물을 마시고 죽었습니다.〉 약쑥은 쓴맛이 나는 목질의 관목으로, 성서 전체에서 저주, 복수심이 가득한 신의 분노를 가리키는 의미로 쓰인다. 우크라이나어를 비롯한 슬라브족 언어에서 약쑥을 가리키는 단어는 체르노빌이다. (이 식물은 프리피야트강의 둑에서 무성하게 자란다.)

이 언어학적 호기심을 자극하는 문제는 그 사고, 그 종말론적 반향을 이야기할 때 자주 등장한다. 『체르노빌의 목소리』에서 알렉시예비치가 기록한 긴 독백 중 하나에서 화자는 이 「요한의 묵시록」을 인용하면서 말한다. 〈그 예언을 헤아려 보려고 애쓰고 있어요. 모든 것이 예측되어 있었고, 성서에 적혀 있었지만, 우리는 읽는 법을 몰라요.〉

안전모를 쓴 인부들이 시설 안팎을 오갔다. 점심시간이었다. 정화 작업이 진행 중이었다. 이곳은 일터, 평범한 일터였다. 그러나 일종의 신성한 곳, 모든 시간이 하나의 물리적 점으로 붕괴한 곳이기도 했다. 코끼리 발은 언제나 여기에 있을 것이다. 다른 모든 것이 죽은 뒤에도 여기에, 우리 문명의 영원한 기념물로 남아 있을 것이다. 다른 모든 구조의 붕괴 이후에, 모든 선하고 아름다운 것이 사라지고 잊힌 뒤에도, 그 침묵의 악의는 여전히 암처럼 땅속에서 고동치며 솟아오른 물을 통해 그 쓴맛을 퍼뜨리고 있을 것이다.

키이우로 돌아오기 전, 우리는 마지막으로 원자로 5호기의 냉각탑에 들렀다. 사고가 날 무렵 거의 완성 단계에 있던 까마득히 솟은 콘크리트 심연인데, 그 뒤로 건설 현장째 그대로 버려졌다. 이고르와 비카가 웃자란 풀들을 헤치고 나아갔는데, 긴 인도교의 나무판자가 곳곳에 완전히 썩어 사라졌기에 우리는 난간을 꽉 붙들고 녹슨 금속 테두리를 발끝으로 밟고 가야 했다.

「인디애나 존스 구간에 들어온 걸 환영합니다.」이고르가 말했다. 그 농담도 미적지근한 킥킥거림도 그에게 아무런 기쁨을 주지 못하는 듯했다. 그저 죽 해오던 업무의 연장선일 뿐이었다. 그는 썩은 인도교를 걸어가면서 인디애나 존스의 대사를 내뱉고는, 다음 할 일로 나아갔다.

안에 들어간 우리는 거대한 구조에 동화되어 조용히 안을 둘러보았다. 탑은 약 150미터 높이로 솟아 있었고, 거대한 둥근 구멍 위로 하늘이 보였다. 냉각탑의 크기를 장난스럽게 설명할 때, 이고르는 땅에 있는 돌을 집어 들어 탑의 안쪽을 두르고 있는 커다란 쇠 파이프를 향해 던져서 인상적일 만치 정확히 맞혔다. 탕 하는 소리가 끝없이 울려 퍼졌다. 저 위쪽 어딘가에서 쇠지레가 절로 삐걱거리는 소리를 냈고, 이 소리도 길게 메아리치면서 퍼져 나갔다.

구약 성서에서 신은 여러 반항자, 자기 민족의 적들에게 기억에 남을 위협을 가하는데, 도시를 새 떼가 몰려드는 폐허로 만들겠다는 것도 있었다. 「예레미야서」34장에서 신은 바빌론을 파괴한 뒤 도시 하솔이 〈승냥이들의 소굴이 되고 영구히 황폐한 곳〉이 될 것임을 선언한다. 그리고 「이사야서」 34장에는 피에 물든 포고령이 내려진다. 신의 정의의 칼날이 에돔에 떨어질 것이고, 강은 역청으로, 흙은 불타는 유황으로, 땅은 대대로 폐허가 된다. 그리고 이 도시도 〈승냥이들의 소굴, 올빼미의 집〉이 될 것이다. 신은 그들이 영구히 그 땅을 차지하여 대대로 살아갈 것이라고 말한다.

우리 가운데 더 모험심이 있는 이들은 좀 더 잘 보이는 곳에서 사진을 찍으려고 비계의 강철 빔 위로 올라갔다. 나는 아니었다. 으레 그렇듯이 나는 더 낮은 곳을 찾았다. 맨땅에 그냥 주저앉았다가, 그런 행동이 위험하다는 사실을 잠시 뒤에야 떠올렸다. 내 앞으로 콘크리트 벽이 있었고, 마스크를 쓴 외과 의사가 씻은 손으로 얼굴을 누른 채 짙은 피로와 공포에 젖은 눈으로 앞을 응시하는 장면을 묘사한 단색 벽화가 그려져 있었다. 재앙과 그 여파를 기록한 사람으로 알려진 사진 기자 이고리 코스틴Igor Kostin의 것임을 알아볼 수 있었다. 이 거리 미술 작품이 버려진 탑 안에 그려져 있다는 사실이 몹시 부조화스러운 한편으로, 내게는 진부하면서 속물적인 양, 이 폐허의 본래 모습을 살짝 훼손하는 양 비쳤다. 이곳의 냉혹한 시적 정서를 제거했다.

나는 위를 올려다보았다. 수 미터 상공에서 탑의 안쪽 둘레를 따라 새 두 마리가 서로 반대 방향으로 활공하고 있었다. 황조롱이 같았다. 새들은 보이지 않는 기류를 타고 위쪽 넓은 원반 모양의 하늘을 향해 날아오르고 있었다. 세상에 없을 듯한 깊고 푸른 하늘이었다. 나는 앉아서 거대한 원뿔 모양의 탑 안에서 계속 빙빙 돌고 있는 새들을 오랫동안 바라보았다. 알라데일의 야생에서 홀로 있었을 당시에 기술의 전투기가 나를 향해 굉음을 내면서 날아올 때 느낀 죽음의 전율이 떠올랐다. 수수께끼처럼 떠다니는 이 맹금류는 동일하면서 정반대의 계시인 듯했다. 어떤 숨겨진 암호나 의미를 은연중에 폭로하는 듯했다.

이곳은 하나의 메시지다. 승냥이들의 소굴이자 영원히 황폐한 곳이다.

나는 이 장면이 예이츠가 그린 천년 왕국 신비주의와 공명하는 부분이 있다는 생각에 웃음을 터뜨렸다. 탑, 매, 선회 비행. 그러나 내가 보고 있는 광경에는 사실 종말을 상기시키는 것이 전혀 없었다. 핏빛으로 물든 물결이 전혀 없었다. 사후, 조용한 회복이 있을 뿐이었다.

　나는 이 새들이 여기가 어떤 곳인지 전혀 몰랐을 거라고 생각했다. 구역은 이들을 위해 존재하지 않았다. 아니, 새들은 구역을 상세하게 확실히 알지만, 그들의 이해는 우리의 이해와 공통점이 전혀 없었다. 냉각탑, 자연 정복을 상징할 예정이었던 터무니없는 기념물은 나무, 산, 이 땅의 여느 고독한 구조물들과 다르지 않았다. 이 선회하는 하늘의 유령들에게는 인간과 비인간의 구분이 전혀 없었다. 자연만 있을 뿐이었다. 세상과 그 안에 있는 것들만 남아 있었다.

8
지도의 빨간색

우리 딸은 날이 가물 때 태어났다. 그해 내내 날씨는 이상했
고 변덕스러웠고 양극단 사이를 오갔다.

분만 예정일에서 6주 전에는 더블린에 내 평생 처음 보
는 수준으로 많은 눈이 내렸다. 공항은 폐쇄되었고, 거리에
는 아무도 다니지 않았으며, 상점에는 빵이 동났다. 도시 저
편에서는—공황 상태에 빠져서 그랬을 수도 있지만 그보다
는 극단적인 날씨에 축제에 온 듯한 황홀경에 빠져서 그랬을
가능성이 높은데—여덟 명이 건설 현장에서 굴착기를 훔쳐
밤에 슈퍼마켓 뒷벽을 부수었다. 그리하여 잠시 군대가 출동
하는 기억에 남을 사건이 벌어졌다. 아일랜드가 결코 무법천
지가 아닌 곳임을 입증하는 동시에, 보슬비보다 더 극단적인
날씨 현상에는 우스꽝스러울 만치 대처하지 못한다는 점을
입증했기에 웃기면서도, 그 날씨가 훨씬 더 오래 지속된다면
훨씬 덜 웃길 것임을 시사했다.

정부는 적색 날씨 경보를 발령하면서, 꼭 필요한 일이 아니라면 집 밖으로 나오지 말라고 했다. 이는 모든 것이 얼마나 허약한지, 공급망이 얼마나 취약하고, 겨우 며칠 내린 눈이 어떻게 모든 것을 멈출 수 있는지를 보여 주었다.

그리고 나서 딸이 태어난 뒤로 몇 주 동안은 날이 이상하게 더웠다. 그해 5월 말부터 6월까지 내내 유례없을 만치 뜨겁고 건조했다. 내 평생에 겪은 가장 강한 열파(熱波)이자, 가장 오랫동안 비 한 방울 내리지 않은 시기였다. 아기를 데리고 외출할 때마다 우리는 강한 햇빛이 충분히 가려졌는지 노심초사했다. 실내에서는 아기를 시원하게 해주려고 애썼다. 주철 가구와 화분이 놓인 그늘진 작은 안뜰에 앉아 커피와 얼음이 든 과일주스를 마시면서 우리 삶에 갑작스레 들이닥친 이 지중해 열파에 의아해하곤 했다.

아내는 우리가 집을 샀을 때 사람들이 직사광선이 거의 들지 않는 이 야외 공간이 열기가 극심한 남유럽이라면 엄청난 자산이 될 것이라고 말했다는 사실을 상기시켰다. 그들은 하지만 아일랜드에서는 그럴 일이 드물 것이라며 낄낄 웃곤 했다. 그런데 지금 우리는 여기에서 시칠리아 부부처럼 열기를 피하고 있었다.

나도 동의했다. 맞아, 우리는 여기 있었다. 웃기기도 하면서, 한편으로는 전혀 웃기지 않았다.

날씨가 전보다 좋아졌다고 해서 순수한 축복으로 받아들일 수는 없었다. 매일 뉴스에서는 이를 망설이게 만드는 소식이 들렸다. 그 3개월 사이에 정부는 두 번째 적색 날씨 경보를 발령했는데, 이번에는 산불 발생의 위험이 증가했기 때문이었다. 수돗물 급수 제한 조치가 내려졌다. 선정적인 신문들은 대중의 시선을 끌기 위한 노골적인 책략임이 뻔했지만, 토양 수분 부족으로 감자 수확량이 대폭 줄어들 것이고, 전국이 곧 〈바삭바삭한 간식 부족〉 사태에 직면할 것이라고 떠벌려 댔다. 아일랜드의 감자 역병과 기근의 역사가 우스꽝스럽게 재연된다는 것이었다. 처음에는 비극으로, 이번에는 익살극으로 말이다. 웃기는 한편으로 전혀 웃기지 않았다.

석간판 선정적인 신문들은 전면에 복수심에 불타는 듯한, 빨간색으로 타오르는 유럽 지도를 실었다. 스웨덴 정부는 다른 EU 국가들에 북극권에서 맹위를 떨치는 산불에 대처하도록 도와 달라고 호소했다. 나는 전화기로 불타는 소나무 숲 위로 소방 비행기와 헬기가 날면서 물을 쏟아붓는 동영상을 보았다. 나는 생각이라는 것 자체를 아예 못하게 만들려는 듯한 불합리한 표현, 〈북극권 열파〉라는 말을 곱씹었다.

북극권에 산불이 난다는 것은 세상에서 가장 중요한 사실처럼 느껴졌다. 우리가 결코 생각도, 이야기도 해서는 안 될 것이었다. 그러나 이 진실에 관한 무언가, 그리고 다소 마찬가지로 다른 섬뜩한 진실들의 끝없는 쇄도 때문에 그것을 받아들이기가 거의 불가능해진다. 현재 모든 뉴스 제목, 모든 알림에는 우리가 완전히, 그리고 돌이킬 수 없이 망했다는 언외의 의미가 숨어 있었다.

하지만 북극권의 산불이라니? 이는 표면을 뚫고 분출하는, 과잉 결정의 건조한 열기 속에서 타오르는 언외의 의미였다. 이 역시 너무나 딱 들어맞았다.

한편 그리스에서는 아테네 인근 해변 휴양지에서 난 산불로 수십 명이 사망했다. 불길을 피해 수백 명이 바다로 뛰어들었는데, 공교롭게도 시속 97킬로미터의 강풍에 파도가 극심했다. 많은 이가 바다로 피하지 못한 채 불에 타서 죽음을 맞이했고, 익사한 사람도 많았다. 거리에는 불타서 뼈대만 남은 차들이 늘어서 있었는데, 열쇠가 그대로 꽂혀 있었다. 지옥의 불길이 밀려드는 바람에 사람들은 차를 버리고 달아났다.

이것은 바로 평범한 광경 속에 숨어 있는 지속적이고 절대적인 재앙 그 자체였다. 나는 어떤지, 세상이 어떻게 돌아가는지를 내게 묻는다면, 나는 북극권에 산불이 일어났다고 솔직하게 말할 수밖에는 달리 할 말이 없을 것이다. 세상이 어떻게 돌아가는지에 관해 말할 수 있는 것은 정말로 그것뿐이었기 때문이다. 그러나 T. S. 엘리엇Thomas Stearns Eliot의 「불타 버린 노턴Burnt Norton」에 나오는 새가 했던 유명한 말처럼, 인류는 현실을 그다지 잘 견디지 못한다.

그해에 몇 달 동안 나는 기업에 사업을 더 지속 가능하게 만들 수 있는 방안을 자문하는 일을 하는 생태학자와 사무실을 같이 썼다. 하루는 점심을 먹을 때 내가 기업의 지속 가능성과 개인이 환경에 끼치는 영향 측면에서 좀 더 양식과 책임감을 갖고 살아간다는 것이 현시점에서 우리가 어디로 나아갈지에 별 의미 있는 영향을 끼치지 못하지 않을까 하고 회의론을 펼쳤다.

「나는 우리가 망한 것처럼 느껴요. 우리가 정말 망한 거 아니에요?」 내가 물었다.

그녀는 자신의 고객인 기업들에는 말하고 싶지 않지만, 우리가 망했음을 인정했다. 그녀는 자기가 볼 때 우리 종이 재앙을 향해 나아가는 것을 멈추기 위해 할 수 있는 방법이 오로지 대기로 배출하는 탄소량을 제한하는 것만을 목적으로 한, 일종의 자비로운 세계 독재 체제를 즉시 갖추는 것밖에 없는 것 같다고 했다. 하지만 불가능해 보인다고 했다.

그러면서 현재 바랄 수 있는 최선은 다가올 최악의 효과로부터 우리 스스로를 지킬 방법을 찾는 것일 수 있다고 했다. 그때 모래주머니 쌓기라는 단어를 썼던 것으로 기억한다.

「우리가 〈망했다〉라고 말할 때, 그 말을 하는 것 아닌가요? 문명의 붕괴를 이야기하고 있으니까요.」내가 물었다.

그녀는 사람들이 자신에게 종종 기후 변화가 일어날 때 아일랜드가 어떻게 될지 묻는다고 말했다. 그녀는 우리가 여러 면에서 아주 운이 좋으며, 기후가 더 따뜻해지고 건조해질 때 극지방의 빙원이 녹으면서 생길 재앙을 겪을 가능성이 낮은 극소수 국가에 속한다고 — 뉴질랜드도 그렇다 — 고 말해 준다. 사람들은 그 말이 우리가 괜찮을 것이라고, 단지 더 자족적인 삶을 살아가야 한다는 의미라고 생각하는 경향이 있다고 했다. 하지만 그런 생각은 망상일 뿐이다. 익사하는 세계, 불타는 세계라는 맥락에서 괜찮다는 말이 무슨 의미이겠는가? 여기는 해안선의 길이가 1천5백 킬로미터에 불과한 작은 섬이고, 우리 군대는 어떤 유형의 침략에도 사실상 무력할 것이다. 그녀는 굶주리고 익사하고 불타는 시민들을 가진 다른 나라들의 선의에 의지하게 될 것이라고 했다. 우리는 괜찮지 않을 것이다.

7월의 어느 날 『더 선 *The Sun*』의 전면에 유럽과 북아메리카 전역을 열파가 뒤덮은 새빨간 지도가 실렸고, 〈불타는 세계〉라는 기사 제목이 크게 찍혀 있었다. 그리스가 불길에 휩싸인 사진, 잔디가 말라 죽은 런던의 공원 사진도 작게 실렸다. (불타는 세계의 사진 바로 위에는 캠핑카를 받을 수 있는 경연 대회를 광고하며, 세부 사항은 24쪽을 보라는 독자 알림도 적혀 있었다.)

당시에 사람들은 뉴 노멀New Normal이라는 말을 입에 달고 다녔다. 불타는 세계에서 어떻게 정상이 있을 수 있는지 불분명했지만 말이다.

물의 소리는 당시 우리 삶에서 늘 존재했다. 침실 스테레오에서, 블루투스 스피커에서, 달리는 차 안에서. 우리는 아기를 달래고, 잠재우기 위해 음악을 틀었다. 특히 「마서스 비니어드의 바다 소리Ocean Sounds of Martha's Vineyard」라는 음반에 많이 의지했다. 이 음반은 우리 삶의 어디에나 있었기에, 우리는 언젠가는 딸을 마서스비니어드로 데려가서 실제 환경에서 딸이 좋아하는 음악을 들려주자고 농담했다. (「램버트 코브Lambert's Cove」가 나올 때면 우리는 〈오, 《램버트 코브》네, 소리 키워〉라고 말했다. 우리도 파도가 찰싹이는 소리, 으르렁대는 소리에 마음이 차분해지고 편안해졌다.

하지만 그렇지 않을 때도 있었다. 때로 스테레오 스피커에서 들려오는 재잘거리고 찰싹이는 바다의 소리를 들으며 부드러운 작은 동물인 딸을 안고 침실을 이리저리 걷고 있을 때면, 그 소리가 갑자기 불길하게 들리면서 나는 바닷물이 계단으로 차올라 침실로 밀려들어 나를 휘감고 나는 딸을 꼭 껴안는 광경을 상상하곤 했다. 가장 단순한 것들이 전조라는 긴

박한 목적으로 채워지는 듯했다. 끝맺는 장의 재앙은 우리 삶의 풍경으로 새겨졌다.

그 여름의 어느 토요일, 우리는 친구 두 명과 함께 공원에 돗자리를 펼치고 앉아 감자칩과 샌드위치를 먹으면서 남아 있는 오후의 열기를 느끼고 있었다. 그들에게는 우리 딸보다 조금 더 일찍 태어난 아들이 있었다. 아기들은 유아차에서 자고 있었다. 햇빛을 가리기 위해 차양 위를 담요로 덮어 두었다. 아내는 친구들에게 셋째를 낳을 계획이 있는지 물었다. 그들은 고개를 저었다. 두 명이라면 어떤 긴급 상황이 벌어져 빨리 피신해야 할 때 한 명씩 잡고 달릴 수 있지만, 세 명이라면 움직임이 훨씬 둔해진다는 것이었다. 물론 농담이었지만, 한편으로는 농담이 아니었다.

우리, 즉 아내와 나는 여름 내내 이따금 이 개념으로 돌아가곤 했다. 〈다시 나가고〉 싶어질지 모르니, 아기용품을 계속 들고 있어야 할까? 잠시 침묵이 깔렸다가, 한 명이 이렇게 말하곤 했다. 둘이면 한 명씩 안고 달릴 수 있을 거라고.

그 무렵 소셜 미디어에 널리 퍼진 밈이 하나 있었다. 탁자에 개가 앉아 있고 그 주위로 방이 불길에 휩싸여 있는 두 칸짜리 만화였다. 첫 번째 칸에서 개는 웃고 있고, 바로 앞에는 커피 잔이 놓여 있었다. 두 번째 칸에서는 웃음이 더욱 뚜렷해졌지만, 불길은 더 가까이 다가와 있었고, 개가 이렇게 말하는 말풍선이 떠 있었다. 〈괜찮아.〉 나는 당시에 그 밈을 자주 생각했다. 우리 대화에도 자주 등장했다. 우리는 유럽 가장자리에서 발생하는 산불, 새빨갛게 칠한 지도, 공원에서 누렇게 말라붙은 잔디를 보면서 괜찮다고 했고, 비록 괜찮지 않다는 것을 알지라도 우리는 괜찮다고 하려고 애쓸 것이다.

어느 날 나는 내 치료사에게 그 밈을 언급했다. 그녀는 그 밈을 잘 몰랐지만 ─ 그녀가 모르는 것이 있다는 사실에 나는 좀 흡족한 마음이 들었다 ─ 그 이야기를 꺼냄으로써 내가 얻고자 하는 것이 무엇인지를 이해했다.

「자신을 다른 관점에 노출시키나요?」그녀가 물었다.

「어떤 관점이요? 모두 다 망하지는 않을 수도 있다는 관점이요?」

「음, 그래요. 한 심리학자가 있어요. 아주 유명한데, 시간이 흐르면서 모든 것이 인류에게 좋은 쪽으로 변해 왔고, 지금이 역사적으로 살기 가장 좋은 순간이라고 말하는 책을 썼어요.」

「스티븐 핑커Steven Pinker 말하는 거예요?」

「그럴지도요. 난 이름을 잘 기억하지 못해요.」

「회색 고수머리를 갈기처럼 기른 사람이요? 퀸의 브라이언 메이처럼 보이는 사람 말이에요? 계몽 운동이 어쩌고저쩌고 계속 이야기하지 않나요?」

「맞아요, 그 사람 같아요.」

「내가 볼 때는 그다지 설득력 있지 않아요.」그 말은 의도한 것보다 더 건방지게 들렸다.

그녀는 프랑스인이 하듯 눈썹을 치켜올리고 고개를 한쪽으로 기울이면서 어깨를 으쓱했다. 그녀는 우리 시간의 마지막 15분을 핑커를 방어하는 일에 바칠 의향이 없는 것이 분명했다.

그 뒤에 침묵이 찾아왔고, 나는 창밖을 응시하면서 다가오는 전차의 종소리에 귀를 기울이다가, 핑커의 머리카락에 빠져들었다. 나는 그의 머리카락이 멋진지 끔찍한지 판단할 수 없었다. 세계 자체처럼, 어떤 관점에서 바라보느냐에 달려 있다고 생각했다. 계몽 운동의 가치들 —진보, 이성, 과학 등 — 을 옹호하는 저명인사에게 그 머리카락은 분명 주제 면에서 일관성이 있었다. 18세기에 남성들이 쓰고 다닌 가루 뿌린 가발과 비슷해 보이기 때문이다. 나는 그것이 단연코 낙관주의자의 머리카락이라고 판단했지만, 그럼에도 — 아니, 아마도 그 때문에 — 사실 아주 나쁜 머리카락이라고 생각했다. 그러자 계속 창밖을 응시하는 가운데, 정반대로 매우 기이하게도 아주 많은 비관주의 사상가가 끔찍한 머리카락을 지녔다는 데 생각이 미쳤다. 비교 불가능할 만치 뻣뻣한 윗머리와 무의미한 존재에 냉정한 태도를 취하는 사뮈엘 베케트 Samuel Beckett와 존재를 회복 불가능한 재앙으로 유창하게 비난함에도 확실히 철학 역사 전체에서 가장 관능적으로 현란한 머리 모양을 한 에밀 시오랑Emil Cioran이 떠올랐다. 그리고 카프카가 있었다. 그는 높은 이마 위쪽에 마치 뇌가 하나 더 붙어 있는 양 새까만 머리카락을 반으로 가르마를 타서 돔처럼 높이 올렸다. 나는 이들이 꼼꼼하게 다듬은 머리카락과 한결같이 암담한 인간 존재의 관점을 유지하는 데 얼마나 애썼을지가 흥미롭다고 생각했다.

「뭐가 떠오르나요?」치료사가 물었다.

「별거 없어요.」

이런 일은 치료 때 종종 일어났다. 침묵이 오래 이어지고 나는 가장 무의미하면서 변덕스러운 생각에 사로잡히곤 했다. 내 마음속에 떠오르는 것이 무엇인지 말해 보라고 해도 말로 표현하기가 꺼려지는 생각이다. 내가 치료 과정 전체를 제대로 진지하게 받아들이지 않는 것처럼 비칠까 봐서다.

치료 시간에 종종 하듯이, 나는 아직 표출되지 않은 위기의 감각, 모호하지만 그럼에도 절대적인 어떤 감각이라는 형태로 모든 것이 결국은 끝장나리라는, 내가 품어 온 걱정을 이야기한다. 치료사는 위기가 임박했다는 이 감각이 내가 생각하는 것인지 아니면 느끼는 것인지를 알고 싶어 했다.

「말로 하기가 어려워요. 선생님과 달리 저는 생각과 느낌의 구분이 모호하거든요.」

「하지만 둘은 전혀 달라요. 나는 알아차렸는데, 당신은 이 이야기를 할 때면 머리 쪽으로 손짓을 해요. 내가 보기에는 생각을 하고 있음을 시사하는 듯해요.」그녀가 말했다.

「어쩌면 그럴지도요. 하지만 느끼는 일도 머리에서 일어나지 않나요?」

그녀는 장난스럽게 훈계하는 표정으로 나를 쳐다보았다. 본질적으로 내게 수수께끼 같은 이유로, 이런 표정은 내가 지나치게 추상적이 되지 않도록, 얄팍한 지적 게임에 빠지는 것을 막아 주는 그녀의 가장 효과적인 도구에 속했다.

나는 내가 느낀 것이 적어도 꽤 상당 기간 동안에는 기쁨이었다고 묘사할 수 있을 것이라고 말했다. 나는 지금 가정이 있고 하루하루 지날수록 나를 세상에 더 깊이 더 강하게 연루시키는 두 아이가 있어서, 삶이 좋고 가치 있고 더 나아가 아름답다는 감각이 점점 커져 간다. 2주 전에 나는 독감에 걸려 집에 있었다. 오후 내내 침대에 누워 잠이 들었다 깼다 하고 있을 때, 아들이 방으로 슬그머니 들어오는 소리가 들렸다. 나는 아들이 동화책을 읽어 달라는 등의 재미있게 해달라는 요구를 함으로써 나를 귀찮게 하는 일이 없기를 바라는 마음에 얼굴을 벽으로 향한 채 잠든 척했다. 아들이 조심스럽게 침대로 올라왔고, 그 작은 몸의 무게에 침대가 눌리는 것이 느껴졌다. 나는 아들이 침대로 뛰어오르면서 큰 소리로 나를 깨울 준비를 할 것이라고 확신했다. 그런데 아들은 가만히 내 쪽으로 몸을 기울여 내 뒤통수에 뽀뽀를 한 뒤, 침대에서 내려가더니 슬그머니 방을 빠져나가며 문을 닫았다.

　나는 치료사에게 아들이 그렇게 달콤하면서 부드러운 행동을 하는 것을 처음 보았다고 말했다. 나는 너무나 푸근해지면서 마음속에 기쁨이 차오르는 것을 느꼈다. 내게 진정으로 와닿았던 것은, 그것이 내가 아들에게 했던 바로 그 행동이라는 깨달음이었다. 나는 밤에 아들 방으로 가서 자다가 이불을 찼는지, 소변을 누진 않았는지 살펴본 뒤, 아들이 내게 했던 바로 그 일을 하곤 했다. 정수리와 목 등에 뽀뽀를 한 뒤 방에서 조용히 나온 것이다. 나는 아들이 자고 있는 동안에도 이렇게 보호하는 사랑의 몸짓을 내면화할 만치 충분히 의식하고 있었고, 그런 식으로 내게 보답했다는 생각이 너무나 아름답다고 말했다.

　「그렇죠. 당신이 보고 있는 것은 자기 자신이에요. 그리고 당신이 보는 것은 자신이 부모로서 잘하고 있다는 거죠. 당신은 자신이 제공하는 사랑이 돌아오는 것을 보고 있어요.」

　나는 바로 그것이라고 말했다. 그러나 이 기쁨과 부드러움이라는 느낌은 상상할 수도 없는 미래의 암시 앞에, 아이들 앞에 놓여 있을지 모를 것의 불안 앞에 늘 가려져 있었다. 나는 감정과 생각을 구별하려고 시도할 수 있다고 말했다. 감정이 기쁨이고 생각이 그것을 가리는 그늘이라고 말할 수 있지만, 그것은 결국 내게는 인위적인 분리처럼 느껴졌다.

내 안의 종말론적 불안 — 징후와 조짐을 끊임없이 읽고, 재앙과 붕괴의 비뚤어진 환상에 매달리는 — 은 죄책감과 자기 비난의 복잡한 천 속에서 펼쳐졌다. 재앙을 일으키려는, 자기 세계의 붕괴를 상상하려는 충동은 아니므로, 이 불안은 여유와 경제적 편안함이 빚어낸 마음의 추구에 불과한 것일까? 세상의 종말이라고 말할 때 내가 진정으로 두려워하는 바는 결국 그 안에서 내 위치의 상실이 아닐까? 그것이 바로 나를 불안하게 만드는 것이 아닐까? 내가 태어날 때부터 지녔던 특권의 위태로움이 수상쩍은 손을 통해서 자식들에게 전달되지 않았을까 하는 것이 아닐까? 결국 나는 내 문명 붕괴의 두려움이 사실은 우리가 문명이라고 생각하는 것을 유지하는 눈에 안 띄고 대체로 깊이 생각하지 않은 이들처럼 살아가야 한다는 것, 아니 죽어야 한다는 것에 관한 두려움임을 알아차렸다. 내가 사무실까지 걸어가면서 사는 플랫화이트를 만드는 데 쓰이는 커피콩을 재배하는 이들이다. 중국의 어느

거대 도시에서 내가 걸으면서 플랫화이트를 마시고 좌익 정
치 팟캐스트를 들을 때 쓰는 스마트폰을 만드는, 내가 결코
알 필요가 없는 공장 노동자들이다. 내가 걸으면서 지나치는
수많은 노숙자이다. 그들에게 문명은 이미 붕괴했으며, 아마
언제나 그랬을 것이다. 나는 세상의 종말이 어떤 먼 미래의
디스토피아 환상이 아님을 안다. 우리 주변에서 벌어지는 일
이다. 그냥 둘러보기만 하면 된다.

내가 아들 모르게 비밀을 하나 계속 간직하고 있는 양 느낄
때가 종종 있다. 그런 식으로 느끼는 이유가 내가 하는 일 자
체가 바로 비밀을 간직하는 것이어서 그렇다고 생각한다. 아
들이 가능한 한 오랫동안 산타클로스가 있다고 믿기를 원하
듯, 나는 아들이 죽어 가는 세계에 태어났다는 것을 알아차리
는 시기를 늦추고 싶다. 나는 악담을 막듯이 그것을 막고 싶
다. 나는 아들에게 점점 중독되듯이, 밤에 면봉으로 귀를 청
소하는 행동을 자제할 필요가 있다고 말할 것이다. 면봉은 재
사용할 수 없고 플라스틱이 〈자연에 나쁘기〉 때문이다. 같은
이유로 아들에게 장난감을 너무 많이 사지 않도록 신경을 쓸
필요가 있다고 말할 것이다. 하지만 세계가 꾸준히 계속 더
워지고 있다거나, 물고기가 모두 다 죽어 가고 있다거나, 마
지막 남은 트러풀라 씨를 심는 일이 아무 소용 없을지 모른다

고, 바바루트는 돌아오지 않을 것이라고 말하지는 않겠다.

나는 아들에게 그런 것들을 알려 주고 싶지 않다. 말하는 것이 어떤 의미에서는 배신, 더 나아가 학대 행위가 될 것이기 때문이다. 아이가 현실 세계에 살지 않는다는 말은 맞지 않다. 아이는 우리보다 훨씬 더 현실적인 세계에 산다. 아이에게 세계는 살아 있다. 아이는 보고 만지는 모든 것에서 자신의 존재를 드러내는 세계에 산다. 나는 아들이 품은 세상의 신비를 벗겨 내지 말라고 스스로에게 상기시켜야 한다. 달이 하늘에서 무엇을 하고 있는지 아들이 물어 올 때, 나는 달이 지구 형성 초기에 거대한 떠돌이 천체가 충돌해서 생겼을 가능성이 높은 거대한 죽은 돌덩어리라거나, 스스로 빛을 내는 것이 아니라 그저 햇빛을 반사하는 것일 뿐이라는 말을 하지 말라고 스스로에게 상기시켜야 한다. 휴대 전화로 위키피디아의 달 항목을 찾아 거기에 담긴 내용을 무미건조하게 요약해서 제공하지 말라는 자기 기억의 충동, 의지력을 발휘하는 데에는 노력이 필요하다. 내 일이 사실을 중계하는 것이 아니라, 수수께끼를 살아 있도록 유지하는 것, 달이 무엇이고 어떻게 하늘에 떠 있게 되었는지를 설명하는 등 달에 관한 이런저런 이야기를 들려주는 것이라고 스스로에게 상기시켜야 한다. 내 일은 아들이 살고 있는 세계가 진짜임을 아들을 위해 유지하는 것이다. 머지않아 실상이 드러나리라는 것을 알고 있다 해도.

그리고 실상 중에서 가장 진실한 것은 우리가 세계에 피해를 끼쳐 왔고, 지금도 끼치고 있다는 것이다. 이 치명적인 진실은 신화적인 양, 숨겨진 지식인 양 느껴진다. 원죄 교리의 한 표현 형태, 고대로부터 전해진 처벌처럼 느껴진다. 신들이 죽었다는 것은 사실이다. 왜냐하면 우리가 죽었으니까. 그러나 신들의 유령은 아직 우리 곁에 있고, 그 유령들의 분노는 정당하게 느껴지며 시적이다.

아들은 쉴 새 없이 질문을 하기에, 세상의 실상을 너무 많이 드러내지 않으면서 대답을 하기란 쉽지 않다. 우리 부부가 가장 불안해하는 것이 하나 있다. 우리가 이미 너무 많은 것을 드러내지 않았을까, 내키지 않으면서도 아들에게 이것저것 말하는 바람에 아들의 순수함을 잃게 한 것이 아닐까 하는 걱정이다. 우리 동네에는 남성 성범죄자들의 전국 중심지 역할을 하는 교도소가 있다. 우리 집에서 2분 거리 내에는 전국의 그 어느 곳보다도 더 많은 강간범과 아동 학대범이 월등한 차이로 훨씬 더 많이 산다.

이런 사실이 어떤 절박한 심리적 압박을 가하는 것은 아니다. 우리가 혹시라도 소아 성애자가 교도소에서 탈옥하여 우리 집으로 침입하지 않을까 하는 걱정에 밤에 잠을 못 이루는 것은 아니다. 교도소 옆에는 교회가 있고, 1916년 부활절

봉기* 이후에 처형당한 공화파 반군을 추모하는 묘지도 있다. 이 묘지는 다섯 살 남자아이가 달리고 나무를 기어오르고 스쿠터를 타고 돌아다니기에 좋은 곳이어서, 우리는 아들을 데리고 종종 간다. 정원과 나무들 뒤쪽으로 높이 솟은 교도소 담이 있고, 때로 우리는 그 벽에 대고 공을 차거나 그 밑에서 밤을 줍곤 한다. 때로는 담 저편에 위험한 남자들이 있고, 그들이 여성과 아이에게 살인까지 포함한 나쁜 짓을 저질렀기에 그곳에 갇혀 있다는 사실을 떠올리곤 한다. 그 생각을 자주 하는 것은 아니다. 그런 순간에 교도소 벽과 그 위로 높이 솟은 감시탑은 내가 아들로부터 숨겨야 하는 이들이 사는 세계의 압도적인 비유처럼 느껴진다.

어느 날 저녁 우리 부부는 아들이 유년기의 마법 같은 생각에서 깨어나는 것을 걱정하면서 이야기를 나누었다. 아내는 아들에게 벽 뒤가 교도소이고, 나쁜 짓을 저지른 사람들, 남을 해친 사람들이 그 안에 산다는 이야기를 한 것을 후회했다. (우리는 당연히 그 정도로만 말했고 더 구체적으로는 언급하지 않았다.) 높은 담벼락과 탑을 설명할 다른 이야기를 꾸며냈어야 하지 않았을까? 거짓말을 했어야 하지 않았을까? 내 생각도 다르지 않았다. 아무튼 우리는 산타클로스가 있다는

* Easter Rising. 아일랜드 독립을 도모하기 위해 일으킨 봉기.

아이의 믿음을 지키고자 애썼다. 마치 그 믿음이 순진함의 부적인 듯 말이다. 크리스마스 때 내 아이가 더 나이 많은 아이들과 놀고 있으면 안절부절못할 정도였다.

　대체로 우리는 세상의 더 폭넓은 공포와 폭력을 접하게 될 때면 노골적으로 부정하는 방침을 추구했다. 한 예로, 전쟁에 관해서는 노골적으로 뻔뻔하게 아들에게 거짓말을 했다. 다소 독립된 우리 집안의 현실 내에서는 전쟁이 존재하지 않았다. 적어도 더 뚜렷해지기 전까지는 말이다. 우리는 전쟁이 〈옛날〉에는 있었지만 지금은 사실상 더 이상 일어나지 않는 안 좋은 일이라고 설명했다. 이것저것 따져 보니 아주 안 좋은 일임을 마침내 사람들이 이해했기 때문이라고 했다. 우리는 어느 비 오는 토요일 오후에 이 문제를 명확히 밝혀야 했다. 「곰돌이 푸 다시 만나 행복해Christopher Robin」라는 영화를 보러 아들과 함께 극장에 갔기 때문이다. 이완 맥그리거Ewan McGregor가 40대의 크리스토퍼를 연기했는데, 일에 치이면서 살다가 갑자기 수십 년 동안 소원했던 곰돌이 푸를 만나 다시 우정을 꽃피우는 과정을 매력적으로 보여 주었다. 그런데 모든 면에서 이 완벽하게 무해한 영화에는 본편이 시작되기 전에 배경 상황을 보여 주는 짧은 영상이 딸려 있었다. 그 영상에서 제복을 입고 배낭을 멘 젊은 크리스토퍼가 열차를 타는 장면이 나왔다. 아마 유럽에서 나치와 싸우기 위해 가는

듯했다. 영화를 본 뒤 아들은 영화가 〈옛날〉을, 즉 불행하게
도 전쟁이 걱정거리였던 시절을 무대로 했기 때문에 크리스
토퍼 로빈이 삶의 이런 측면을 쉽게 받아들인 것이 아니냐는
질문들을 했다.

나는 이렇게 부정함으로써 우리가 올바른 일을 하고 있
다고 확신하지만, 유통 기한이 엄격하게 정해진 방침임을 잘
알고 있다. 우리는 알아서 결코 좋을 일이 없는 것들로부터
아이를 보호하고 있으며, 그것이 우리가 육아라고 부르는 사
랑의 활동의 일부임을 안다. 그러나 훨씬 더 심오하고 더 고
통스러운 진실로부터 아들을, 그리고 우리 자신을 보호하고
있는 듯 보일 때도 있다. 세계가 아이를 위한 곳이 결코 아님
을, 순진한 사람을 본의 아니게 데려다 놓을 곳이 결코 아니
라는 진실로부터다.

사실 나는 이런 행동이 지닌 더 깊은 의미를 충분히 생
각하지 않고 있다. 시리아의 폭격이나 우리 나라의 아동 학대
문제가 논의될 때 라디오를 그냥 끄는 것이 얼마나 쉬운가.
나는 우리 행운의 진정한 임의성을, 그저 누름단추에 손을 뻗
음으로써 세계의 공포로부터 아들을 보호할 수 있다는 것의
임의성을 거의 생각하지 않는다.

나는 라디오를 끄는 행동이 어떤 정치적 마찰 없이 이루
어지는 것이 아님을 깨닫는다. 아이에게 무언가를 가르치고

싶다면 끄지 말아야 하기 때문이다. 나는 아이에게 세계에서의 상대적인 위치를 생각하고 거기에 귀를 기울이고 자각하고, 남들이 어떤 면에서 우리보다 운이 더 나쁜지를 의식하고, 더 중요하게는 그렇지 않았다면 어떠할지를 생각하도록 가르치고 싶다. (물론 나 자신이 그렇게 하지 못한다는 사실은 실망과 자기 검열의 지속적인 원천이다.)

세계가 어떻게 돌아가는지를 보여 주는 것들을 언제나 막을 수는 없다. 그해 여름 어느 날 저녁에 아들과 나는 방파제를 따라 집으로 걸어가다가 포 코츠Four Courts 정문의 두 기둥 사이에 의식을 잃고 쓰러진 두 사람을 지나쳤다. 남성이 여성의 몸 위에 직각으로 누워 있었다. 컴컴한 거리에서 열린 문 앞을 걷고 있는 것 같았고, 지옥의 차가운 빛을 통해 어렴풋이 보이는 듯했다. 세계 안의 세계, 전혀 다른 세계의 불빛 같았다. 다행히도 아들은 비둘기 두 마리에게 정신이 팔려 있어, 쓰러진 이들 쪽으로 작은 머리를 결코 돌리지 않았다.

아들의 침대 머리맡에는 공룡 이빨이 든 액자가 걸려 있다. 에든버러 올드타운에서 화석을 파는 작은 상점에서 샀다. 지금의 모로코 지역에 살았던 스피노사우루스의 이빨이다. 가격이 25파운드였다. 백악기에 살았던 동물의 화석이므로 그 정도 값이면 괜찮은 양 보였다. 이빨 아래에는 내가 알아보기

힘든 필체로 이렇게 적은 하얀 카드가 붙어 있다. 〈공룡 이빨, 스피노사우루스 아이깁티아쿠스, 9천6백만 년 전.〉

　　때로 아들에게 잘 자라고 뽀뽀를 하거나 동화책을 읽어 줄 때, 나는 그 이빨을 올려다보면서 아들 방에 공룡 이빨이 있다는 사실이 정말로 이상하다는 느낌에 사로잡힌다. 로봇, 토끼, 빈둥거리는 너구리 사진들 사이에 우리 종이 지구에 출현하기 9천6백만 년 전에 멸종한 길이 18미터의 육식 동물의 굽은 앞니가 걸려 있다. 액자는 값싼 이케아 제품일 것이라고 생각한다. 고대 세계의 이 잔재는 우리 시대의 인공물을 대표하는 것 안에 들어 있다. 그것을 바라보며 가로놓인 세월을 떠올릴 때, 고대의 이빨과 좀 덜 오래된 액자로 이루어진 이 전체가 하나의 복합 유물을 구성한다고 상상한다. 아마도 우리 관점에서는 전혀 상상할 수도 없는 시공간에서, 다른 액자의 어딘가에 끼워져 있는 것일 수 있다. 목재와 플라스틱 액자, 북유럽산, 5천만 년 전; 공룡 이빨, 1억 1천9백만 년 전.

　　스코틀랜드 고지대의 숙소에서 모두 둘러앉았던 그날 오후에 캐럴라인에게 들은 이래로 계속 떠오르곤 했던 문장이 떠올랐다. 〈우리 인류가 아름다운 화석이 될지 궁금해요.〉

　　나는 이 문장을 꽤 자주 생각한다. 우리가 화석이 된 유기물을 게걸스럽게 소비함으로써 세상과 우리 자신에게 어떤 피해를 끼치고 있는지를 세상이 떠올리게 만들곤 하기 때문이다. 예를 들어, 우리는 비행기로 에든버러까지 갔다가 공룡 이빨을 갖고 돌아오면서 화석 유기 물질을 더 태우고 따뜻해지는 공기로 탄소를 더 뿜어냈다. 액자는 오래가지 못하는 가정용품을 매해 1억 점이나 파는, 세계 목재 공급량의 1퍼센트를 소비하는 회사로부터 약 3유로에 샀다.

우리 생활 방식의 재앙을 외부에서 고찰할 방법은 전혀 없다. 외부란 것이 아예 없다. 또 여기서는 나 자신도 오염 물질이다. 나 자신이 내가 말하는 종말이다.

오랜 세월 나는 스스로를 비관주의자라고 생각했다. 내 인생 경험이 비참했다고 말하는 것이 아니다. 대체로 나는 아주 많은 특권과 혜택을 안고 세상에 나온, 행복하면서 운 좋은 사람이었다. 그러나 철학적 기본 입장에 관해 주장할 수 있는 한, 대다수 지역에서 대다수 사람에게 삶은 아무런 이유 없이 지독한 고생으로 특징지어졌고, 시간이 흘러도 더 나아질 가능성이 없고, 따라서 장단점을 다 따지자면 아마 가치 있다기보다는 고생스러운 것이라고 보았다. 내 20대 내내 그리고 30대에 들어서서도, 내게 세상의 가장 참된 전망을 지닌 것처럼 보인, 가장 심오한 지혜와 권위를 갖고 내게 말하는 듯한 저자들은 희망의 가능성을 가장 확고하게 부정한 이들, 삶이 전반적으로 좋은 것일 수 있다는 개념을 가장 철저히 거부한 이들이었다.

쇼펜하우어의 암울한 저술에서 나는 세상의 진정한 어둠의 구체적인 반영을 보았다. 당시에 그의 몇몇 대목은 내게 너무나도 명확한 신의 명령으로 와닿았다. 『세상의 고통에 관하여*On the Suffering of the World*』에 실린 다음 대목 같은 것들이었다. 〈젊을 때 우리는 우리 삶의 임박한 경로 앞에서 앉아 있다. 막이 올라가기 전, 극장에 앉아 있는 아이처럼. 아이는 다가올 것들을 기대하며 행복하고 흥분한 채로 앉아 있다. 실제로 무엇이 나올지 모른다는 것은 축복이다. 아는 사람이 본다면, 아이는 때때로 죽음이 아니라 삶을 선고받았지만, 선고의 취지가 무엇인지 아직 이해하지 못한 무고한 죄수처럼 보인다.〉

그런 옥죄는 황량함을, 그런 용감하면서 엄격한 세상의 거부를 놓고 누가 왈가왈부할 수 있겠는가? 나는 반박하려는 마음을 전혀 느끼지 못했다. 신문, 내 트위터 타임라인의 죽 뻗어 나가는 심연을 훑어볼 때마다 모든 것이 더할 나위 없이 끔찍하고 꾸준히 더 악화되고 있음이 재확인되었다. 비관주의는 자연 세계의 가차 없는 붕괴, 전쟁과 재해, 비뚤어진 폭력과 광기의 무분별한 행위 등 모든 것을 생각할 때 유일하게 합리적인 입장인 양 보였다.

내가 스스로에게 종종 묻곤 하던 질문은 온갖 광막함과

최후의 성격을 지닌 종말론의 매력이 죽음의 개인적인 두려움을 편하게 흡수할 수 있다는 점 때문이 아닐까 하는 것이다. 그리고 단지 죽음만이 아니라 다른 모든 부수적인 두려움도 말이다. 책임, 불안정, 미지의 것, 삶 자체와 그 안에 있는 모든 위치의 불확실성에 대한 두려움 말이다.

세상을 고려하고 상황을 고려할 때, 남은 문제는 아이를 갖는다는 것이 희망의 성명서, 즉 아름다움과 의미 있음과 존재의 기본 가치에 대한 고집인지, 아니면 인간 희생의 행위인지 여부다. 또는 아마 양쪽의 복잡한 뒤얽힘일 수도 있지 않을까? 아이의 희생 — 출생을 초래함으로써 — 을 희망의 이상화로 삼는 것이 아닐까? 당신은 아이에게 삶을 〈줌으로써〉 좋은 일을 했다고 믿고 싶겠지만, 그 역도 최소한 참이다. 아니, 아마 더욱더 참일 것이다.

당신은 자신이 좋은 일을 하고 있다고, 그리고 그것이 지금 하고 있는 무언가를 의미하는 것이라고 믿고 싶다. 그리고 설령 이 나중 단계에서도 당신이 이런 것들을 믿는다는 것이 잘못되지 않았다는 점을 배제할 수는 없다.

내게는 육아 경험이 미래에 거는 판돈을 대폭 늘린다는 의미가 되었다는 것이 진실이기 때문이다. 단순히 내가 아이를 갖기 전에는 하지 않았던 방식으로 세계를 걱정해서가 아니라, 미래가 내 삶에서 더 현실적이고 더 밀접한 존재가 되었기 때문이다. 내가 더 이상 추상적 입장을 취하고 싶다고 느끼지 않는다는 점과 관련이 있다. 나는 더 이상 철학으로서의 비관주의가 뿜어내는 결정적인 힘을 느끼지 못한다. 아무리 우아하게 정립되었다 해도 희망 없다는 진술은 더 이상 같은 권위와 지혜를 지닌 것처럼 들리지 않는다. 그렇다고 내가 낙관주의자가 되었다거나 거기에 더 가까이 다가갔다고 말하는 것은 아니다. 그저 삶이 더 이상 절망의 위안에 굴복하는 사치를 부릴 여유를 제공하지 않는 듯해서다.

엔첸스베르거는 이렇게 썼다. 〈낙관주의와 비관주의는 점쟁이와 잘나가는 글쟁이에게 너무나 착 달라붙는 회반죽이다. 긍정적 유토피아와 부정적 유토피아 양쪽으로 인류가 자신을 위해 그린 미래 모습들은 결코 명료한 적이 없었다.〉

이 글을 쓰는 지금 딸이 태어난 지 거의 9개월이 되었다. 딸의 미래를 생각할 때 — 미래 자체를 의미한다 — 내 안에 불안의 밀물이 차오르는 게 느껴진다고 말하는 편이 옳을 것이다. 녹아내리는 빙원, 날씨 사건, 산불, 가뭄, 홍수, 자원 전쟁의 이미지가 꼬리를 물고 떠오른다. 나는 딸을 안고 정수리의 살짝 들어간 부위, 즉 숫구멍을 내려다보고서 그것이 고동치고 있음을 알아차릴 때면, 갑작스럽게 딸의 취약성, 세상과 그 잠재적 위험에 고스란히 노출되어 있다는 느낌에 휩싸인다.

그러나 딸의 존재로 내가 세상에 더 깊이 관심을 갖게 되었고, 삶의 기쁨의 가능성, 가능성의 비옥한 세계로서의 미래가 늘 존재한다는 느낌을 받는다고 말하는 것도 참, 아니 더욱더 참일 것이다.

내게 곧바로 와닿는 것은 딸이 살아 있다는 사실이 정말로 가슴을 아리게 만든다는 점이다. 이 아이가 말이다. 딸은 작은 기쁨의 엔진이다. 딸을 생각할 때, 이 사랑스럽고 너무나 수수께끼 같은 사람을 생각할 때 가장 먼저 마음에 떠오르는 단어는 바로 눈부심이다.

우리가 딸에게 불러 주는 노래가 있다. 엉성하고 짧게 즉흥적으로 만들어 내는 그 노래들은 우리 가족에게서 진화하고 있는 문화 전통의 일부가 되었다. 딸은 노래가 자신에 관한 것임을 안다. 가사가 대부분 자기 이름을 이리저리 바꾼 것이기 때문이다. 노래를 불러 줄 때 딸은 너무나도 깔깔웃는 바람에 우리는 저러다가 혹시 몸에 문제가 생기지나 않을까, 잘 모르겠지만 아주 실질적인 방식으로 몸에 지나치게 부담이 가해져서 위험에 빠질 수도 있지 않을까 걱정되기도 한다.

오빠가 노래를 불러 줄 때면 딸은 마치 고대의 불가해한 어떤 성스러운 황홀경에 빠진 양, 넘치는 기운에 말 그대로 몸을 흔들어 대면서 기뻐한다. 통통한 작은 손을 치켜들어 리듬감 있게 허공을 움켜쥔다. 세상을, 자신이 느끼고 있는 것을, 우리를 더 많이 움켜쥐려는 양 말이다. 자신의 엄마, 아빠, 오빠를.

세상의 종말을 생각하려고 했던 것, 우리 시대의 종말론적 에너지를 쏟아 내고, 언뜻언뜻 스쳐 지나가는 붕괴와 해체의 심상들, 거북한 것들을 살펴보자고 했던 것을 잊을 때도 종종 있다. 내가 현재만을 살고 있을 때도 있는데, 그 순간 세상은 좋은 곳이 된다.

어느 날 저녁, 2018년의 유별나게 메마른 여름이 끝나갈 무렵, 우리는 처가댁에 들렀다가 집으로 돌아오고 있었다. 도로에는 차가 별로 없었고, 뒷좌석에 탄 아이들은 조용했다. 아들은 닌자 거북이 인형을 갖고 놀고 있었다. 인형의 고무 팔을 쭉 잡아 늘인 채 〈네가 공격하면 나도 공격하겠어〉 같은 속셈이 빤히 드러나는 말들을 재잘거리면서 신나게 놀고 있었다. 딸은 그 옆에서 잠들어 있었다. 그러다가 어느 순간 나는 아들이 입을 다물었다는 것을 알아차렸다. 이상할 만치 조용했다. 뒷거울로 흘깃 쳐다보니, 아들은 창밖을 뚫어지게 바라보고 있었다.

「저기 하늘 좀 봐.」아들이 말했다.

해가 지면서 하늘이 자주색, 분홍색, 주황색으로 불타올랐고, 색깔은 점점 더 퍼지면서 깊어지고 있었다. 자연만이 내놓을 수 있는 장관이었다. 누군가가 시도했다면, 번지르르하고 멋없어 보였을 것이다. 원칙적으로는 미학적 격변이었어야 하지만, 어떻게든 작동하고 있었다.

「너무 아름다워.」아들이 말했다.

우리 부부도 아름답다는 데 동의했다.

한동안 우리는 아무 말도 하지 않았고, 아들은 창밖으로 빛나는 색채를 계속 바라보고 있었다.

「그리고 아주 흥미로워.」아들이 말했다.

나는 더 자세히 말하기를 기다렸지만, 아들은 그 말만으로 만족한 듯했다. 나는 아들이 흥미롭다는 단어를 이런 식으로 쓰는 것을 처음 들었고, 하늘을 이렇게 유심히 바라보는 것도 처음 보았다. 새로운 현상이었다. 나는 아들의 말이 맞다고 생각했다. 아주 흥미로웠다. 그리고 아들이 그런 생각을 했다는 사실이 무척 기뻤다.

아이의 탄생으로 세상이 바뀐다고 말하면 지극히 감상적이고, 더 나아가 소박하게 들린다. 그러나 틀린 것도, 아니 적어도 완전히 틀린 것은 아니다. 물론 더 안 좋은 쪽으로 바뀐다는 말도 할 수 있을 것이다.

이 늦은 단계에서 아기가 아장아장 찍는 작은 탄소 발자국이 우리의 곤경을 악화시킬 뿐이라고 말할 수도 있겠지만,

나는 반론을 펼칠 생각을 하지 않으련다. 하지만 번식하라는 명령을 거부한다면 망각의 논리에 굴복하는, 종말을 재촉하는 것이 아닐까?

아렌트는 『인간의 조건』에서 인간의 삶에서 예기치 못한 것을 예상하는 것이 합리적이라고 주장한다. 종으로서의 우리는 존재 자체가 일종의 기적이라고 할 만치 예상에서 크게 벗어나 있으며, 그녀는 유기체 생명이 애초에 출현했다는 사실 자체도 가능성을 터무니없이 어긴다고 지적한다. 세상의 모든 새로운 것은 거의 무한한 불가능성에 맞서 기적처럼 출현한다. 〈그리고 이는 다시금 가능해진다. 인간이 독특하기 때문에, 새로운 누군가가 태어날 때마다 독특하게 새로운 것이 세상에 들어오게 됨으로써다. 이 점을 생각하면, 독특한 누군가는 그전까지 전혀 없던 사람이라고 진정으로 말할 수 있다.〉

나는 내가 딸을 볼 때, 허공을 움켜쥐는 통통한 주먹을 볼 때, 뭐라고 표현할 수 없는 재치의 몸짓으로 치켜뜨는 눈썹을 볼 때 내가 파악하려고 애쓰는 차원의 기적이 바로 그것이라고 생각한다. 이전에 없던 존재이자 지금 있는 사람. 딸이 바로 그렇다.

아기에게 묻고 싶은 기분이 들 때, 내가 딸에게 계속 묻는 질문이 있다. 「넌 대체 어디서 온 거니?」

아렌트는 그 책의 뒷부분에서 기적, 새로운 사람, 새로운 가능성이라는 희망으로 돌아간다. 그녀는 모든 인간 활동이 결국에는 죽음을 향한 움직임으로 정의된다는 것, 역사가 종말을 향한 전진이라는 것이 맞는 말일 수 있음을 인정한다. 어쨌거나 죽음은 유일하게 확실한 것, 유일하게 신뢰할 수 있는 법칙이다. 그녀는 〈이 법칙을 방해하고 새로운 무언가를 시작하는 기구, 인간이 비록 죽을 것이 틀림없음에도 죽기 위해서가 아니라 시작하기 위해서 태어났음을 끊임없이 상기시키는 듯한 활동에 내재된 기구가 없다면〉, 이 법칙이 〈필연적으로 인간의 모든 것을 파괴하고 무너뜨릴 것이다〉라고 했다. 그리고 그 기구가 끊임없이 새롭게 시작하는 능력, 새로운 탄생과 새로운 사람을 내놓는 능력이라고 말한다. 그것이 자연적인 붕괴로부터 〈세계를 구하는 기적〉이다.

이 책을 읽으면서 나는 희망을 얻지만, 그것은 결국 죄책감과 자기 비난이 무겁게 따라붙는 일종의 절충된 희망이다. 내가 아들의 침대에 누워 『로렉스』의 마지막 단락을 읽을 때 느끼는 것과 같은 종류의 희망이다. 아렌트의 종말의 와중에 일어나는 시작이라는 멋진 개념은 마지막 남은 트러풀라 씨앗을 건네는 것과 다르지 않다. 우리에게 얼마간 희망을 품게 하면서도 그 희망의 대상에 심한 압력을 가한다. 이를 달리 표현하면, 미래를 두려워하는 이유 — 우리가 만들었으며 여전히 만들고 있는 세계에서 살아갈 아이들의 미래 — 가 바로 미래에 희망을 품을 최고의 이유라고 말할 수도 있다.

하지만 최근 들어 나는 나 자신이 번식이라는 주제에 더 이상 윤리적 의문을 제기하지 않는다는 것을 알아차렸다. 애초에 아이를 갖는 것이 도덕적으로 잘못되었는지 여부를 돌이켜 보면서 더 이상 괴로워하지 않는다. 그 질문 자체, 아니 그 질문을 하는 행위가 본질적으로 불합리해 보였다. 우리가 딸이 좋아하는 노래를 부를 때 딸의 눈이 환하게 밝아지면서 부드러운 작은 손을 허공에 치켜올리고 박자에 맞추어 위아래로 흔들어 대는 모습을 지켜보고 있노라면, 갑자기 그런 철학적 생각들이 모두 하찮은 양, 거의 당혹스러울 만치 요점을 벗어난 양 여겨진다. 지금 당장 요점은 명백하기 때문이다. 그 요점은 약하게나마 춤을 추고 있다.

삶에서 그 요점을 추출하여 이 책의 맥락에 놓고 보니, 지금 이 이미지 — 딸이 작은 손을 치켜들고 박자에 살짝 어긋나게 몸을 흔들어 대는 모습 — 가 다른 두 춤꾼의 이미지와 불협화음을 일으키면서 울린다는 생각이 든다. 글렌데일의 주유소 앞에서 십자가를 든 채 위아래로 뛰던 노인, 사우스다코타의 거리에서 헤드뱅잉을 하면서 기타를 마구 치는 흉내를 내던 젊은 남자의 모습이다. 내가 전혀 낯선 이들, 삶도 상황도 동기도 전혀 모르는 사람들을 언뜻 보고 나 자신의 심리 상태를 투영함으로써, 일종의 감상적 오류를 펼치는 것이 아닐까 하는 생각이 든다. 나는 고통이나 광기나 황홀경일 수도 있었을 것을 미화함으로써 그것을 나 자신의 불안을 표현하는 딱 맞는 상징으로 환원시키고 있었다. 나는 마음의 유령 춤을 추면서, 문화의 죽음 추구 에너지를 그들에게 투영하고 있었다. 그들은 그냥 춤을 추고 있었을 뿐이다. 내 딸이 춤을 추는 것과 같은 이유로 춤을 추고 있었을 가능성이 높다. 춤을 추고 싶어서, 그럴 때 살아 있다고 느끼기에 춤을 추고 있었고, 그런 상황에서 달리 할 일이 뭐가 있겠는가?

이 책을 쓰기 시작할 당시에 내가 재앙의 이미지에, 피신이라는 본능적인 환상에 몰두해 있었다는 말을 하고 싶다. 온종일 유튜브에서 프레퍼 동영상을 보고, 벙커와 식량 창고와 물 여과 장치 같은 것들을 생각하며 시간을 보냈다. 그런 것들에 나는 지적이면서 어느 모로 보나 비판적인 관점에서 접근했지만, 어느 수준에서는 내 아이러니가 하나의 자세, 일종의 방어적으로 웅크린 자세이기도 하다는 것을 이해하고 있었다. 누군가는 징후와 징조를 읽고 공기에서 확연히 피비린내를 포착하고, 벙커를 짓고 조미된 단백질 죽을 쟁여 두고, 문명 붕괴 때 생존할 방법을 다룬 유튜브 동영상을 찍고 있다. 다른 누군가는 같은 징조를 받아들이면서 벙커, 단백질 죽,

동영상에 등장하는 남자 등등의 의미를 깊이 생각한다. 둘 다 자신의 공포에 대처할 방법을 찾고 있다.

지금 나는 그것이 비록 잠시 있었을 뿐이지만 그런 숙소에 마침내 가보는 일련의 기이한 순례 여행을 했기 때문인지, 아니면 했음에도 그러한 것인지 궁금하다. 최후를 암시하는 황폐한 풍경을 찾아 1년 넘게 돌아다닌 뒤에, 더 이상 미래에 관해 그런 절망을 느끼지 않고 있다니 어떻게 그럴 수 있을까? 여기서 나는 일종의 노출 치료를 통해 내 종말 불안을 스스로 치유했다고 말하고 싶은 유혹을 느낀다. 그 말에 어느 정도 진실이 담겨 있지 않을까 하는 생각도 들긴 하지만, 그런 치료의 효과는 동종 요법 수준으로 희석되었을 것이라고 느낀다. 즉 그렇지 않다. 진실은 으레 그렇듯이 그보다 더 단순하고, 언제나 그렇듯이 더 수수께끼 같다.

어쨌든 간에 그런 여행의 어딘가에서 지속적인 불안 상태가 결코 살아가는 방식이 아니라는 사실은 내게 명확해졌다. 세계의 종말에 대한 내 강박은 일종의 도피이며, 그 도피가 일종의 죽어 감이라는 것이 명백해졌다. 수전 손택Susan Sontag은 이렇게 썼다. 〈최악의 시나리오에 치우치는 성향은 통제 불가능하다고 느끼는 것에 대한 두려움을 다스리려는 욕구를 반영한다. 또 으레 재앙을 상상한다는 것을 드러낸다.〉 나는 첫 번째 주장이 정확하다는 것을 알았고, 두 번째 주장도 진실과 그리 멀리 떨어져 있지 않다고 생각했다.

　미래가 두려움의 원천인 것은 어떤 일이 일어날지를, 즉 끔찍한 일이 일어날 것임을 우리가 알기 때문이 아니라, 우리가 미래를 너무나 몰라서 거의 통제할 수 없기 때문이다. 종말 감수성, 종말론 양식은 이 상황에서 빠져나올 길을 제공하기 때문에 유혹적이다. 미래의 인식론적 틈새를 뛰어넘어 최종 목적지, 모든 것의 종말을 뚜렷이 보여 준다. 시간의 어둠 속에서 전망, 계시가 분명히 모습을 드러내며, 이 모든 혼란이 어디로 향하는지를 마침내 볼 수 있게 된다. 모든 것 — 역사, 정치, 투쟁, 삶 — 이 종말에 다가가고 있음이 드러나고, 눈에 띄게 안도감이 찾아온다.

　나는 우주적 허무주의를 느끼곤 했다는 것을 안다. 완전한 파괴, 인류에게 의미 있는 모든 것의 소멸을 전망하고, 그럴 것이라고, 그러니 소멸이 일어나도록 놔두라고 말하곤 할 때 어떤 느낌인지 나는 안다. 나는 냉각탑 안에서 체르노빌 하늘 — 초인적인 파란색을 띤 — 을 배경으로 거무스름한 황조롱이 두 마리가 나선을 그리며 하늘 높이 올라가는 광경을 지켜볼 때, 기이한 평화를 느꼈다. 스코틀랜드 고지대에서 인간의 목소리가 전혀 없는 세상의 소리에 귀를 기울이고 있을 때, 패서디나의 창문 없는 방에서 여러 행성에 거주하는 종으로서의 우리 운명을 이야기하는 지식이 풍부한 이들의 말에 귀를 기울이면서 미래와 모든 것의 최후를 생각하고 있을 때에도 그런 느낌을 받았다. 바로 이 책상 앞에서 태평양에 떠다니는 쓰레기들로 이루어진 섬, 썩어 가는 그레이트배리어리프를 찍은 동영상을 보고 있을 때에도 그런 느낌을 받았다.

내 생각이지만, 과학은 이 점에 관해 명확히 말한다. 모든 계(系)는 가차 없이 엔트로피가 증가하는 방향으로 나아가는 경향이 있다고 말이다. 빙원, 정치 질서, 생태, 문명, 인체, 우주 자체도 마찬가지다. 결국 모든 것은 무(無)로 변하게 된다.

그러나 그전까지 모든 것은 무가 아니며, 무에 가깝지도 않다. 그전까지 어떤 일들이 일어날지 우리는 전혀 모른다. 그러니 하고 싶은 일을 하면서 살아가라는 것이 내가 말하고자 하는 핵심이다.

또 최근 들어 나는 우주적 허무주의, 우주적 절망을 떠올리는 성향도 잃었다. 최근 들어 나는 이 시대를 살고 있다는 사실에 기쁨을 느껴 왔다. 살아 있는 것이 가능한 다른 시대가 전혀 없다는 이유만으로도 그렇다. 그리고 세상을 경험하면서 돌아다닐 사람이 아무도 없다면, 그것이 진정으로 유감이라고 생각할 것이다. 다른 것이 많이 있으므로, 세상이 부정할 수 없이 흥미로운 곳이라는 아들의 말에 동의할 것이기 때문이다. 그런 의미에서 그 일은 세상에 맡겨야 한다.

최근에 나는 킬데어 거리에 있는 국립 도서관의 독서실에서 일했다. 도서관은 아일랜드 국회인 레인스터 하우스 옆에 있다. 어느 날 거리에서 고음으로 끈덕지게 구호를 외치는 소리가 들렸다. 그런데 그들이 뭐라고 하는지를 알아들을 수가 없어, 나는 노트북을 닫고 대리석 계단을 내려가 거리로 나가 보았다. 사물함에서 외투를 꺼내지 않고 그냥 나갔지만, 후회하지 않았다. 아직 2월이었지만 엄밀히 말해서 외투까지 껴입을 날씨는 아니었다. 날은 화창했고, 여느 해보다 더 따뜻했다. 이성적으로는 이것이 종말의 징조라고 이해했지만, 초봄의 예기치 않은 축복이라고 느꼈다. 생명과 가능성으로 충만해진, 갑작스럽게 따뜻해진 날이다. 아마 세상의 종말이었을 수도 있고, 그저 좋은 날이었을 수도 있고, 양쪽 다였을 수도 있다.

길 건너편에서는 2백 명쯤 되는 아이들이 모여 있었다. 초등학생들이었고, 가장 어린 학생은 내 아들과 나이 차이가 얼마 나지 않았다. 그들은 아마 수업 시간에 만들었을, 직접 만든 플래카드를 들고서 기후 행동에 나서자고 외치고 있었다. 한 여학생은 슬픈 얼굴 표정을 짓고 있는 지구의 모습을 담은 그림을 들고 있었다. 노란색과 빨간색 크레용으로 불타는 거대한 태양을 그리고, 그 아래에 땀을 비 오듯 흘리는 사람을 신체 비례가 좀 안 맞게 그리고, 〈너무 뜨거워!〉라고 말 풍선을 그린 그림을 든 아이도 있었다. 한 아이는 공룡 뼈대를 그리고 〈공룡들도 시간이 있다고 생각했어요〉라고 대문자로 적은 그림을 들었다. 〈지구는 쓰러지는 중……〉이라는 수수께끼 같은 말을 휘갈겨 쓴 도화지를 들고 있는 아이도 있었다.

나는 좀 더 가까이 걸어가서 잠시 아이들을 지켜보았다. 날이 비교적 따뜻함에도 아이들은 외투로 몸을 감싸고 있었고, 털모자와 스카프를 착용한 아이들도 보였다. 외투 단추를 목까지 꼭꼭 채워서 꽁꽁 감싸 주며 그림과 플래카드를 잊지 말라고 알려 주는 부모의 모습이 떠올랐다. 나는 그들의 얼굴을 보면서 자의식도 냉소주의도 전혀 찾아볼 수 없는 그 순수함과 활기에 감동받았다. 온전히 삶에 충실한 것처럼, 너무나도 충실하고도 확실하게 살아 있는 양 느껴졌다.

〈만일 그렇지 않다면……〉이라고 나는 속으로 중얼거렸다. 왜 그 말이 떠올랐는지는 불분명했고, 나는 내 입에서 흘러나온 웃음소리에 깜짝 놀랐다. 마치 슬픔과 기쁨의, 이상하면서 휘발성을 띤 혼합물이 만들어진 양 느껴졌다.

당신 같은 사람이 아주 두려운 무언가에 관심을 갖지 않는다면, 아무것도 나아지지 않을 것이다. 아무것도.

그날 저녁 집에서 나는 아내가 침대에 쌓아 놓은 베개에 기대어 딸에게 젖을 먹이는 모습을 지켜보고 있었다. 아기는 여러 색깔의 곤충 그림들이 가득한 옷을 입고 있었고, 나는 무해하면서 친근하게 보일지라도 기어다니는 것들이 잔뜩 그려진 아기 옷이 왠지 부조화스럽다는 느낌이 들었다.

「곤충이 어떻게 멸종할지 들어 봤어?」 나는 아내에게 물었다.

「아니. 못 들어 봤어. 어느 곤충이 멸종한대?」 아내는 아기 정수리를 쳐다보면서 말했다.

「모두 다. 한 범주처럼. 오늘 자 『가디언*The Guardian*』에 실렸어.」

「맙소사!」 아내는 잠시 절망한 표정을 지으면서 말했다.

나는 휴대 전화로 기사를 찾아 몇몇 대목을 읽었다.

「멸종의 길을 빠르게 가고 있다. 자연 생태계의 대재앙으로 이어질 것이다.」

읽으면서도 나는 내가 어떻게 해야 할지를 생각했다. 아내가 아기에게 젖을 먹이려고 애쓰는 와중에 난삽하게 종말론을 설교하는 기사를 읽으면서 그 앞에 서 있는 내 모습이 왠지 꼴사납게 느껴졌다.

「기후 변화로 우리 모두가 고기를 못 먹게 되면, 곤충을 단백질 공급원으로 삼아야 하잖아?」 아내가 말했다.

「정말?」 나는 휴대 전화를 끄고 침대에 툭 던졌다.

「들어 본 적 있어. 곤충이라니, 맙소사. 곤충이 사라지면, 우리 모두도 사라져.」

나는 그것이 사실인지 여부를 전혀 몰랐다. 아마 곤충이 없는 세계에서도 계속 살아갈 방법이 있을지도 몰랐다. 아무튼 아주 먼 훗날의 이야기처럼 들렸다.

「걱정이야.」아내는 말하다가, 아기가 깨무는 바람에 갑자기 몸을 움츠렸다. 최근 들어 딸이 자주 하고 있는 행동이었다. 재미있다고 생각하는 듯했다. 아기는 빨던 젖꼭지를 깨문 뒤, 엄마가 어떤 반응을 보이는지 쳐다보았다. 아기는 장난꾸러기로 변하고 있었다. 우리 꼬맹이가.

나는 딸이 쾌활하고 유능하면서 행복한 사람으로 자라기를 바랐다. 필요한 기간만큼 오래 순수하게 남아 있기를 바랐다. 예년보다 훨씬 따뜻한 날에도 아이를 꽁꽁 감싸서 지키려고 한 부모들을 생각했다.

나는 딸에게 손을 뻗었다. 부드러운 보풀 같은 금발이 손에 느껴졌다. 이루 말할 수 없이 부드러웠다. 아기가 갑자기 얼굴을 엄마에게서 떼어 내더니 나를 향해 돌렸다. 장난꾸러기 같은 표정, 짐짓 심각한 척하는 표정을 짓다가, 인상적일 만치 큰 소리로 내게 메롱 했다. 나는 웃음을 터뜨린 뒤 메롱 하고 되돌려주었다. 아기가 원하던 반응인 듯했다.

감사의 말

에이미 스미스Amy Smith, 몰리 애틀러스Molly Atlas, 캐롤리나 서튼Karolina Sutton, 야니브 소하Yaniv Soha, 앤 메도스Anne Meadows, 래모나 엘머Lamorna Elmer, 댄 코이스Dan Kois, 카라 라일리Cara Reilly, 마테오 코디뇰라Matteo Codignola, 로베르토 칼라소Roberto Calasso, 베네데타 세닌Benedetta Senin, 프란체스카 마슨Francesca Marson, 데이비드 울프David Wolf, 조너선 샤이닌Jonathan Shainin, 맥스 포터Max Porter, 앤서니 버트Anthony Byrt, 딜런 콜린스Dylan Collins, 마이클 오코널Michael O'Connell과 디어드리 오코널Deirdre O'Connell, 에드 시저Ed Caesar, 부시 무카젤Bush Moukarzel, 노라 캠벨Norah Campbell, 사이먼 데니Simon Denny, 리사 코언Lisa Coen, 세라 데이비스고프Sarah Davis-Goff, 앤드리스 로버츠Andres Roberts, 폴 킹스노스Paul Kingsnorth, 수전 크로스Susan Cross, 캐럴라인 로스Caroline Ross, 로넌 퍼시벌Ronan Perceval, 그리고 뉴질랜드 여행을 지원한 퓰리처 센터에도 감사를 드린다.

325

옮긴이의 말

종말론은 어느 시대에나 있었다. 그리고 많은 이가 혹할 만한 나름의 매력을 지니고 있다. 또 시대와 지역에 따라 다양한 형태를 띠었다. 그 개념은 해당 지역이 역사적으로 겪은 천재지변, 전쟁 같은 참화와 얽혀 있으며, 신화와 전설, 속설에도 반영된다. 지역에 따라서는 예언의 형태를 취하기도 한다.

이 책의 저자는 그런 종말론에 푹 빠져 있던 사람이다. 저자는 딱히 어떤 계기가 있어서가 아니라 타고난 성향 탓일 수도 있다고 말한다. 쇼펜하우어 같은 비관론자들이야말로 세상을 올바로 바라보는 이들이라고 보았으니까. 첨단 기술 덕분에 기후 변화, 홍수, 가뭄, 산불, 전쟁, 폭력, 대규모 사건 사고 같은 비관적인 소식들을 실시간으로 접할 수 있게 되면서, 저자는 더욱더 비관론에 빠져들었다.

도저히 견딜 수 없게 된 저자는 더 이상 회피하지 않고, 종말이 임박한 세상은 어떤 모습을 하고 있는지 직접 접하기로 결심하고는, 세계를 돌아다니면서 종말의 다양한 모습을 눈으로 직접 본다. 곧 찾아올 종말에 대비하겠다고 시골에 벙커를 짓고 유통 기한이 수십 년에 달하는 식품을 모으고 생존 장비를 구비하느라 여념이 없는 이들의 온라인 사이트, 핵전쟁이 일어나도 끄떡없다는 벙커를 분양하는 기업, 실리콘 밸리 거물들이 최종 대피 성지로 선호하는 뉴질랜드, 지구 자체가 사라질 위험에 대비하여 화성에 거주지를 만들겠다는 이들의 회의장, 인류가 모두 사라진 뒤에도 여전히 방사선을 내뿜고 있을 물질을 가두고 있는 체르노빌에 이르기까지. 저자는 각 지역을 돌아다니면서 종말이 어떤 모습이고, 사람들이 종말을 어떻게 보고 있으며, 그 이면에 숨어 있는 사상과 개념은 무엇인지를 낱낱이 파헤친다. 이로써 종말을 대비한다는 미국인들이 사실은 도시 문명과 민주주의를 혐오하고, 개인의 무장을 통해 가족을 지킨다는 서부 개척 시대 남성상에 심취한 이들임을 알게 된다. 또 사람들이 거의 다 사라진 뒤 자연과 홀로 대면하는 미래 상황을 미리 느껴 볼 수 있다는 오지가 사실은 문명이 망가뜨린 뒤 내버린 폐허라는 것도 알아차린다.

　　종말을 탐색하는 저자의 여정에는 깊이 있고 폭넓은 철학적 사고가 수반된다. 종말론이라는 개념 속에 어떻게 이토록 다양한 사유와 고민이 담겨 있을 수 있는지 놀랄 정도다.

그리고 저자가 뒤집을 때마다 새롭게 드러나는 관점에 감탄이 절로 나온다. 이 여정을 통해 저자는 종말론이 왜 누군가에게는 매력적으로 다가오는지를 철학적, 심리적으로 깊이 파헤친다. 그리고 삶 속에서 그것을 극복해 가는 과정도 고스란히 보여 준다. 누구나 한 번쯤 겪는 생각의 흐름처럼 여겨질 수도 있겠지만, 읽다 보면 그 깊이에 놀랄 것이다.

2024년 11월
이한음

옮긴이 **이한음** 서울대학교에서 생물학을 공부했고, 전문적인 과학 지식과 인문적 사유가 조화된 번역으로 우리나라를 대표하는 과학 전문 번역가로 인정받고 있다. 케빈 켈리, 리처드 도킨스, 에드워드 윌슨, 리처드 포티, 제임스 왓슨 등 저명한 과학자의 대표작이 그의 손을 거쳐 갔다. 과학의 현재적 흐름을 발 빠르게 전달하기 위해 과학 전문 저술가로도 활동하고 있다. 저서로는 『바스커빌가의 개와 추리 좀 하는 친구들』, 『청소년을 위한 지구 온난화 논쟁』 등이 있으며, 옮긴 책으로는 『인에비터블, 미래의 정체』, 『제2의 기계 시대』, 『인간 본성에 대하여』, 『우리는 왜 잠을 자야 할까』, 『늦깎이 천재들의 비밀』 등이 있다. 『만들어진 신』으로 한국출판문화상 번역 부문을 수상했다.

종말을 준비하는 사람들

발행일   2024년 12월 10일 초판 1쇄

지은이   마크 오코널
옮긴이   이한음
발행인   홍예빈
발행처   주식회사 열린책들

경기도 파주시 문발로 253 파주출판도시
전화 031-955-4000 팩스 031-955-4004
홈페이지 www.openbooks.co.kr 이메일 humanity@openbooks.co.kr

Copyright (C) 주식회사 열린책들, 2024, *Printed in Korea.*
ISBN 978-89-329-2485-4 03300